P9-AFO-819

Antología de la poesía latinoamericana, 1950-1970

ANTOLOGÍA DE LA POESÍA LATINOAMERICANA, 1950-1970

TOMO I

SELECCIÓN, PREFACIO, INTRODUCCIÓN Y ANOTACIONES POR

Stefan Baciu

STATE UNIVERSITY OF NEW YORK PRESS

ALBANY, 1974

The publishers make grateful acknowledgment to the General Secretariat of the Organization of American States for furnishing the manuscript of this work, which is the product of a project sponsored by the Organization of American States.

Antología de la poesía latinoamericana, 1950-1970

First Edition

Published by State University of New York Press
99 Washington Avenue, Albany, New York 12210

Printed in the U.S.A.

Library of Congress Cataloging in Publication Data
Baciu, Stefan, comp.
Antología de la poesía latinoamericana, 1950-1970.
"Bibliografía de antologías:" p.
1. Latin American poetry. I. Title.
PQ7084.B2 808.81'04 73-37514
ISBN 0–87395–077–1
ISBN 0–87395–177–8 (microfiche)

A la memoria de mis amigos
Manuel Bandeira
Rafael Heliodoro Valle
y
Mariano Picón-Salas

ÍNDICE

TOMO I

PREFACIO

ESTA ANTOLOGÍA representa una de las primeras tentativas, o posiblemente la primera, de reunir a los poetas de la América Latina cuya producción, durante casi un cuarto de siglo, es característica de la poesía del Continente desde 1950 hasta comienzos de 1969, cuando fue redactada esta nota.

El criterio adoptado en la selección de los poetas fue exclusivamente el siguiente: traté de reunir la poesía que considero rerpesentativa, tanto para los autores como para el conjunto de la obra poética producida durante el período ya indicado, cuyo análisis hago en el ensayo que sigue a esta nota. Obedeciendo a la intención de ofrecer una visión de conjunto, intenté hacer de esta antología una amplia sala de exposición, donde cada autor fuera representado por el mayor número posible de poesías, y cada país por un número de poetas suficiente para destacar adecuadamente su importancia dentro del panorama general.

No hice la selección de acuerdo con criterios de generación, corrientes literarias o grupos, y sólo incluí poetas cuya obra está publicada en libros, ya que habría sido imposible recurrir a los numerosos suplementos literarios, revistas y otras publicaciones periódicas. Decidí no usar poesías previamente incluídas en antologías de carácter general, sino solamente las aparecidas en colecciones de autores individuales, a fin de evitar lo que se ha hecho muchas veces, y que creo un defecto imperdonable: hacer de una antología espejo de antologías anteriores, proceso cómodo, pero incapaz de proporcionar nuevos elementos al panorama general. Me he esforzado por incluir el mayor número posible de poetas, sin sacrificar un criterio selectivo riguroso.

Los países aparecen en orden alfabético, y dentro de cada país los autores están presentados en orden cronológico, comenzando con el de más edad y terminando con el más joven. Las poesías de cada autor siguen la misma distribución cronológica, es decir, comienzan con poemas de libros publicados en 1950, o poco después, para terminar con los más recientes. Los últimos libros que pude consultar fueron publicados a fines de 1968, y en el primer trimestre de 1969 en unos pocos casos. Hago esta aclaración para demostrar mi empeño de ofrecer una antología al día, en la medida de lo posible. Una nota biográfica, incluyendo algunos rasgos característicos del poeta, contiene el mayor número de datos concretos que me fue posible conseguir, y la bibliografía presenta la obra de cada poeta en los libros publicados *después de 1950.*

Los que conocen las dificultades que caracterizan este tipo de investigaciones sabrán comprender la posibilidad de ciertos defectos y podrán prestar su colaboración para perfeccionar ediciones futuras mediante datos más completos.

He incluído también una bibliografía de antologías poéticas generales publicadas en toda la América Latina después de 1950, a fin de facilitar otros trabajos de investigación; pero a pesar de haber recibido valiosa ayuda de algunas bibliotecas nacionales, sé que dicha bibliografía contiene inevitables defectos, algunos de los cuales podrán ser más fácilmente comprendidos después de la lectura del ensayo. En algunos casos fue imposible obtener datos más completos; por consiguiente, deseo expresar anticipadamente mi agradecimiento a los lectores que estén dispuestos a colaborar a fin de completar tales lagunas.

Una obra de esta naturaleza constituye una tarea agotadora y llena de emocionantes sorpresas para el antologista; sin embargo, jamás podrá ser realizada por una sola persona, aun cuando los dos años de trabajo diario, en que fue preparado el libro, están basados en dos décadas de lectura, investigaciones, crítica y contactos personales mediante viajes por casi todos los países de la América Latina.

Fue grande el número de personas que me ayudaron en

la tarea que ahora llega a una conclusión provisional sin llegar a su fin, con todo, ya que el proceso poético constituye una evolución, de año a año.

Es casi imposible mencionar a todas las personas que me ayudaron para realizar este trabajo de una manera satisfactoria. Los consejos y las sugestiones de Carlos Drummond de Andrade, Ernesto Cardenal y Javier Sologuren fueron un apoyo inapreciable y contribuyeron a resolver problemas difíciles.

También recibí ayuda muy valiosa de Braulio Arenas, Haroldo de Campos, Jorge Siles Salinas, Francisco Amighetti, Julio D. Postigo, Héctor Incháustegui Cabral, Yolanda Bedregal, Hugo Lindo, Alvaro Menen Desleal, Oscar Acosta, Pablo Antonio Cuadra, Jorge Eduardo Arellano, Raquel Jodorowsky, Rodrigo Miró, Miguel Angel Fernández, Thelma Nava y Mihai Pintea, no sólo en forma de sugestiones, sino también por el obsequio de libros raros o agotados, que a veces ni las grandes bibliotecas poseen en sus colecciones.

El trabajo realizado durante los últimos dos años en la Universidad de Hawaii fue posible gracias a la comprensión de los doctores W. Todd Furniss, Ralph R. Shaw y Richard K. Seymour. Sin la ayuda del Profesor Leslie P. Coyle y de sus colegas de la Biblioteca Thomas Hamilton de esta Universidad, el trabajo de sacar fotocopias y la busca y consulta de ediciones raras se habría demorado y en ciertas ocasiones habría sido imposible. En cuanto a la lectura de textos y trabajos de revisión de manuscritos, debo mencionar la ayuda prestada por José L. Varela-Ibarra y Ramón Rodríguez Pedreira. Los Directores de las Bibliotecas Nacionales de Lima, Ciudad de México, Ciudad de Guatemala, Tegucigalpa, Panamá, Caracas y San Salvador me ayudaron en lo que se refiere a la preparación de las bibliografías generales. Deseo expresar mis agradecimientos a un grupo de mis estudiantes del Departamento de Lenguas Europeas, y muy especialmente a Linda Y. Furushima, cuya dedicación y paciencia me acompañaron desde la primera hasta la última página.

Finalmente, merecen mención especial los doctores Rafael Squirru y Armando Correia Pacheco, de la Secretaría General de la Organización de los Estados Americanos, ya que ellos son, hasta cierto punto, co-autores del trabajo, sin cuya constante ayuda, estímulo y comprensión este libro jamás habría podido terminarse. Fueron pacientes colaboradores en las tareas más difíciles, además de críticos acertados y bien orientados. A ambos expreso mis sinceros agradecimientos.

Los mejoramientos del trabajo, de cuyos defectos me doy cuenta, se deben a ellos. Como no existe antología perfecta ni completa, asumo toda la responsabilidad por las imperfecciones de ésta, contento, sin embargo, de haber intentado llevar a cabo una labor que otros podrán completar y mejorar más tarde.

Universidad de Hawaii, Honolulu, abril de 1969

MEDIO SIGLO DE LA POESÍA LATINOAMERICANA: DE LA VANGUARDIA CONTINENTAL A LA VANGUARDIA UNIVERSAL

LA POESÍA LATINOAMERICANA contemporánea (al emplear este término nos referimos a la época que empieza con la Primera Guerra Mundial) experimentó un florecimiento notable, que se manifestó através de un gran número de poetas y de movimientos poéticos orginales e importantes. A pesar de esta realidad, esta poesía continúa siendo, tanto en las Américas como en el resto del mundo, poco, mal o sólo parcialmente conocida. Se trata de un fenómeno que será necesario explicar, para comprender mejor la situación actual, y aquí nos referimos al último cuarto de siglo, o un poco más, que va desde el límite que, por razones a ser aclaradas en este trabajo, indicamos con la fecha aproximada del año de 1950.

Hasta aquel año, la poesía latinoamericana era poco y superficialmente conocida aun en América, excepto entre algunos grupos de poetas, críticos y especialistas que leían la producción de los países hispanoamericanos. Siendo así, lo que se escribía en México o en Venezuela era leído en el Perú o en la Argentina, pero casi nada de lo que se hacía en Colombia o en el Ecuador era conocido en Panamá o en Guatemala, sin mencionar el caso del Brasil, que puede ser llamado el "continente dentro de otro continente". Hasta hoy gran número de historias de la literatura latinoamericana editadas en países de habla española contienen errores espantosos de información, transcripción y criterio de selección, en lo que se refiere al Brasil. Y casi nada de lo que se hace en la América española es conocido por el público que lee en el Brasil, con la excepción, de nuevo, de los grupos de poetas, críticos y especialistas que se dedican al trabajo de lectura y divulgación. Un ejemplo típico de este fenómeno se encuentra en un ensayo publicado en 1968 por un joven crítico de Minas Gerais, Brasil, sobre el poeta chileno Vicente Huidobro, de quien se había enterado por medio de un artículo publicado en el Paraná, cuando hay libros de Huidobro editados en Madrid, México y Buenos Aires, para no hablar de Santiago de Chile. Por otra parte, Cassiano Ricardo es desconocido en casi toda la América de habla española.

Los últimos poetas más ampliamente conocidos – y aquí nos referimos a toda la América Latina – son los modernistas, con el primer lugar ocupado por Rubén Darío, y algunos posmodernistas cuya vida y poesía cobraron fama, entre ellos José Santos Chocano, Leopoldo Lugones y, tal vez, uno o dos más. Por lo demás, hay un silencio y una ignorancia que llegan hasta el más total desconocimiento.

Este estado de cosas tiene múltiples razones de ser que, si algo "explican", poco justifican. Primero se trata de las fronteras políticas y geográficas artificialmente levantadas entre países hermanos, que muchas veces han luchado unos contra otros; éste es el caso de Bolivia y el Paraguay, de Chile y el Perú, de Nicaragua y Honduras y del Perú y el Ecuador.

Las guerras entre hermanos y las dictaduras prolongadas nada hicieron sino acentuar las fronteras formadas por ríos, selvas y montañas. Por consiguiente, muchas veces era más fácil leer en La Paz un libro publicado en París que uno editado en Asunción; y acontecía lo mismo entre las ciudades de Lima y Quito, o Lima y Santiago. A este factor se agrega el hecho de que hasta poco antes de la Segunda Guerra Mundial no existía una sola editorial de ámbito continental capaz de divulgar un libro editado, por ejemplo, en México o en la Argentina, en los demás países americanos de habla española. Barreras aduaneras, falta de transporte, libreros indiferentes y muchas veces poco honrados, tales factores hicieron del "negocio" editorial una ficción en la vida cultural latinoamericana.

Escritores como Monteiro Lobato en el Brasil y Rufino Blanco Fombona en Venezuela abandonaron las editoriales por ellos fundadas, después de haber comenzado la aventura con entusiasmo.

No se debe perder de vista el hecho de que este

"comercio" rinde poco en un continente donde la juventud intelectual ávida de lectura es casi siempre pobre, la burguesía y la aristocracia casi nunca se interesan por la cultura nacional, prefiriendo libros comprados en París, Londres o Nueva York, y la gran mayoría de la población es analfabeta.

El cuadro general no deja de ser desolador, pero representa una realidad que cambió un poco en la década de los 60, cuando ya existen editoriales de ámbito continental, y en el mercado mundial la lista de los *best sellers* publicada en revistas americanas y europeas incluye entre "los diez más vendidos" nombres de autores de la Argentina, del Brasil, de México, de Guatemala, del Perú y de Venezuela.

Aun así, en 1969 existían en toda la América Latina menos de una docena de editoriales capaces de hacer circular sus libros en más de un país, y estas casas se encontraban en los países "grandes": México y la Argentina y, más recientemente, en el Uruguay y en Venezuela. En los demás países, el autor, y especialmente el poeta, es su propio editor, tipógrafo, vendedor y distribuidor, y muchas veces está amenazado de no llegar a distribuir adecuadamente ni 500 ejemplares de un libro.

Tomando en cuenta estas realidades básicas, no será difícil comprender por qué hasta 1950, también en Europa y en la América del Norte, los poetas latinoamericanos eran prácticamente desconocidos y por qué las poquísimas antologías (ya que allá libros de autores individuales eran inexistentes, con excepción de los casos en que los autores, frecuentemente personas ricas o diplomáticos, imprimían y distribuían sus libros, que habían mandado traducir) publicadas aquí y allá todavía se limitaban a Darío, seguido por Santos Chocano, Herrera y Reissig, Guillermo Valencia y José Asunción Silva. Poetas más recientes, contemporáneos, cuando figuraban en tales colecciones, eran casi siempre conocidos y promovidos por razones políticas.

Este cambio de mentalidad llegó con bastante retraso y se debe a una serie de factores variados y a veces pintorescos.

Primero se debe tener en cuenta la labor de pioneros, a menudo poetas, críticos o profesores, en varios países de Europa, señaladamente en Francia, Suiza y Alemania, con uno que otro en Suecia, Holanda o Bélgica, y esta situación es de tal manera paradójica que, debido a la falta de traductores (¡por ser innecesarios!), la poesía hispanoamericana es mejor conocida en esos países que en España.

También no se puede pasar por alto el trabajo realizado (raras veces) por diplomáticos, poetas ellos mismos— aunque casi nunca "agregados" o "consejeros" culturales —que se interesan por hacer circular la poesía. Este movimiento en pequeña escala llamó la atención de algunos directores de revistas, de suplementos literarios y hasta de las colecciones poéticas de ciertas editoriales, que demostraron interés por imprimir (a veces costeado por el autor) algún libro de poesía, que de otra manera habría quedado limitado a una circulación estrictamente nacional, sea en el Ecuador, en el Perú, en Chile o en el Brasil. Pero este cambio de mentalidad hizo que, a partir de 1950 (y especialmente después de 1960), casi todas las revistas de cultura de Europa y de los Estados Unidos presentasen a poetas latinoamericanos de alta calidad, para no hablar de los novelistas y ensayistas cuyos libros ya tienen éxito de librería.

Nadie podrá acusarnos de exagerados si afirmamos aquí lo que tantas veces hemos escrito a partir de 1949: la América Latina ha tenido y tiene poetas tan grandes, tan valiosos, tan originales y tan buenos como cualquier otra región poéticamente "conocida". Lo que ha faltado, y todavía falta en gran medida, es "promoción": traducciones, interpretación crítica y, ante todo, facilidades editoriales.

Durante la década que comenzó en 1960, en el mundo entero, se llegó, entre traductores, especialistas y el limitado número de lectores de poesía, a un tácito acuerdo que significa más o menos lo siguiente: desconocer los nombres de poetas como Manuel Bandeira, César Vallejo, Carlos Drummond de Andrade, Octavio Paz, Pablo Neruda, Jorge

Carrera Andrade y Jorge Luis Borges (para mencionar apenas algunos nombres "grandes") equivale a desconocer la obra de T. S. Eliot, William Carlos Williams, René Char, Paul Eluard y Ezra Pound.

Si colocamos este problema poético en un nivel de *prestigio* internacional, nos encontraremos con el tantas veces debatido y tantas veces controvertido *Premio Nobel,* otorgado por los miembros de la Academia Sueca (de quienes difícilmente alguno lee o habla español o portugués), que han sido responsables por la concesión del Premio, tenido por el mayor del mundo, a poetas como Salvatore Quasimodo y Giorgios Seferis. A éstos nadie podrá subestimar, ya que son autores capaces de hacer buena poesía: pero bastante mejor poesía escriben Carlos Drummond de Andrade, Manuel Bandeira y Jorge Carrera Andrade, cuyos nombres han llegado a figurar en las diversas listas de Estocolmo. Pero a éstos les faltaba cierta, diremos, "resonancia", que los otros poseían, sin siempre tener el don poético de otros latinoamericanos de la talla de Cassiano Ricardo, Pablo Antonio Cuadra y Manuel del Cabral. Pero ¿quién podrá encontrar, leer y apreciar la poesía que ha salido en libros publicados, si así se puede decir, en México, en Managua o en Santo Domingo, ciudades estas dos últimas en que la existencia de *editoriales* es una ficción, y en donde las *librerías* todavía venden libros, papel, tinta, revistas para jóvenes, fotografías de artistas de cine y juguetes?

Hemos mencionado apenas los nombres de poco más de media docena de poetas contemporáneos de fama mundial, cuya edad está entre los cincuenta y los ochenta años. Además de ellos existe un buen número de jóvenes, entre los veinte y los cuarenta años; y todos ellos son autores de excelente poesía que todavía no ha llegado a tener una circulación continental e internacional, debido a las dificultades a las cuales nos hemos referido, y que, aunque han sido algo aliviadas, todavía representan la realidad cotidiana para los poetas que no consiguen interesar ni a los editores ni a los directores de revistas de amplia tirada.

Lo que esta antología se propone demostrar es la riqueza poética del continente latinoamericano, en constante renovación desde Rubén Darío hasta hoy día, por medio de una serie de corrientes poéticas en continuo movimiento, frecuentemente luchando contra el pasado y el presente simultáneamente, *torciendo el cuello* no solamente a las formas poéticas gastadas y *démodées.* sino también a la mentalidad estrecha que todavía ve en el poeta al semiloco marginal, cuando él es el heraldo de una nueva era y de una nueva sociedad.

Más que en cualquier otra parte del mundo, el poeta latinoamericano es el pregonero de nuevas formas de poesía y de nuevas formas de vida, de gobierno, de economía y de costumbres; es el poeta de otro, de un NUEVO mundo.

Para comprender lo que occurió en la poesía latinoamericana *después* de 1950, conviene primero establecer ciertas realidades históricas características de esta poesía entre 1918-1920 y 1950; pero esto no de una manera local, sino a través de tendencias representativas respecto a todo el continente de habla española. El Brasil será analizado en un capítulo aparte.

ES PRECISO, ante todo, destacar la importancia de las corrientes renovadoras que se manifestaron en casi todos los países latinoamericanos después del modernismo, que ya se había transformado en amaneramiento, y del posmodernismo que, en vez de cansar, ya no le interesaba a nadie.

Lo que hoy día se suele llamar históricamente *vanguardismo* tuvo, en la América española, un papel de fundamental importancia, aunque no pudo penetrar en algunos países que vivían detrás de fuertes barreras tradicionales. Este fue el caso, por ejemplo, de Bolivia, del Paraguay y de Honduras, donde el cambio fundamental se verificó alrededor de los años de 1950. Esto se debe a un salto histórico que hizo que la vida cultural de aquellos países experimentara un cambio que los obligó a salir de un atrasado siglo XIX a pleno siglo XX.

En otros países la explosión vanguardista fue tan profunda que los movimientos locales comenzaron a mudar y a variar con una velocidad increíble. Esto sucedió en Puerto Rico, donde durante poco más de diez años existió una verdadera inflación de *ismos,* que llamó la atención de algunos historiadores literarios, entre ellos Guillermo de Torre. Al referirse al movimiento poético vanguardista en Puerto Rico, él demuestra la existencia de los siguientes-*ismos: panedismo* (todo es verso); *diepalismo* (nombre formado con las primeras sílabas de sus "inventores", los poetas Diego Padró y Luis Palés Matos, cuya poesía *negra* se destaca hasta hoy día como la más fuerte afirmación poética de la Isla); *atalaysmo,* derivado de la noción de "atalaya"; *euforismo,* palabra que se explica por sí misma; *girandulismo,* (que vino del libro *Giràndula* de Evaristo Ribera Chevremont); *integralismo,* (que desea incluirlo todo); *transcendentalismo* o, finalmente, *proletarismo,* por el cual parece haber sido responsable el "vate" Luis Muñoz Marín, quien, después de componer buenos versos, se destacó en la política, llegando a ser uno de los gobernadores más populares de la Isla.

Los *ismos* fueron una ola pasajera, y frecuentemente sus seguidores eran los mismos inventores, con uno o dos amigos y compañeros. Esto, sin embargo, es de bien poco interés; lo que sí tiene importancia es el hecho de que los *ismos* pudieron poner en marcha ideas y corrientes poéticas, demoliendo formas antiguas.

El ejemplo de Puerto Rico es el más pintoresco y más original, por tratarse de un territorio geográficamente "pequeño". Pero el tamaño del país poco tiene que ver con la poesía, según se verificó en Nicaragua, donde, después de las primeras embestidas de los vanguardistas contra la sagrada sombra de Rubén Darío, los poetas y los grupos se multiplicaron de tal manera que el país se transformó en uno de los más interesantes campos de experimento poético de las Américas, contribuyendo notablemente al desarrollo de la vanguardia.

Casi todos los países de Hispanoamérica tuvieron movimientos interesantes y animados, aun cuando se limitaron, al principio, a grupos reducidos; en el curso de los años, la influencia aumentó y se hizo sentir en otros confines, contribuyendo a mayores cambios.

La Argentina tuvo el *martinfierrismo,* con Jorge Luis Borges, Oliverio Girondo, Leopoldo Marechal y otros; en Chile, el *creacionismo* de Vicente Huidobro, aunque combatido hasta hoy día, tuvo una importancia que no se puede negar; lo mismo no puede decirse respecto al *simplismo* que ensayó el poeta Alberto Hidalgo, peruano de fuerte y a veces personal expresión.

No duraron los *minoristas* de Cuba, ni llegaron los *postumistas* de la República Dominicana a alcanzar la altura de la obra de su fundador, Domingo Moreno Jiménez, complicado poeta cuya contribución al mundo poético del Caribe fue parcialmente aclarada en un largo ensayo del crítico Horia Tanasescu; pero tanto uno como otro movimiento son responsables – hasta cierto punto – de lo que hicieron después, y a veces mucho después, poetas más jóvenes.

No tuvo larga vida el *estridentismo* mexicano, al cual uno de sus principales participantes, el poeta Germán List Arzubide, dedicó un libro documental; pero el *ruido* causado por el grupo influyó sobre el cambio de mentalidad de los intelectuales mexicanos, constituyendo un paso necesario para las realizaciones ulteriores de una nueva poesía, a la cual los *contemporáneos,* en cuyas filas surgieron Jaime Torres Bodet, Salvador Novo y Xavier Villaurrutia, trajeron elementos mexicanos y universales, en una mezcla en que las grandes corrientes del mundo entero ya no se podían separar del fondo indígena.

Los títulos de publicaciones aparecidas entre 1920 y 1930, y en la década de 1960, constituyen un detalle significativo.

Mientras que el primer grupo se caracterizó por una tendencia dinámica, de acción, movimiento y fuerza, el que apareció después de 1960 tiene la tendencia a definir la comprensión mutua, la visión general en un tiempo-espacio universal. Aun más: lo que en 1960, y después, es considerado por algunos como innovación, ya había existido antes; nos referimos a la noción de *guerrilla,* tan usada no sólo en la prensa, sino en la poesía, en el teatro, etc.

Ahora bien: alrededor de 1927, la escritora Blanca Luz Brum editó una revista con ese título. Por constraste, la revista que al fin de la década de los 60 era porta-estandarte de la misma tendencia se llamaba, casi románticamente, *Rocinante.*

En lo que se refiere a los demás títulos, he aquí algunos de 1920 - 1930: *Hélice, Motocicleta, Válvula, Flechas, Hurra.* Después de 1960, las revistas de vanguardia se llaman *Cormorán y Delfín, Zona Franca, Eco Contemporáneo, Imagen, Ventana, El Pez y la Serpiente, Amaru, La Palabra y el Hombre, Teoría y Praxis, Pájaro Cascabel.*

Nada nuevo bajo el sol, ni siquiera en la invención de los títulos de las publicaciones más agresivas y osadas. Cuando la tecnología estaba lejos de ser usada como noción, ¡poetas y artistas editaban revistas bajo títulos de carácter técnico!

No se trata de hacer una lista total o parcial de los *ismos* que dieron color y movimiento a los años comprendidos entre 1920 y 1930. Se trata sólo de documentar con ciertos ejemplos típicos la importancia que los *ismos* tuvieron en la poesía y en la vida de la América Latina.

El impacto causado por aquellos *ismos* no se oye hoy día apenas en la poesía del Continente; se ve en las artes plásticas, en la pintura, en la escultura, y en los monumentos arquitectónicos; se oye en la música, y se ve en el cine, en los carteles publicitarios, en las páginas de los diarios y de las revistas, en los bailes, y en la música de la radio y de la televisión. El ambiente en que vivimos desde 1960 está fundamentalmente modificado, renovado y modernizado; y el punto de partida para la mayoría de estos cambios fueron los *ismos* de los años de 1920, cuando los jóvenes que entonces tenían veinte años, y que hoy en día están rayando en los setenta, gritaban, con los estridentistas: "¡Muera Chopin! ¡Viva el mole de guajolote!"

La frase no será de las más felices, ni de las más inspiradas; pero lo que en ella se ve—desde una perspectiva histórica—es la presencia y el dominio del espíritu de vanguardia, del Río Grande hasta la Patagonia.

Hoy día nadie se escandaliza con lo que escandalizaba al burgués en 1920. Todo aquello es historia, y las poesías de Jorge Luis Borges y Manuel Maples Arce, de Vicente Huidobro y de Salvador Novo están en los manuales didácticos, mientras que los cuadros de Diego Rivera y Carlos Mérida, de Rufino Tamayo y de Batlle Planas están colgados en innúmeras paredes de casas de la burguesía, y en las universidades construídas bajo la tutela de jóvenes como José Vasconcelos y Gabriela Mistral. En las paredes de los edificios públicos brillan los colores pintados por José Clemente Orozco, Jean Charlot y David Alfaro Siqueiros; los "dieguitos" de los años 20, tan incomprendidos entonces, que hoy tantos llaman *clásicos.*

¿Qué prueba todo esto, si algo se puede *probar*? Demuestra, sencillamente, que los *ismos* son pasajeros. Pero también que ellos dejan marcas que nadie puede destruir: marcas que vienen a ser nuevos puntos de partida, fundamentos sobre los cuales se construye en un espíritu más "moderno", que dentro de veinte y cinco años, o aun antes, será llamado *clásico,* para que otros *modernos* puedan partir de allí. No hay nada más pasajero, pero no obstante más útil, que los *ismos* de la vanguardia.

TODAS ESTAS EXPERIENCIAS, inquietudes y buscas, que pueden ser consideradas como precursoras de lo que en la década de los 60 suele llamarse *guerrilla* (¡como ya vimos, la noción existía en 1927!), y que muchas veces parecían juegos de jóvenes, pasatiempo inconsecuente, o ejercicio formal que no dejaría ningún rastro, tuvieron una fuerte repercusión en la lengua española, que desde los primeros asaltos modernistas de Darío ya no era tan *castellana* como había sido antes de él.

En otras palabras: los *ismos* que surgieron desde 1920 hasta 1930 hicieron que la lengua escrita se adaptase a la lengua hablada; ya no se escribía en Hispanoamérica como en Madrid, sino, al contrario, como se hablaba en los diversos países, en las diversas regiones y en las diversas ciudades de la América española.

Después de haber *torcido el cuello al cisne* con Enrique González Martínez, los poetas vanguardistas torcieron *el cuello del idioma,* y lo hicieron muy acertadamente; pues, según el poeta brasileño Mário de Andrade, lo que era preciso era escribir "la lengua errada del pueblo". Los *errores* del pueblo forman la lengua verdadera de mañana. Y así fue. En vez de haber una poesía *castellana* en Hispanoamérica, nacieron poesías en lengua española, pero de expresión cubana, argentina, venezolana, ecuatoriana, colombiana, o guatemalteca.

El poeta costarricense Max Jiménez afirmó en cierta ocasión: "El estilo se aprende en las ventas y en los caminos, y mis costarriqueñismos tienen su diccionario en la vida de mi Patria... Mi libro no se produce en antesalas sino entre barriales y montaña".

No se debe pensar que el idioma fuese deformado y abandonado para ser sustituido por una jerga o un lunfardo (aunque esto aconteció a veces en la poesía *negra* o *negrista),* pero no se puede pasar por alto un hecho: los *ismos,* si bien parecieron de importancia momentánea, tuvieron profundo impacto sobre la poesía hispanoamericana, cuando la analizamos desde una perspectiva histórica.

Esta realidad repercute también en la poesía de los años que siguen a los 50, y de tal manera que los textos más "exagerados" de los años de 1920 a 1930 ya parecen naturales y normales. Un ciclo de la revolución iniciada medio siglo antes había alcanzado uno de sus objetos principales. Según decía Max Jiménez, los diccionarios ya no se usan, y las palabras vienen del obrero urbano, del campesino, del estudiante, del burgués de la clase media, del indio. Hoy la América (española y portuguesa) tiene su propia poesía y su propio idioma.

Siguiendo el mismo raciocinio destinado a elucidar el fenómeno poético ulterior a los años de 1950, encontraremos otra razón que podríamos llamar la *fijación definitiva* de algunos poetas, que se cuentan entre los mayores del Continente. Hasta 1950, aun cuando éstos encontraron buena acogida, no llegaron a salir de un círculo bastante reducido de lectores, siendo la mayoría de ellos personas asociadas con el mundo literario. En otras palabras: ciertos poetas, que hasta 1950 sólo eran conocidos y leídos por minorías, penetran en la conciencia de un público mucho más vasto, aunque falta mucho para poder hablar de *masa* o de *gran público*. Esta situación, a su vez, se debe al fenómeno al cual tuvimos ocasión de referirnos: la falta de un comercio editorial capaz de poner en circulación a tales poetas en ediciones populares, limpias y bien presentadas, con estudios críticos para los que deseen conocerlos. Existen algunas tentativas, pero son insuficientes, dada la importancia de algunos de estos poetas.

Debemos mencionar en primer lugar a César Vallejo, fallecido en París en 1938, cuya obra desde entonces ha ganado fama mundial. El poeta norteamericano Thomas Merton, que era uno de los mejores conocedores en los Estados Unidos del moderno fenómeno poético latinoamericano, consideraba a Vallejo como el poeta más importante del siglo XX. Aun cuando no existía, hasta 1968, una obra poética completa de Vallejo, editada con todo el aparejo crítico necesario, con una revisión científica de los errores – a veces monstruosos – que mutilan su poesía, no se puede negar el hecho de que esta poesía ha entrado en circulación de una manera tan activa, tan efectiva, y a veces tan profunda, que el peruanísimo Vallejo es hoy un poeta universal.

Lo mismo ocurrió, aunque en escala más reducida, con Vicente Huidobro. Fallecido en 1948, quiso ser durante toda su vida –ayudado por una cómoda situación material, pero también por un talento nada común que hizo de él el gran poeta que no todos quieren reconocer todavía – un poeta continental, hasta universal. Veinte años después de su muerte, la poesía de Huidobro ha penetrado en la lengua y ha entrado en la conciencia misma de muchos que no se dan cuenta de ello. Ciertas formas de la poesía de vanguardia de los años de 1960 tienen sus raíces secretas en lo que el joven poeta chileno intentaba hacer en París allá por 1920, cuando era compañero de un grupo de hombres aún sin fama, entre ellos Pablo Picasso, Tristan Tzara y Georges Ribemont Dessaignes.

El caso tal vez más original por su casi completa falta de divulgación, realizado – si así podemos decir – por un proceso de ósmosis secreta, es el de José María Eguren, fallecido en Lima en 1942, quien es apreciado y comprendido por un núcleo reducido. Sin gozar ni de la fama de Vallejo ni de la "ola" de Huidobro, su poesía, una de las más misteriosas y profundas escritas en América, comenzó a correr como agua subterránea. Mucho del "mundo" de Eguren se ha infiltrado hoy en poetas que jamás llegarán a darse cuenta de tal "influencia", si de veras se puede llamar así. Lo que queremos señalar es que la poesía de José María Eguren corresponde a un gran poeta, bien que sin "circulación". Varios poetas que gozaron de tal "circulación" han desaparecido sin dejar huella.

Mencionamos estos tres ejemplos por ser los más evidentes. Los nombres de otros poetas podrán ser mencionados a fin de probar que la *fijación* de autores menos conocidos, hasta 1950, influyó sobre los que vinieron después.

APROXIMADAMENTE al mismo tiempo que se intensificaba este proceso de *fijación,* se desarrollaba otro fenómeno bastante importante: los poetas jóvenes de 1920 andaban en los 50 años al iniciarse las primeras evaluaciones de su obra. Esto se realizó por medio de antologías que comprendían más de un cuarto de siglo de poesía, en diversas fases y bajo variados aspectos formales (fenómeno, éste, bastante negativo para algunos poetas *engagés,* que entre 1945 y 1955 escribieron guiados por la doctrina que entonces se solía llamar "realismo socialista", y que Manuel Bandeira, al referirse a este tipo de poesía escrita por su compañero Paul Eluard, llamó, en su libro de memorias *Itinerário de Pasárgada,* " estética estúpida del stalinismo"), colecciones capaces de mostrar en un solo libro el camino recorrido durante muchos años.

Fue la época en que aparecieron las colecciones antológicas de Alfonso Reyes, Jorge Carrera Andrade, Pablo Neruda, Jorge Luis Borges, Francisco Luis Bernárdez, Manuel del Cabral, Nicolás Guillén y Oliverio Girondo; y, en el Brasil, las de Manuel Bandeira, Cassiano Ricardo, Jorge de Lima, Oswald de Andrade y otros. El acontecimiento tuvo doble impacto: por un lado, los poetas rebeldes de ayer aparecían en una postura que los presentaba como auténticos *clásicos de la rebeldía;* por otro, la situación a que aludimos al principio de estas páginas – es decir, las tiradas reducidas y la pésima distribución de gran parte de los libros importantes – estaba siendo remediada un poco, y los poetas nuevos y los lectores tenían oportunidad de conocer lo que hasta entonces era objeto de biblioteca o mera curiosidad. Y se veía frecuentemente que la poesía considerada como "locura juvenil" de 1920 había sido, en realidad, un acto renovador.

Se facilitó así la tarea de los críticos de la nueva generación, profesión ésta que tiene tan pocos representantes competentes en la América Latina, aunque hay aquí y allá excepciones notables. Estos críticos comenzaron a someter la poesía de los ya precursores a una investigación científica, descubriendo nuevas fisionomías, nuevos aspectos y orígenes desconocidos. Lo mismo ocurrió en las universidades, donde estudiantes escribieron tesis sobre poetas contemporáneos, fenómeno que asumió aspecto alentador después de 1955 en los Estados Unidos, pero en forma no tan paradójica, puesto que existe en dicho país un interés vivo y sincero hacia mucho de lo bueno y original que se produce en la América Latina.

De esta manera, se escribieron trabajos sobre Vicente Huidobro, Octavio Paz, Jorge Carrera Andrade, Pablo Neruda, Pablo Antonio Cuadra y varios otros. La bibliografía de estos estudios que la revista norteamericana *Hispania* (órgano de la Asociación Americana de Profesores de Español y Portugués) suele publicar anualmente podrá sorprender a los que deseen investigar más a fondo en este campo. Otro aspecto que no puede omitirse – puesto que es de importancia tanto para poetas consagrados como para los que comenzaron a publicar alrededor de 1950 – es la renovación total de ciertos jóvenes de 1920, bajo el impacto de las nuevas formas y corrientes poéticas. Por eso existen poetas que representan, dentro de la lírica latinoamericana, dos identidades diferentes: una, la de los jóvenes de los años 20, y la otra, la de los maestros de los años 50, que se renuevan al lado de los que se inician y de los iconoclastas.

En la Argentina algunos *martinfierristas,* entre ellos Jorge Luis Borges, Leopoldo Marechal y Oliverio Girondo, publican libros que son la obra de *otro* Borges, Marechal y Girondo. Los poemas que revelan estos nuevos aspectos de dichos poetas son los que figuran en las páginas de esta antología.

Borges, que en 1920 y antes había escrito bajo el impacto del expresionismo alemán, descubre de nuevo la poesía *callejera* de Buenos Aires y se acerca a la milonga y a la historia nacional, creando una poesía singular, no solamente en su propia obra, sino en toda la lírica argentina. Girondo ahonda en las investigaciones verbales, su desesperación se vuelve más metafísica y más obscura, y nadie se equivocará si busca en ciertas poesías suyas acentos precursores del *absurdo.* Causaría admiración notar que en la misma época el polonés desterrado Witold Gombrowicz (el *Witoldo* admirado tan sólo por un grupo de *loquitos* medio anónimos y desconocido por el gran mundo literario porteño) escribía una prosa que es el reverso de la poesía de Girondo. No sé si ellos se han conocido, pero si ello occurrió, sus encuentros deben de haber sido casuales, sin grandes consecuencias.

Marechal, después de haber entrado con brillo en la novela, escribió una poesía en que se encuentra el medio camino entre la Biblia y la ficción científica, entre la razón y las computadoras, una poesía exacta pero candente, centellando detrás de bloques de vidrio. Creo ver en estas poesía algo del mundo mágico de los "objetos" elaborados por su compatriota Julio Le Parc. Frío pero bello; difícil pero claro.

Salomón de la Selva, que antes de la Primera Guerra Mundial se reveló en los Estados Unidos como poeta de lengua inglesa en *Tropical Town* – hasta hoy uno de los más singulares experimentos hechos por un poeta hispanoamericano – apareció después del conflicto europeo con *El soldado desconocido,* resultado de su participación en el mismo. Este libro representa en la poesía de la América Latina la única contribución de un individuo que presenció los horrores de aquella guerra, relatándolos de una manera personal, con su acento "tropical", lo que singulariza esta poesía en relación con la de otros poetas de la Primera Guerra Mundial, entre los cuales los más notables fueron Guillaume Apollinaire, Walter Hasenclever, Ernst Toller y August Stramm. El libro de un poeta de la América Latina, soldado en la guerra europea, plantea un tema abierto a exhaustivas investigaciones futuras.

Después de 1950 Salomón de la Selva aparece renovado, a través de libros erróneamente llamados *clásicos;* porque, en realidad, *Evocación de Horacio* y *Evocación de Píndaro* son poemas *mestizos,* en los cuales, bajo una calma superficialmente clásica, el sufrimiento y la vida de las tierras americanas – especialmente de la América Central– surgen de una manera todavía no expresada hasta entonces. Este neo-clasicismo fue más tarde notablemente explorado por los poetas que hicieron del epigrama de estilo *clásico,* para evitar la censura, un arma política bastante eficaz.

Manuel Bandeira y Cassiano Ricardo, cuya participación en el *modernismo* brasileño fue decisiva, y cuyas obras poéticas ya tenían en 1950 características capaces de calificarlas como "definitivas", irrumpen en el mundo literario con experimentos osados como los poemas "concretos", participando directamente en los trabajos de investigación del grupo *Invenção* de São Paulo.

Cassiano Ricardo va más lejos que Bandeira: construye poemas *espaciales* y escribe trabajos teóricos de importancia sobre los acontecimientos de 1922 y las corrientes de vanguardia después de 1950, participando en el grupo *Praxis,* cuya preocupación era ir más allá de lo que se había hecho hasta entonces en la poesía y con la poesía.

Muchos jóvenes parecían así viejos burgueses "establecidos" al lado de Bandeira, que a los setenta y cinco años hacía poesía concreta, y de Cassiano Ricardo, que con algo más de setenta procedía a una revisión crítica de lo que él y sus compañeros habían hecho en 1922 y después. La vanguardia es auténtica cuando no sirve sólo de cartel, cuando no es limitada por la edad de los participantes. Esto se descubrió alrededor de 1960-1965 en algunos manuscritos de Oswald de Andrade, que tanto influyó en el concretismo y entre cuyos papeles, a menudo en forma de borradores, fueron encontrados esbozos preconizando lo que los concretistas comenzarían a hacer alrededor de 1954-1956 .

Hemos mencionado algunos de los nombres más conocidos de la generación del 20, tanto de Hispanoamérica como del Brasil, que representan ejemplos evidentes e indiscutibles. Sin embargo, lo que deseamos dejar nítidamente aclarado es el hecho de que fue mayor el número de los poetas de aquella generación que participó en la renovación que siguió a los años de 1950.

Este hecho nada tiene de extraordinario, ya que la lucha por la conquista de nuevas posiciones, por el encuentro de nuevas resoluciones y fórmulas no puede ser frenada artificialmente, ni por el hombre ni por la historia. Se trata de un proceso en movimiento perpetuo, siendo natural que los que han tenido la experiencia de una batalla inicial participen, con ideas renovadas y horizontes más amplios, en el combate de aquéllos que, en vez de constituir la retaguardia del vanguardismo, forman otra vanguardia, más osada y más violenta, siguiendo el mismo camino: la liberación del hombre por la poesía y por el arte.

Lo que en 1920 constituía un proceso de liberación del siglo XIX sería, en 1950 y después, la lucha por la conquista de las primeras posiciones avanzadas del siglo XXI, ya existente en los días en que la luna, despoetizada, ya no es el "bello astro" de los suspiros modernistas, sino el objeto *concreto* de un nuevo arte, o tal vez de un antiarte, otro arte en sí.

HASTA el comienzo de la Guerra Civil Española, la presencia de la poesía hispánica, a pesar de su desarrollo original después de 1920, se hacía sentir como algo distante, venido de ultramar. Los poetas españoles eran así *presencias poéticas,* cuyo arte algunos aceptaban, mientras que la mayoría se enteraba de él sin sentirse atraída de un modo especial.

Con la declinación en España de lo que suele llamarse la *causa republicana,* se crea un vínculo directo entre los poetas hispanoamericanos y sus compañeros de España; y esto acontece de dos maneras.

De un lado, varios poetas y escritores hispanoamericanos (César Vallejo, Octavio Paz, Pablo Neruda y Pablo de la Torriente Brau) se encuentran en España, algunos participando en los combates y otros escribiendo a favor de los republicanos. Así nacen los poemas de Neruda y especialmente el libro de Vallejo, *España, aparta de mí este cáliz,* momento que, a nuestro parecer, tiene, en la historia de la poesía hispanoamericana vuelta hacia el mundo literario español, la misma importancia que el impacto modernista de Darío. El mundo hispánico renace en un poeta *mestizo* de manera profunda y personal, creando una nueva mentalidad y una nueva sensibilidad.

Por otro lado, los poetas hispanoamericanos que no se encuentran en España físicamente expresan su adhesión a través de poemas escritos con motivo de la muerte de Federico García Lorca. Este tema trágico produjo gran número de poemas, algunos de ellos de rara belleza, y muchos de valor hasta el día de hoy por su calidad intrínseca, apropiados para una antología atemporal, cuyo tema siempre será la solidaridad humana y la protesta contra el crimen.

Cada vez más, al acercarse el fin de la guerra civil, poetas de la zona republicana buscan asilo en los países dispuestos a acogerlos; y varias repúblicas hispanoamericanas, notablemente México y la Argentina, les abren sus puertas. Así los poetas españoles unidos a la causa republicana, o sencillamente simpatizantes con ella, van a aquellos países, siendo allá fraternalmente recibidos. Uno que otro, como en el caso de León Felipe, se encontraba en tierras americanas en viaje de acercamiento poético y humano, tratando de ganar simpatizantes para la causa republicana a través de lecturas poéticas. Pocas voces eran más indicadas para tal empresa que la del profeta y cantor León Felipe, cuyo papel comentaremos en breve.

Así llegan a América – y los nombres siguen sin prejuicio ni orden cronológico – Juan Ramón Jiménez, Jorge Guillén, Pedro Salinas, Rafael Alberti, María Teresa León, Luis Cernuda, Juan Larrea y Manuel Altolaguirre, para mencionar algunos poetas bien conocidos. Sus vidas y su labor se incorporan a la vida intelectual de los países que se convertirían en patrias adoptivas. Muchos otros poetas, varios de fina calidad, pero menos célebres, completan la lista.

Así se hizo sentir la presencia de España en la América Latina por segunda vez en su historia, pero ahora de una manera nueva: los poetas españoles – los que vinieron después de Góngora, Lope de Vega y San Juan de la Cruz – viven y crean, vocean y sufren en tierras donde, siglos antes, habían escrito Bartolomé de las Casas y Bernal Díaz del Castillo. Se verifica un proceso de asimilación al revés, y la lengua de los españoles modernos intenta captar todos los encantos y todas las bellezas del lenguaje derivado de aquél que a fines del siglo XV y principios del XVI vino en las carabelas de Cristóbal Colón; proceso poético éste muy trágico, tal vez único en la historia, y cuya significación poética y humana no puede perderse de vista.

Más tarde algunos de estos poetas se trasladaron a otros lugares, algunos a Europa y otros a los Estados Unidos, pero casi todos seguían dominados por el hechizo de las tierras que determinaron su poesía, así como la de los poetas locales, a través de un intercambio y una ósmosis cuyas ventajas para las dos partes jamás pueden ser apreciadas bastante.

Si es fuertemente visible la influencia de Juan Ramón Jiménez, a través de su poesía y su silenciosa y discreta presencia humana, en poetas de Puerto Rico y Cuba (movimientos como *Clavileño, Espuela de Plata* y *Orígenes,* todos cubanos, le deben bastante, sin hablar del *Piedracielismo* colombiano, que desciende directamente de su poesía y de sus propias palabras), y si la presencia de Pedro Salinas, Rafael Alberti o Jorge Guillén puede ser encontrada con frecuencia, aun cuando asimilada y menos reconocible —*acriollada* en el mejor sentido de la noción—, hay ecos de ciertas voces españolas en Hispanoamérica que no han sido estudiados con la debida atención, pero cuya existencia difícilmente podrá negarse.

Se manifiesta así, en cierta zona de la poesía mexicana, la presencia de Luis Cernuda, cuya importancia todavía no ha sido bastante comprendida. En lo que se refiere a León Felipe, para nosotros el caso es evidente: su poesía, llevada tal vez por el viento de que tanto habla en sus poemas, se oye especialmente en la poesía de protesta espiritual de gran número de jóvenes, y su *roto violín* suena cada vez más en la ira de las nuevas generaciones protestando contra los *publicanos.*

Esto acontece con los *nadaístas* de Colombia, una generación anárquica, hecha de la misma substancia humana que León Felipe; y poetas como Ernesto Cardenal, Gonzalo Arango y Raquel Jodorowsky (la musa de los *irados* de los años 60, siendo ella misma buena poetisa) se encuentran de una manera u otra bajo el hechizo de León Felipe, el hombre más manso que ha vivido en esta tierra, sobre la cual hizo estallar, en versos sin igual, su ira anarquista de hombre libre, sin propensión a formar parte de ningún *ismo* político.

Sería tarea repleta de inesperadas sorpresas hacer un estudio detallado de la presencia de León Felipe en la poesía novísima de Hispanoamérica, y, a través de ésta, en la del Brasil, ya que en este país el poeta español es prácticamente desconocido; pero existen los vasos comunicantes.

Un detalle que no carece completamente de importancia en este sentido es la presencia en tierras americanas, en la misma época, de poetas-artesanos españoles, que escribían poesía y editaban libros en prensas manuales, realizando, además de obras de rara belleza gráfica, una labor de acercamiento y divulgación, dando a conocer, al lado de poetas locales, a varios poetas españoles poco conocidos, junto con sus propias producciones. Este fue el caso de Manuel Altolaguirre, activo en México y en el Caribe; más local, pero no menos importante, fue el papel que hicieron en Chile, en la Argentina y en el Brasil Manuel Segalá y Rafael Millán, cuya poesía desaparecerá, pero cuyos libros, producto de horas de trabajo arduo, y que presentan poesías de Neruda, Huidobro, Bandeira y Drummond de Andrade, quedarán como cumbres en el paisaje poético de América.

Papel semejante, pero mucho más amplio, desempeñaron algunas editoriales de carácter comercial dirigidas por españoles desterrados que se dedicaron, fuera de la actividad comercial, a publicar libros de poesía de poetas españoles e hispanoamericanos. Madrid se trasladó a México y a Buenos Aires, entrando poco a poco en la vida diaria de estas ciudades, llegando a ser cada vez menos Madrid, y más y más México y Buenos Aires.

DE LA MISMA MANERA, pero no por la misma acción, se hizo sentir en la poesía latinoamericana, después de 1950, el mundo creado por el surrealismo.

No se trata de los grupos surrealistas *ortodoxamente* vinculados con el movimiento dirigido por André Breton (éstos sólo existieron en la Argentina, en Chile y en el Perú), sino de lo que un poeta español definió como "la cosa que estaba en el aire".

Después de haber actuado directamente sobre ciertos poetas, siendo los más notables Aldo Pellegrini, Braulio Arenas, Enrique Gómez-Correa, Jorge Cáceres, César Moro y Emilio Adolfo Westphalen, el surrealismo se hizo sentir no solamente en la poesía sino en la pintura y en la escultura, como una corriente general, a tal grado que casi se puede hablar de algo como un contagio, y esto en el mejor sentido de la palabra.

Si los poetas a los cuales acabamos de referirnos se empeñaron en mantenerse casi siempre dentro de lo que podríamos llamar las rígidas normas ortodoxas del *movimiento* (colaboración exclusiva en las publicaciones surrealistas, libros de lujo en tiradas limitadas e ilustrados por pintores surrealistas, uso frequente del collage inventado por Max Ernst, firma de los manifiestos internacionales, espíritu de solidaridad mantenido hasta las mayores violencias y los menores detalles, como, por ejemplo, la lectura de poesías realizada en Chile por Pablo Neruda, violentamente interrumpida por un joven, el poeta Braulio Arenas, que le arrancó de las manos el manuscrito para protestar contra su posición partidaria), ya no se trata de ciertos poetas, ni de grupos, ni de corrientes que pueden ser designadas de una u otra manera, a no ser mucho después de 1958, cuando se puede hablar de una especie de neo-surrealismo. Ya se trata de algo más extenso, más profundo: cierto lenguaje surrealista, las imágenes usadas por los poetas de ese movimiento, frecuentes visiones oníricas, formas poéticas aparentemente inconexas pero en realidad obedeciendo a una técnica casi secreta, todo esto puede encontrarse en la poesía latinoamericana después de 1950, y el suceso representa un notable salto hacia adelante.

Dejando a un lado las peculiaridades y las semejanzas, a menudo imitadas hasta el punto que hacía que se pensase en una *fusión*, la influencia del surrealismo sobre la poesía escrita después de 1950 fue profunda, y muchas veces positiva.

Como ejemplo más concreto para comprender tal aventura, nunca estará demás llamar la atención sobre la poesía de Octavio Paz, que tanto debe al surrealismo, pero que, en toda su poesía (y también en su prosa de ensayista), supo transformar lo que en otros puede llamarse "influencia" en una personalísima visión del mundo, en una forma poética de tan elevada calidad que su lírica constituye uno de los momentos decisivos de la poesía de nuestro tiempo. Sin la presencia del surrealismo, el camino de Octavio Paz no habría sido el mismo.

En otras palabras: Paz–y nos referimos a él como el ejemplo más característico–asimiló como hispanoamericano lo que el surrealismo europeo había dado a la civilización mundial. Como él hay otros, menos conocidos, pero apreciables, cuya poesía representa un momento importante en el desarrollo de la lírica de nuestro tiempo.

ESTOS AÑOS son válidos tanto para Hispanoamérica como para el Brasil por un lado, porque en aquella época aparecen y se afirman poetas nuevos, al paso que, por otro lado, se imponen movimientos (nos referimos al *nadaísmo* en Colombia y al *concretismo* en el Brasil, que está siendo practicado y conocido internacionalmente) que hicieron de la América Latina un centro de irradiación poética.

Esto queda comprobado tanto por los libros de autores individuales como por la aparición de revistas de poesía en ediciones multilingües, experimento que después de la Primera Guerra Mundial intentó sobrevivir y fue vencido por el nacionalismo, pero que a partir de 1958 se fortaleció de tal manera que se puede hablar de una verdadera corriente.

Los movimientos de vanguardia de los años 20 y las demás razones que condujeron a este estado de cosas, ya analizadas anteriormente, renovaron y fortalecieron la poesía latinoamericana; y el primer resultado de este cambio es tan visible que basta leer cualquier revista de literatura o cualquier *magazine,* de Nueva York a Londres, de Tokio a Roma, de Berlín a Belgrado, para comprobar la presencia de esta poesía. En los últimos diez años se han publicado más ensayos y estudios sobre la poesía latinoamericana, y se han traducido más poetas, que en todos los años de 1900 a 1950. Ya no se trata de un apéndice de la poesía de España ("sabido es que los latinoamericanos tenemos todo en común con los españoles. Excepto, claro, el idioma", observó el escritor cubano Guillermo Cabrera Infante), sino de una poesía autónoma y original.

No haremos estadística, ni pasaremos a un informe sobre las obras más importantes publicadas un poco antes o después de 1950; tanto el contenido de esta antología como las notas bibliográficas, además de la información proporcionada hasta este punto, serán capaces—esperamos—de dar al lector la visión de conjunto que debe constituir el resultado lógico del proceso histórico a que nos referimos.

En 1949—como presagio—salen dos obras de poetas vinculados al surrealismo: *Libertad bajo palabra* de Octavio Paz, libro renovador de la poesía mexicana, y *La tortuga ecuestre* de César Moro, poeta peruano poco divulgado, cuya presencia tiene algo de *agente secreto,* ya que sus huellas pueden encontrarse bien lejos de Lima y de México, las ciudades en que vivió.

En 1950 aparecen *Nadir* de Yolanda Bedregal, la más importante voz poética de la Bolivia nueva, y *Ensalmos y conjuros* de Ernesto Mejía Sánchez, quien habría de iniciar el notable florecimiento poético nicaragüense, que desemboca en el éxito internacional de la poesía de Ernesto Cardenal, poeta que entre 1965 y 1969 alcanzó las mayores tiradas en Europa (no nos referimos a España), excediendo no sólo a Darío, sino a muchos poetas detrás de cuya obra existía una fuerte "promoción".

Entre los viejos maestros, Pablo de Rokha, este volcán ambulante, hace oír su voz en 1951 con *Fuego negro,* obra algo *mandragórica,* sin ninguna intención de vincular el término al grupo surrealista de Santiago. Antes de ser poeta y vate, de Rokha fue brujo, una especie de sacerdote de la revolución en marcha. Como tal, él hablará al futuro, siendo tal vez, durante mucho tiempo, uno de los que iluminan las entradas secretas del siglo XXI. Su poesía no puede ni debe tomarse al pie de la letra, ya que ella *dice* más que *escribe* .

En 1952 varios poetas publican obras representativas, entre las cuales se encuentran *Escándalo y soledades* de

Alberto Girri y *La valija de fuego* de Aldo Pellegrini, libro éste casi profético por su contenido secreto. Sigue en 1953 *Sinfonía del límite* de Hugo Lindo, poeta salvadoreño, y en 1954 aparecen *Poemas y antipoemas* de Nicanor Parra, que poco después habían de producir un verdadero *género,* consagrando no solamente a un poeta, sino indicando una personalidad que, al lado de Pablo Neruda, Gabriela Mistral, Rosamel del Valle, Vicente Huidobro y Enrique Gómez-Correa, dió renombre a la poesía chilena.

En 1956 Alejandra Pizarnik – voz misteriosa, medio Talmud y medio *pop art* – publica *La última inocencia;* y en el mismo año, en Haití, Magloire-Saint-Aude, considerado poeta importante por André Breton, edita un pobre folleto, *Déchu* que contiene algunas de las más extrañas composiciones de la nueva poesía en lengua francesa, según lo comprobó su inclusión subsiguiente en antologías no regionales.

En 1956 Alejandra Pizarnik—voz misteriosa, medio Talmud y medio *pop art*—publica *La última inocencia;* y en el mismo año, en Haití, Magloire-Saint-Aude, consi-
Benedetti sorprende un medio caracterizado hasta entonces por una engañadora apariencia metafísica, publicando *Poemas de la oficina,* libro grave y triste y—lo que no es menos importante—profundamente humano, mediante un silencio que arrastra hasta el grito. Es, en efecto, una bomba en la oficina.

La nuestra no es una selección que pretenda catalogar o buscar "valores". Lo que hemos intentado hacer ha sido tomar, de una larga bibliografía, nombres y obras que casi nada o bien poco tienen en común, para mostrar que, a través de esa multiplicidad, la poesía hispanoamericana está causando un nuevo descubrimiento del Continente.

Moro y Paz no pueden ser considerados sencillamente como precursores, ya que continúan con otros medios lo que se había hecho hasta entonces. De igual modo, no se puede encontrar ningún punto de contacto entre la poesía de Pablo de Rokha y la de Salomón de la Selva, quienes pertenecen a la misma "generación", pero escriben de maneras distintas.

Alejandra Pizarnik, una de las revelaciones de la poesía argentina después de Borges y Marechal, puede ser colocada al lado de otros compañeros como "generación", pero entre ellos hay estilos que los caracterizan y los separan, sin que ello levante murallas o pueda impedir la comunicación; pues todos están interesados en la renovación poética y humana de América. Si Rubén Darío intentaba hablar con Walt Whitman, el diálogo entre los poetas del Sur y del Norte es ahora casi cotidiano, como jamás lo ha sido.

LA PRESENCIA poética latinoamericana comenzó a fortalecerse después de 1958 por tendencias o movimientos de carácter social-político—pero de ningún modo por intenciones *políticas* en el sentido común, o partidario—, aspirando a la "unión panamericana" a través de la poesía, de Alaska hasta la Patagonia, según una expresión del poeta Ernesto Cardenal.

Ello hizo que apareciesen grupos cuyos integrantes eran, en su gran mayoría, poetas. Al referirnos a estos grupos—bastante numerosos, y a veces sin mayor significación que la de una rebeldía local o regional—,queremos subrayar el hecho de que, de esta manera, la poesía se hizo militante, en un sentido humano y social. A menudo se trataba de *civiles rebeldes,* en la expresión de uno de estos poetas, cuya meta principal era la renovación de la sociedad, del país ¡y hasta del planeta!

Se adhirieron a este esfuerzo prosistas, cuentistas, novelistas, pintores, sociólogos y sacerdotes, efectuándose así una amalgama de vocaciones y posiciones que hizo que se uniesen ateos y sacerdotes, católicos y judíos, teósofos y protestantes. Para ellos, conceptos como Trujillo y Auschwitz, Carías y Buchenwald, Batista y Hitler, o Perón y Franco eran iguales, de modo que tales grupos comenzaron a formar un frente, cuya actuación a un nivel poético y espiritual empezó a hacerse sentir después de 1960, por medio de revistas, manifiestos, intercambio, concursos y hasta congresos de ámbito continental costeados por los mismos poetas. Esto viajaban, sea gratuitamente, sea comprando pasajes a crédito, vendiendo sus objetos domésticos; así un poeta vendió su piano para poder ir de la América del Sur a una reunión celebrada en México.

Hubo en este intenso intercambio panamericano tendencias indigenistas, marxistas, anarquistas, zenbudistas, trotskistas y católicas; pero lo más importante fue el hecho de que los cambios contemplados debían ser alcanzados a través de la poesía, con ella y sólo con ella.

La "guerrilla espiritual" venció en calidad y número a la guerrilla militar, aunque uno que otro poeta, como el guatemalteco Otto René Castillo y el peruano Javier Heraud, haya caído en esta época luchando en las montañas. Más que cualquier otra cosa importaba una *nueva solidaridad,* de acuerdo con el nombre de un movimiento que intentó influir en estas acciones bajo el patrocinio de líderes espirituales tan diferentes como Henry Miller y el monje trapista Thomas Merton.

Los *ismos* se fortalecieron más, puesto que detrás de ellos se encontraba una voluntad de acción a toda costa y que se valía de todos los medios posibles. Al afirmar esto, nos referimos a los medios de divulgación que, después de 1960, se hicieron más fáciles y baratos, gracias al progreso de la tecnología. Lo que hasta entonces era posible hacer sólo por la tipografía (a menudo tan cara que constituía un sueño, cuando el poeta no estaba a la merced de los poderosos del momento, o del capricho del capitalista) ya se podía hacer por el mimeógrafo, el *stenopool,* el *multilith,* o el *xerox,* ténicas nuevas y fáciles, incomparablemente más baratas que la prensa, que ya empieza a ser—hasta cierto punto—cosa de lujo y del pasado.

La revista que los anglo-americanos llaman "little magazine" recupera la importancia que había tenido antes, y los poetas estrenan su poesía por medio de publicaciones técnicamente "pobres", pero llenas de material precioso y que contienen las pautas de la nueva lucha.

Al fin de la década de los 60 circulaban en las Américas centenares de estos cuadernos o folletos; y las revistas *gran-*

des, establecidas, traían a veces colaboraciones inferiores a las de las que se presentaban de una manera "pobre". El espíritu venció al dinero de una forma que era casi imposible prever en la década de los 50, o antes. Si la poesía todavía no era artículo de consumo de las masas en la época a la cual nos referimos, ya no era exclusivamente el alimento de las minorías cultas. El folleto y el cartel desalojan al libro encuadernado; y el libro de bolsillo es casi un artículo de primera necesidad.

El gran número de estos grupos nos impide hacer una descripción completa, lo que poco contribuiría a la comprensión en conjunto del movimiento poético latinoamericano. Varios movimientos se han destacado, alcanzando no solamente una repercusión continental, llegando a influir y atraer a poetas de otros países americanos, sino haciéndose internacionalmente famosos. Una abundante publicidad, de carácter algo sensacionalista, impidió a veces que el verdadero tenor del movimiento fuese conocido, como aconteció con el *nadaísmo* de Colombia. Este llamó la atención más por su aspecto polémico e iconoclasta que por lo que logró aportar de nuevo, de arrojado y de corajoso a la vida poética e intelectual del país.

Su jefe e inventor, el poeta Gonzalo Arango, solía fechar sus manifiestos y cartas desde *Atenas Subdesarrollada* refiriéndose a la tradición clasicista por la cual era conocida la ciudad de Bogotá. Su intención era, en efecto, destacar el verdadero aspecto de una época en que el *subdesarrollo* no se refiere apenas al pan de cada día, sino a una mentalidad cerrada y reaccionaria. No cabe duda de que, después de la rebelión juvenil, cuando se haga el balance del medio siglo, la importancia de los *nadaístas* (que ya serán clásicos) será debidamente apreciada.

Lo mismo acontencerá con los afiliados a *El Techo de la Ballena* de Caracas, surrealizantes conocidos como *balleneros,* de actividad múltiple, tanto en la poesía como en las artes visuales y en la pintura y, hasta cierto punto, en la política.

Su protesta contra la *cursilería,* que tantas víctimas está haciendo en las Américas a pesar de la conquista del espacio y la muerte de los tiranos *clásicos,* convirtió a estos combatientes en el modelo de una vanguardia consciente de su papel y decidida a cambiar lo que es posible dentro de su campo de acción.

Las exposiciones de pintura, los carteles, las revistas, los folletos, las cartas y las tarjetas postales hechos por los *balleneros* serán siempre un documento importante. No se debe buscar en todo una elevada calidad poética; pues lo que vale en esta acción directa es la intención y las posibilidades de cambio. Una media docena de poesías que perdurarán pueden asegurar a los *balleneros* un lugar seguro en la vanguardia.

Difícilmente se podrá decir esto de sus compañeros del Ecuador, los *Tzántzicos* (nombre derivado de la palabra jíbara *tzantza,* cabeza reducida), a pesar de que durante varios años mantuvieron una intensa actividad, tratando de dar al *indio salvaje* una noción purificadora de la civilización, es decir , incitándolo a *comerse* al blanco, reduciendo su cabeza a la *nada.* Vale la pena recorrer las páginas de los *Tzántzicos* donde, con una presentación gráfica bastante "normal" y nada revolucionaria, existe poesía que no llega al nivel de su intención fundamental; y no será un accidente que los poetas más representativos de la nueva generación del Ecuador aparecieran sólo por casualidad en estas páginas, en que la colaboración más original son algunos dibujos de Oswaldo Guayasamin, excelente artista que puede calificarse de anarco-trotskista, pero no de *tzántzico.* En México, durante la década de los 60, la revista *El Corno Emplumado* proporcionó servicios a la poesía de las Américas, al publicar poemas en español e inglés, así como una serie de libros de poetas del Norte y del Sur.

En la Argentina, donde la revista *Martín Fierro* fue responsable de lo que fue tal vez primer *ismo* consistente en Hispanoamérica, aparecieron diversos movimientos, entre los cuales se puede mencionar *El Hombre Nuevo,* cuyo "ideólogo" fue Manuel Belloni. Este, en un largo manifiesto-libro, intentó realizar una síntesis de este movimiento de renovación, en un espíritu que puede compararse a ciertas características de la *antropofagia* brasileña, en la cual se mezcla, paradójicamente, algo de humanismo y de existencialismo. Poetas como Rafael Squirru y Fernando Demaría formaron parte del movimiento, que más tarde se desintegró.

Será justo mencionar la *Nueva Solidaridad,* que por medio de la revista *Eco Contemporáneo* intentó reunir a los que se llamaban en el lunfardo porteño *mufados* (la generación mufada), en una mezcla bastante extraña de la corriente revolucionaria de ciertos miembros de la iglesia "liberal" con el *beat* norteamericano, junto con algunos francotiradores, cuyo símbolo fue Witoldo Gombrowicz, cuando este excompañero de la *mufa* ganó fama mundial. Como era imposible hacer símbolo de un antisímbolo, la tentativa de *nueva solidaridad* desembocó en una llamada "exploración humana para la creación de una alternativa", vinculada a la "underground press" de los Estados Unidos.

SI ANTES de los años 50 la tendencia general de la poesía hispanoamericana puede ser definida como americanista, criollista o negrista, generalmente de carácter regional y con una notable producción en todas esta modalidades de expresión, después de 1950–sobre todo después de 1958-1960–esta poesía (y lo mismo se puede decir también de la poesía brasileña) se inclina a lo universal, pero sin renunciar a su americanismo. Las tendencias y las experiencias regionalistas están casi agotadas o relegadas a un segundo plano, como elemento auxiliar, mediante ciertas formas de lenguaje y de ciertos regionalismos, mientras que la poesía en general se dirige a un universalismo de carácter americano. Tal fenómeno sólo se puede encontrar en *esta* poesía, a diferencia de la producción de los Estados Unidos y de Europa que, a pesar de su diversidad, no llega a evadirse completamente de lo nacional y, a veces, de lo regional.

La poesía hispanoamericana nunca ha sido tan rica y tan variada. Darío abrió puertas, pero después de él vino un largo estancamiento; y éste pudo ser modificado solamente por el impacto causado por los que, cada uno a su manera, siguieron el camino renovador del mundo *mestizo.* Si la presencia de Vallejo, Eguren, Huidobro y Borges debe una que otra cosa a los *ismos* que discutimos al principio de este estudio, su poesía difícilmente puede ser imaginada o fabricada sin la de Darío, el buen Darío, el Darío *mestizo,* siempre presente en sus poesías menos conocidas, en las que menos figuran en antologías.

Por otra parte, no se puede perder de vista el hecho de que sin Vallejo, Eguren, Borges, Huidobro, Neruda, de Rokha, de la Selva y algunos otros, el camino seguido por la poesía hispanoamericana de hoy (y de mañana) no habría sido el mismo. Si, por ejemplo, después de Rainer Maria Rilke la poesía en Alemania se quedó estancada, y si Bertolt Brecht cerró todas la posibilidades a la poesía *militante,* los grandes hispanoamericanos abrieron puertas y ventanas y demolieron fronteras y murallas. Su poesía no era sólo una gran voz, sino una voluntad de renovación de arriba hacia abajo, en todos los sentidos.

No pretendemos afirmar que después de 1960, o un poco antes, la poesía hispanoamericana se alejara de sus precursores pues lo que aconteció fue lo siguiente: las corrientes locales, indias, indigenistas y criollas se fundieron con las inquietudes del mundo, y el resultado de esta unión de sensibilidades y de problemas fue una nueva expresión poética, característica no sólo de la América Latina, sino de la cultura contemporánea, pasando todas las fronteras. Existe así, en la segunda mitad del siglo XX, algo que se puede llamar lo americano-universal; y los ríos que corren de la fuente de Rubén Darío, mudando de colores, de rumbo, de aspecto, y a veces de dirección, vendrán a ser los que, dentro de los próximos veinticinco o treinta años — es decir, para el año 2000—darán a la poesía universal su fuerza y su identidad.

El desconocimiento casi completo en que yacía la poesía latinoamericana hasta mediados del siglo XX ha sido rectificado por la magnitud de su riqueza. Su mensaje es escuchado por los hombres de nuestros días y será oído por los hombres de mañana.

PARA ACLARAR algunas dudas que siempre surgen cuando se habla del Brasil fuera de las fronteras del país, será preciso comenzar con algunos lugares comunes: lo que en Hispanoamérica se llama *vanguardia* en el Brasil es conocido, debido a una cuestión de términos, como *modernismo;* al mismo tiempo, el *modernismo* hispanoamericano se llama, en el Brasil, *parnasianismo* y *simbolismo.* Esto ha sido aclarado varias veces, pero jamás se repetirá demasiado, a fin de evitar graves equivocaciones.

El modernismo comenzó en São Paulo en 1922, con una serie de conferencias, lecturas de poesía, sesiones musicales y exposiciones de artes plásticas durante la *Semana de Arte Moderna,* cuyos promotores fueron los poetas Mário y Oswald de Andrade, el pintor Emiliano di Cavalcanti y el administrador René Thiollier; pues la *Semana,* a pesar de su ambiente revolucionario, fue metódicamente organizada por este último, que encontró el salón y pagó el alquiler con los ingresos de una campaña de publicidad que gozó del patrocinio de la gran burguesía paulista, cuando, en realidad, uno de los objetos principales de los ataques de los *modernistas* era el burgués y el espíritu que lo caracterizaba. Ahora todo eso ya es historia, y con el transcurso de los años surgieron polémicas con el propósito de inventar líderes e iniciativas, hasta el punto de poner en duda el carácter revolucionario de la *Semana* y de sus organizadores.

No se trata de hacer el balance de la fortuna de algunos participantes y organizadores del movimiento modernista, sino de destacar que este movimiento fue sin la menor duda el que repercutió más profundamente en la vida de un país latinoamericano, y no solamente en las letras, las artes y la música.

Para comprender la profundidad de la revolución modernista en el Brasil, basta dar algunos ejemplos aclaradores. La ciudad de Brasilia, construida al principio de la década de los 60, y siendo la primera ciudad del siglo XXI en el mundo entero, fue planeada y edificada por los que se alimentaron de las ideas y las visiones de los arquitectos-pioneros de la *Semana.* Flávio Rezende de Carvalho y Gregório Warchawchik, los primeros arquitectos modernos en el Brasil, percursores hasta del *Bauhaus,* vieron su trabajo continuado y perfeccionado por Lúcio Costa y Oscar Niemeyer.

La sociología moderna, con nombres tan ilustres como Gilberto Freyre y Sérgio Buarque de Holanda, tiene sus raíces en la *Semana.* Heitor Villalobos, uno de los rebeldes de la *Semana,* que al principio de su carrera había sido pianista de cine en Río, es, con su genial comprensión de la música popular, el precursor de la *bossa nova,* que no es otra cosa sino la dimensión moderna del samba. Tanto Tom Jobim como Vinicius de Moraes y, más tarde, Chico Buarque de Holanda, descienden de Villalobos.

Los murales que Cândido Portinari pintó en el edificio de las Naciones Unidas en Nueva York vienen de la *Semana,* ya que la pintura de Portinari forma parte de la corriente integrada por Tarsila, Anita Malfatti, Lasar Segall y Brecheret, todos participantes de la *Semana* o precursores de ella.

Estos son algunos ejemplos, de los más patentes y de repercusión mundial, que sirven para aclarar la importancia del modernismo en el Brasil. Sería imposible ponderar la evolución de la poesía en el Brasil sin tener en cuenta la labor realizada en 1922 y después por Mário y Oswald de Andrade, Manuel Bandeira, Ronald de Carvalho, Raul Bopp y Cassiano Ricardo, todos ellos responsables de la renovación en el Brasil. La poesía de estos autores en 1922—saliendo en la revista *Klaxon,* propagose luego en el Nordeste, donde el modernismo tuvo su *cónsul* en la persona del escritor Joaquim Inojosa, y el Sur, donde apareció la poesía de Augusto Meyer y más tarde la de Mário Quintana, los *gaúchos* del modernismo—forma parte de un proceso casi orgánico, como eslabones de una cadena, hasta los últimos años del 60.

TODO lo que estos poetas escribieron continúa en el movimiento que, alrededor de 1930, tuvo su más vigorosa expresión en Minas Gerais, donde el joven poeta Carlos Drummond de Andrade escribe *Pedra no meio de caminho*, primera contribución a la experiencia *concreta*, que florecerá después de 1950. Al lado de Drummond aparece Murilo Mendes, único poeta brasileño en cuya obra se puede encontrar, en cierta época, una presencia surrealista (ya que en el Brasil no existió un movimiento surrealista organizado y, en la *Semana* de 1922, las raíces extranjeras, según lo han comprobado los historiadores literarios, vienen del dadaísmo y del futurismo), "abrasileñada" por la personalidad y la visión universal del poeta.

El año de 1930 se hace sentir no solamente en Minas Gerais, donde publicaciones como *A Revista e Verde* y otras propagan la nueva poesía, sino también en Bahia, en Rio Grande do Sul, en Pernambuco y en Paraiba, en todas partes donde la juventud captó el mensaje de la *Semana;* 1930, con sus poetas, tiene un poderoso impacto sobre lo que había de hacerse después en el Brasil; y, además de la presencia de los poetas, hay que señalar la de los novelistas.

1930 sigue a 1922 como una continuación histórica, sin que se pueda hablar de influencias o herencias, ya que la poesía de los poetas de 1930 (Carlos Drummond de Andrade, Murilo Mendes, Ismael Nery, Jorge de Lima y Augusto Meyer) nada debe a la de los participantes de la *Semana;* pero tampoco puede separarse de ella. El año de 1930 tiene, en la poesía del Brasil, tanta importancia como 1922, puesto que aparecen en aquel año las siguientes obras: *Poemas,* de Murilo Mendes; *Alguma poesia,* de Carlos Drummond de Andrade; *Sorriso interior,* de Augusto Meyer, y *Pássaro cego* de Augusto Frederico Schmidt; y, en 1931, *Cobra Norato,* de Raul Bopp. Estos son algunos de los nombres más notables de la poesía brasileña, no solamente de la década de los 30, sino de todos los tiempos.

Llegamos así a un momento que constituye el punto de partida para todo lo que habría de hacerse después de

1950, y hasta el fin de la década de los 60; pero el ciclo histórico comenzado en 1922 tiene, a pesar de su carácter revolucionario, una evolución casi natural. Este hecho debe considerarse como reflejo de las revoluciones pacíficas que son características de casi toda la historia política y social del Brasil.

La generación que surgiría después de la del 30, alimentada por los libros del 22 y del 30 y también por los escritores europeos (Mallarmé y Rimbaud, Rilke y T.S. Eliot son los más citados y leídos), y sobre la cual el fin de la Segunda Guerra Mundial—en que, entre los países latinoamericanos, participó únicamente el Brasil, con una fuerza expedicionaria en Italia—tuvo poderoso impacto, debería ser, lógicamente, una generación revolucionaria. Pero no fue así. La poesía *engagé,* tan en moda después de la guerra, fracasa en el Brasil, y vuelve a fracasar al principio de la década de los 60, en el movimiento *Violão de Rua.* Carlos Drummond de Andrade, el único gran poeta brasileño *participante* con su poesía en los acontecimientos del mundo, se retira del hipotético frente *participante* inmediatamente después de la Segunda Guerra. Los poetas que surgen en esta época son beneficiarios no solamente del 22, del 30 y del fin de guerra, sino de la caída de la dictadura de Getúlio Vargas, que se había instalado en 1930.

Asimismo, la *Generación del 45* se caracteriza, desde el momento en que aparece como grupo en las páginas de la revista *Orfeu,* como una generación para la cual la *vuelta al soneto* y el respeto a ciertas formas y normas violadas en 1922 y poco acatadas posteriormente, significan una línea de conducta, un ideal y un programa.

Sus representantes más destacados, poetas todos—Lêdo Ivo, Domingos Carvalho da Silva, Marcos Konder Reis, Fernando Ferreira de Loanda, Bueno de Rivera, Darcy Damasceno y, sobre todo, João Cabral de Melo Neto—, son poco iconoclastas en el sentido común de la palabra; pero se preocupan de la palabra y de la busca de la novedad por medio de la palabra y de la expresión poética cambiada por la palabra.

La primera tentativa se había dado con la *Pedra no meio do caminho* de Carlos Drummond de Andrade, una *locura* hoy *clásica* y acatada por poetas, investigadores y críticos, y se ahondaría en seguida en la obra de João Cabral de Melo Neto, el poeta más importante del 45, precisamente por deber menos al espíritu de la *generación.*

La importancia de la generación del 45, discutida y combatida por los vanguardistas que aparecieron después de 1950–y cuyos críticos califican a los poetas del 45 de "pasadistas" y "retrógrados"–, no debe ser menospreciada. El primero que reconoció esa importancia, aunque apenas oyó los acordes iniciales de este concierto moderno ejecutado con instrumentos clásicos, fue Mário de Andrade, uno de los responsables de todo lo que hay de moderno en el Brasil. La "bendición" dada por el poeta de *Paulicéia desvairada* a algunos poetas del 45 no puede desconocerse; y su muerte, en el año en que aparece la nueva generación, puede considerarse como simbólica, cerrando definitivamente el ciclo comenzado en 1922.

Los poetas del 22 y los que vinieron después viven en un estado de renovación permanente, como en el caso de Manuel Bandeira, Cassiano Ricardo, Jorge de Lima, Carlos Drummond de Andrade y Murilo Mendes, todos responsables de una u otra manera de las vanguardias posteriores siendo algunos de ellos hasta más vanguardistas en sus poesías y en sus experimentos que algunos de los mismos vanguardistas.

Tenemos, pues, en el Brasil, los siguientes años-clave: 22/ modernismo; 30/ *Pedra no meio do caminho,* de Carlos Drummond, y poemas de Murilo Mendes, y 50/ *O cão sem plumas.* Pero todavía en 1950 salen los *Poemas murais* de Cassiano Ricardo, poeta que se inició como *nacionalista* de colores y sonidos violentamente brasileños en el movimiento de la *Anta* en la década de los 20, y ahora cantor de un humanismo universal, con una poesía *mural.* En 1951 se publica *Claro enigma* de Carlos Drummond de Andrade, obra de madurez de un poeta siempre fiel a sí mismo, pero que sigue también en busca de otras posibilidades de expresión y nuevos caminos.

En 1952 aparecen dos libros de notable importancia: *Opus 10* de Manuel Banderira, que contiene el poema "Boi morto", profundamente humano y pesimista (en una época de "alegría" colectiva practicada por medio del *realismo socialista),* destinado a revelar un nuevo Bandeira y a abrir caminos a otra poesía; e *Invenção de Orfeu* de Jorge de Lima, largo poema obscuro, gongorino y camoniano, una de las cumbres de la poesía moderna en el Brasil.

El título de la revista de la generación del 45 *(Orfeu)* y el poema de Jorge de Lima *(Invenção de Orfeu)* nos llevarán, a través de una casi mágica unión de palabras, pero también por un camino más natural de lo que parece, al grupo que en 1956 comienza una completa renovación del proceso poético en el Brasil en la revista *Invenção,* dirigida por los poetas Augusto y Haroldo de Campos y Décio Pignatari, desde aquel entonces los más importantes representantes del *concretismo.* Algunos de los miembros de este grupo formaban el núcleo de la revista *Noigandres,* donde publicaban poemas en verso normal, dando a entender que se preparaba una nueva tendencia.

Pero el año de 1956 y la revista *Invenção* con el *concretismo* y todo lo que vendría después, tampoco surgirían del aire. Además de las poesías de estilo "clásico" (es decir, comparado a todo lo que harían después) de los hermanos de Campos y Pignatari, no se puede dejar en silencio la labor de los poetas que en 1954 (dos años antes de la explosión oficial del *concretismo)* escribieron dos libros de poesía, resultado de investigaciones sobre y con la palabra: *A luta corporal* de Ferreira Gullar y *A ave* de Wlademir Dias Pino, primer poema *visual* en el Brasil, y tal vez uno de los primeros de este género en el mundo entero. El libro—lleno de páginas coloridas, perforadas de agujeros y marcadas con letras y líneas—,escrito en 1954-1955 y publicado en 1956, es pionero, y no solamente con respecto a lo que habría de hacer después un equipo brillante e ideológicamente preparado como pocos grupos poéticos en el Brasil, y tal vez en toda América.

En la década de los años 60, docenos de poetas del mundo entero – de Tokio a Bonn y de Praga a Buenos Aires—habrían de hacer en cantidades industriales lo que ensayaba el poeta Dias Pino en 1954.

El *concretismo,* definido por uno de sus fundadores como, "una poesía objetiva, exacta, sintética, capaz de la comunicación inmediata de las cintillas de los periódicos y de las tiras cómicas", cuyos participantes "tratan también de extraer la poesía de un contexto puramente 'literario', favorecido por su parentesco con las demás artes", fue uno de los movimientos originales de la nueva cultura en el Brasil. Contando con un equipo altamente cultivado,cuyos miembros habían pasado, casi todos, por lo que llaman "el ciclo del verso", el concretismo animó el ambiente intelectual, despertando el interés de poetas como Cassiano Ricardo y Manuel Bandeira. Cassiano Ricardo escribió varios ensayos, pasando en seguida a formar parte del grupo *Praxis,* que intentó llevar más adelante los experimentos *concretistas.*

En efecto, el *concretismo* es el último *ismo* válido en la poesía brasileña, y al decir esto nos referimos no tanto a su vigencia poética como a sus posibilidades de acercamiento internacional; pues con los poetas *concretos* el Brasil ganó fama mundial, aun cuando tal fama no salvó las fronteras de ciertos grupos de la élite.

Para los *concretistas,* el punto de partida en la poesía brasileña está representado por el olvidado Sousândrade, poeta interesante, inventor de un mundo alucinante y de un riquísimo vocabulario, seguido por las obras de Oswald de Andrade, y también por Mallarmé, Guillaume Apollinaire, e.e. cummings, Ezra Pound y Vladimir Mayakowski y, entre los más recientes, algo de Carlos Drummond de Andrade y João Cabral de Melo Neto. Ya a fines de la década de los 60 el grupo concretista, del cual antes se había separado una facción *neo-concretista,* además de algunos que se asociaron al experimento *Praxis,* no contaba con el mismo ímpetu. En cambio, estaba ahondando en el trabajo de investigación, siguiendo la corriente linguística del profesor Roman Jakobson. El impacto causado por los *concretistas* a partir de 1956 fue benéfico y originó una agitación intelectual más profunda y más osada que otros movimientos aparecidos después de 1922.

Al fin de la década de los 60 surge el movimiento de la *poesía/proceso,* dirigido por Wlademir Dias Pino y Alvaro de Sá, con el propósito de causar una ruptura con todo lo que se había hecho en la poesía brasileña hasta entonces, afirmando que la palabra está "completamente superada". En el *poema/proceso* la palabra tiene dos funciones: "didáctica, para el aprendizaje del poema, y *código,* retardador para una información geometrizada (electrónica)".

Para demostrar la ruptura con el pasado, los participantes del movimiento comenzaron su actividad rompiendo los libros de poetas desde Carlos Drummond de Andrade hasta João Cabral de Melo Neto, quien en 1968 había ingresado en la Academia Brasileña de Letras; porque la vanguardia *electrónica* niega todo lo que se había hecho hasta entonces, declarando a la poesía *artículo de consumo.*

EN POCOS países latinoamericanos existe un movimiento poético más diverso y más intenso. Lo que ha ocurrido en el Brasil después de 1950 está lejos de tomar una forma definitiva, aunque algunos opinan que los caminos del *concretismo* y de los movimientos que de alguna manera se separaron de él, o se inspiraban hasta cierto punto en él, para buscar en seguida maneras originales de expresión, conducen a un callejón sin salida. Nadie dudará, sin embargo, de que los experimentos empezados en 1956 contribuyeron al enriquecimiento de la poesía y del pensamiento en el Brasil.

Por otra parte, el aparecimiento después de 1960 de poetas como Affonso Romano de Sant'Anna, que se sitúa en medio del camino entre ciertas experiencias concretas y el "ciclo del verso", demuestra que las rutas de la poesía sin adjetivo están llenas de sorpresas y posibilidades. Si

João Cabral de Melo Neto representa el último poeta "del verso" entre los innovadores, no se puede negar que la contribución del equipo de *Invenção* es una de las más valiosas. Grupos interesados en la investigación y en la interpretación del poema surgen, a fines de los años 60, del norte al sur. Las casas editoras brotan y publican a los poetas jóvenes.

La voz de un nuevo Brasil está todavía por oírse.

PAÍS de lengua francesa pero de una cultura que se orienta cada vez más hacia sus raíces africanas, Haití representa, en el mapa poético del Continente, un caso no solamente insólito sino de profunda significación social y poética.

Hasta la Segunda Guerra casi todos los poetas de Haití escribían bajo la inspiración de la poesía parisiense, y así apareció una serie de libros que, a pesar de salir a la luz en Haití, parecían haber llegado directamente de Francia. De vez en cuando, para fingir cierto tono o color local, figuraban en estos poemas plantas o frutas tropicales; pero aun así la poesía haitiana tenía la apariencia de un producto artificial, distanciado del pueblo y de la tierra.

Se trataba de una poesía de laboratorio, bellamente escrita a veces, y firmada por poetas con apellidos locales; pero era difícil determinar cómo y por qué esa poesía no podía ser producto de París o de cualquier otra ciudad francesa. Las palabras que se referían a la naturaleza o a la geografía local daban la impresión de que se trataba de un proceso artificial, aun cuando aquí y allá hubo ciertas excepciones y algún esfuerzo para encontrar otro camino.

El primer poeta contemporáneo que logró lo que podríamos llamar independencia de los modelos poéticos franceses fue Jacques Roumain, autor de una obra importante y tal vez el primer poeta *nacional,* no sólo por razones lingüisticas o pintorescas. Con la muerte de Roumain, ocurrida en 1944, Haití pierde su portavoz, y el camino abierto por él corre peligro de no tener seguidores. Por una casualidad providencial, un año después, en 1945, el poeta

André Breton, que durante la guerra había vivido en los Estados Unidos, decide regresar a Francia por una ruta algo indirecta, encaminándose primero a Port-au-Prince.

Debido a su prestigio intelectual y humano, el jefe del movimiento surrealista es calurosamente acogido en la capital por los jóvenes, al pronunciar su hoy famosa conferencia "Le surréalisme et Haïti". Este documento tiene importancia no sólo para el surrealismo sino, sobre todo, para Haití, puesto que Breton indica la tremenda miseria en que vivía el pueblo. *La Ruche,* el diario de la nueva generación, le dedica el número del día siguiente, el cual es aprehendido por la policía. Estalla, a modo de protesta, una huelga estudiantil, que pronto había de convertirse en huelga general. La presencia del jefe surrealista denota una nueva época, tanto en la vida poética como en la realidad política y social del país.

No se debe exagerar la importancia de esta visita, pero no se puede tampoco menospreciarla. Surgen poetas como René Depestre y René Philoctète; pero entre todos descuella la figura de Magloire-Saint-Aude, el poeta que coloca a Haití con una visión personal en que hay también mucho de la magia del *vudú,* en el ámbito mundial de la lengua francesa.

Grupos literarios como *Samba* y *Haïti Littéraire* se organizan más tarde y, aunque casi todos son de corta duración, efectúan reuniones y publican revistas efímeras y *plaquetas* de poesía. La presencia de un crítico y comentarista de poesía como Maurice Lubin, incansable en la divulgación del fenómeno poético haitiano tanto en las Américas como en Europa, sitúa a la nueva promoción en el lugar que merece.

Con todo, no se puede hacer nada duradero, porque las posibilidades materiales que permitan una editorial o una imprenta capaz de facilitar la publicación de obras poéticas topan con tremendas dificultades económicas, y porque casi no existe un público lector. Muchos poetas se ven obligados, por razones económicas y políticas, a buscar el camino del destierro, escribiendo y publicando en francés, no sólo en Francia y en el Canadá (en este último país la Provincia de Quebec facilita una expresión poética en lengua francesa), sino en lugares tan distantes como Praga, México, Nueva York, Washington y Caracas.

Los poetas que permanecen en el país y escriben allá tienen poquísimas posibilidades de *hablar* a un público, al mismo tiempo que los que viven en el extranjero escriben para una minoría cada vez más reducida.

El fin de la década de los 60 encuentra a Haití con una excelente producción poética, la que está amenazada, sin embargo, de permanecer cada vez más separada de los que debían tenerla en cuenta.

Según dice Maurice Lubin en *Haïti, poésie pas morte:* a partir de 1945 la existencia de la poesía y de los poetas representa cada vez más un problema cuyo futuro no tiene únicamente raíces poéticas. El camino inaugurado en 1945 e interrumpido en su evolución, deberá continuar, para asegurar el lugar merecido a este país de poetas y pintores.

ARGENTINA

RICARDO E. MOLINARI

Buenos Aires (1898)

Lo que más caracteriza la obra de este poeta en el transcurso de su vida de pasión e inspiración, es la fidelidad a los grandes temas de su tiempo y de su país: de esta manera el argentino Molinari, en vez de hacerse poeta nacional, representa a la Argentina entre las voces más claras de la moderna poesía latinoamericana. La amistad y el amor, la tristeza y la muerte, la pampa y la vida en el campo, he aquí algunos de los temas que canta ora en largos versos de sabor muy personal, ora usando la forma del canto popular, que en su poesía gana un acento nuevo y una fuerza muy personal. No es una coincidencia que su primer libro publicado en 1927 se llame *El Imaginero* y otro, salido casi dos décadas más tarde (1946), *El huésped de la melancolía:* toda la obra poética de Molinari se puede situar entre estos dos polos. Un notable constructor de imágenes y un hombre sumergido en su melancolía, han sido las constantes de su poesía, que, según se apunta en una crítica, "ha influído en algunos poetas jóvenes argentinos": una influencia no siempre visible, pero noble y benéfica.

Días donde la tarde es un pájaro 1954
Unida noche 1957
Árboles muertos 1960
El cielo de las alondras y las gaviotas 1963
Un día, el tiempo, las nubes 1964

ODA A LA MELANCOLÍA

Todos me habrán visto una vez y he venido derecho hacia
ti, callado,
entre los temporales abiertos, arrastrando
la arena mojada y las ramas grises de otras estaciones.

No he llegado de mí a tanta desilusión, sino en el sueño de
otros seres,
a la tierra, a estar con vosotros, debajo de las intensas y
penetrantes nieblas, extranjero,
igual que el agua que huye rozando el matorral, los montes
y los campamentos.

Quizás, únicamente quise, extraño, las flotantes nubes, las
desgarradas humaredas, el ir de una muchacha
por el campo; lo antiguo y claro de unas hojas suaves y
perdidas en las lagunas; el verdor amarillo y deslizante
del otoño en lo húmedo y amoroso del olvido.

Quiero los vientos, la cerrazón apretada y las cortaderas, en
el comienzo seco de las planicies,
en los días que las frondas rojizas y sueltas
se deshojan, en marzo cuando nací,
y empiezan a volar con el sol, en el atardecer, las aves de
los bañados, vistosos y azules,
contra el horizonte limpio y extenso.

Pero yo estoy aquí, junto a las corrientes, sentado y
acordándome de mi tribu, las manos quietas, mirando
subir el agua suntuosa y desentendida.

Y soy la raíz que busca el deseo y cuyos ramos crecen
verdes y amarillos,
y serán abatidos en lo que a mi alrededor desaparece y
atrae.

¿Oh dioses!, ¡oh nubes!, matojos del crepúsculo, flores del verano, enjuto y cerrado os estoy mirando distraído;
despierto o descansando me hallo con vosotros, como la semilla de Dios, en su panel de muerte.

Ya han volado las golondrinas del sur y en la noche se oyen pasar los patos llamándose
dentro del espacio radiante de las llanuras.
Y no invoco a nadie, sólo me pierde el aire!

ESTAS COSAS

No sé, pero quizás me esté yendo de algo, de todo,
de la mañana, del olor frío de los árboles o del íntimo sabor
de mi mano. Pero estas llamas y la lluvia bajan por la tarde
del día
elevadas, con su trabajo cruel
y afanoso, con el terror de la primavera y el tiempo y la
noche
vanamente disueltos en su impaciencia.
Yo sé que estoy mirando, extendido, sin atender
lo que el polvo y el abandono ocultan de mi cuerpo y de mi
lengua.
Una palabra, aquella
sonriente y terrible de ternura,
obscurecida por la razón y el mágico envenenamiento de la
nostalgia;
sedentaria huye por un campamento, llamada y perseguida,
permanente,
si alguna vez, devuelta entera y desentendida
al seno ardiente de la noche, al ser mayor e indestructible
de la atmósfera.

Nada queda después de la muerte definido y levantado, ni
la imagen voluntariosa
sobre los pastos crecidos y ondulantes, ni el pie
atropellado que dispara
de su quemada historia intacta.
Sin clamor el rostro siente el húmedo temporal, el albergue
perecedero
y la flor abierta en el vacío,
sin volver los ojos, ya en su rapidez disuelto
y extrañísimo.

Soy el ido, el variante del cielo,
de la calle muerta en las nubes,
su entretenimiento como un pájaro.

¡Amor, amor!, una brizna del sentido,
tal vez un día donde mis labios
bebieron la sangre
y todas estas nieblas azotadas e irremediables,
perdidas.

Decidida, toma, ¡oh noche! mis secos ramos y llénalos de
rocío brillante
y pesado, igual que a las hojas
del orgulloso y reclinado
invierno.

IMÁGENES DE UN PÁJARO SOLITARIO

Leva-lhe o vento a voz, que ao vento deita.
CAMOENS

A Raúl Aráoz Anzoátegui

I

Tan alto en la enhiesta soledad vuela y sube el pájaro
apartado;
en la luz ascendida posa la abierta sombra de sus plumas,
y el pico hiende la transparencia seca del vacío.
Sin nostalgia ni apetito se alza lejano e interminable,
quieta parece su salida.
¡Sólo el espíritu lo lleva, sin esfuerzo ni memoria!
Imaginado se retira el pájaro a la sumidad, el silencio.
¡Tan levantado que el alma lo consume!

II

Solo, aislado, mira sus alas sin compañía, distintas y
separadas.
La luz llega sin acercarse, y único de soledad
respira el aire que lo balancea y sopla.
Sin pareja el ave vuela sin pensar en su penumbra sobre la
tierra. El fuego de su encierro lo arde sin substancia,
voluntario y errante.

III

En las ondas lleno pone el pico, la vela,
y remontando sale a la luz desierta y deslumbrante.
Nada lo distrae, sin sed ni fatiga, crecido asciende a su halago
sin sitio,
a noche o día,
o al amante sabor del aire sin sentido.
En su desnudez callado atraviesa y voltea el pico sobre su
deseo,
y la dulce pluma liviana aprieta inútil
y aturdida,
suelto y distinto.

IV
Sin saber su color señorea su nave, el ligero viento,
y en la atmósfera serena y desterrada,
alienta su vuelo a nada,
en su distracción embelesado.
La luz lo vuelve hacia sí mismo,
enternecido y solitario.

V
En el gajo florido el cielo canta la alondra.
¡Qué bien nombra el pájaro!
Suave siente su pecho. Apoyada en la flor
a las hojas mira que ocultan sus remeras,
sin peso ni vaivén.
En el silencio la alondra llama al alma.
A la intemperie queda el pájaro
volador,
en el silbo más sutil y ardoroso.
¡Y tanto espacio, oh Dios mío!

EL OLVIDO

Entre papeles y muertas honras
cae el día, el cielo
del verano.

Mi juventud está allí,
en el amarillo sobre portugués,
en unas palabras que la tinta
y el deseo van desvaneciendo,
¡Oh juventud, terreno solitario!,
día antiguo de la tarde;
quizás una golondrina
o las pesadas nubes
encima del mar nos recuerden,
sonrientes.
Tal vez una barca fenicia
esté rompiendo la onda fría,
serpenteante,
dentro y profundo en mis ojos,
honda y oculta, sin esparcimiento.
¡Sí, el aire, el color azul y la ropa dorada!

¡Tiempo!, rama de honor, espacio delicioso,
ve conmigo
estas existencias, estas atadas nieblas,
que aún no han callado.
Y luego, antes, después, aprisa, aún todavía,

siempre, ¡nunca!, serán del olvido.
Afuera quedará este cielo, tanto viento,
como la arena vacía sobre las banderas.

La Agonía del ser en el tiempo

JORGE LUIS BORGES

Buenos Aires (1899)

Después de una juventud pasada en Suiza donde fue uno de los primeros poetas hispanoamericanos que prestaron atención al profundo cambio traído en la literatura universal por el expresionismo alemán (fue el primero en traducir poesías expresionistas al español), se traslada a Buenos Aires, donde se une a los jóvenes que fundaron la revista y el movimiento *Martín Fierro.* En seguida se separa de sus compañeros para seguir hasta hoy el camino inconfundible que es suyo: el mundo *borgesiano.*
Como poeta no es apenas el renovador de los primeros años de la década de los agitados 20, sino también el descubridor y cantor de Buenos Aires con sus calles y sus gentes, el continuador en un meridiano universal del mundo de Evaristo Carriego, poeta bonaerense de una ciudad todavía tranquila.
A Borges se le debe también lo que se puede llamar la *rehabilitación del tango,* tarea realizada con la samba en el Brasil por los poetas del *modernismo* entre estos Mario de Andrade y Manuel Bandeira, quienes hoy día pueden ser llamados precursores o abuelos de la *bossa nova.*
Sólo en apariencia Borges se alejó de la renovación poética en el sentido revolucionario y vanguardista; su búsquedas y la revalorización de las tradiciones argentinas en un estilo poético totalmente suyo, hacen que su obra sea parte de las conquistas poéticas de la segunda mitad de nuestro siglo.

Poemas 1958
Antología personal 1961
Obra poética 1963
Para las seis cuerdas 1965
Obra poética 1967

EL GOLEM

Si (como el griego afirma en el Cratilo)
El nombre es arquetipo de la cosa,
En las letras de *rosa* está la rosa
Y todo el Nilo en la palabra *Nilo.*

Y, hecho de consonantes y vocales,
Habrá un terrible Nombre, que la esencia
Cifre de Dios y que la Omnipotencia
Guarde en letras y sílabas cabales.

Adán y las estrellas lo supieron
En el Jardín. La herrumbre del pecado
(Dicen los cabalistas) lo ha borrado
Y las generaciones lo perdieron.

Los artificios y el candor del hombre
No tienen fin. Sabemos que hubo un día
En que el pueblo de Dios buscaba el Nombre
En las vigilias de la judería.

No a la manera de otras que una vaga
Sombra insinúan en la vaga historia,
Aún está verde y viva la memoria
De Judá León, que era rabino en Praga.

Sediento de saber lo que Dios sabe,
Judá León se dio a permutaciones
de letras y a complejas variaciones
Y al fin pronunció el Nombre que es la Clave,

La Puerta, el Eco, el Huésped y el Palacio,
Sobre un muñeco que con torpes manos
labró, para enseñarle los arcanos
De las Letras, del Tiempo y del Espacio.

El simulacro alzó los soñolientos
Párpados y vio formas y colores
Que no entendió, perdidos en rumores,
Y ensayó temerosos movimientos.

Gradualmente se vio (como nosotros)
Aprisionado en esta red sonora
de Antes, Después, Ayer, Mientras, Ahora,
Derecha, Izquierda, Yo, Tú, Aquellos, Otros.

(El cabalista que ofició de numen
A la vasta criatura apodó Golem;
Estas verdades las refiere Scholem
En un docto lugar de su volumen.)

El rabí le explicaba el universo
(Esto es mi pie; esto el tuyo; esto la soga)
Y logró, al cabo de años, que el perverso
Barriera bien o mal la sinagoga.

Tal vez hubo un error en la grafía
O en la articulación del Sacro Nombre;
A pesar de tan alta hechicería,
No aprendió a hablar el aprendiz de hombre.

Sus ojos, menos de hombre que de perro
Y harto menos de perro que de cosa,
Seguían al rabí por la dudosa
penumbra de las piezas del encierro.

Algo anormal y tosco hubo en el Golem,
Ya que a su paso el gato del vecino
Se escondía. (Ese gato no está en Scholem,
Pero, a través del tiempo, lo adivino.)

Elevando a su Dios manos filiales,
Las devociones de su dios copiaba
O, estúpido y sonriente, se ahuecaba
En cóncavas zalemas orientales.

El rabí lo miraba con ternura
Y con algún horror. *¿Cómo* (se dijo)
Pude engendrar este penoso hijo
Y la inacción dejé, que es la cordura?

¿Por qué di en agregar a la infinita
Serie un símbolo más? ¿Por qué a la vana
Madeja que en lo eterno se devana,
Di otra causa, otro efecto y otra cuita?

En la hora de angustia y de luz vaga,
En su Golem los ojos detenía.
¿Quién nos dirá las cosas que sentía
Dios, al mirar a su rabino en Praga ?

1958

EL TANGO

¿DONDE estarán? pregunta la elegía
De quienes ya no son, como si hubiera
Una región en que el Ayer pudiera
Ser el Hoy, el Aún y el Todavía.

¿Dónde estará (repito) el malevaje
Que fundó, en polvorientos callejones
De tierra o en perdidas poblaciones,
La secta del cuchillo y del coraje?

¿Dónde estarán aquellos que pasaron,
Dejando a la epopeya un episodio,
Una fábula al tiempo, y que sin odio,
Lucro o pasión de amor se acuchillaron?

Los busco en su leyenda, en la postrera
Brasa que, a modo de una vaga rosa,
Guarda algo de esa chusma valerosa
De los Corrales y de Balvanera.

¿Qué oscuros callejones o qué yermo
Del otro mundo habitará la dura
Sombra de aquel que era una sombra oscura,
Maraña, ese cuchillo de Palermo?

¿Y ese Iberra fatal (de quien los santos
Se apiaden) que en un puente de la vía,
Mató a su hermano el Ñato, que debía,
Más muertes que él, y así igualó los tantos?

Una mitología de puñales
Lentamente se anula en el olvido;
Una canción de gesta se ha perdido
En sórdidas noticias policiales.

Hay otra brasa, otra candente rosa
De la ceniza que los guarda enteros;
Ahí están los soberbios cuchilleros
Y el peso de la daga silenciosa.

Aunque la daga hostil o esa otra daga,
El tiempo, los perdieron en el fango,
Hoy, más allá del tiempo y de la aciaga
Muerte, esos muertos viven en el tango.

En la música están, en el cordaje
De la terca guitarra trabajosa,
Que trama en la milonga venturosa
La fiesta y la inocencia del coraje.

Gira en el hueco la amarilla rueda
De caballos y leones, y oigo el eco
De esos tangos de Arolas y de Greco
Que yo he visto bailar en la vereda,

En un instante que hoy emerge aislado,
Sin antes ni después, contra el olvido,
Y que tiene el sabor de lo perdido,
De lo perdido y lo recuperado.

En los acordes hay antiguas cosas:
El otro patio y la entrevista parra.
(Detrás de las paredes recelosas
El Sur guarda un puñal y una guitarra.)

Esa ráfaga, el tango, esa diablura,
Los atareados años desafía;
Hecho de polvo y tiempo, el hombre dura
Menos que la liviana melodía,

Que sólo es tiempo. El tango crea un turbio
Pasado irreal que de algún modo es cierto.
Un recuerdo imposible de haber muerto
Peleando, en una esquina del suburbio.

POEMA DE LOS DONES

A María Esther Argentina Vázquez

NADIE rebaje a lágrima o reproche
Esta declaración de la maestría
De Dios, que con magnífica ironía
Me dio a la vez los libros y la noche.

De esta ciudad de libros hizo dueños
A unos ojos sin luz, que sólo pueden
Leer en las bibliotecas de los sueños
Los insensatos párrafos que ceden

Las albas a su afán. En vano el día
Les prodiga sus libros infinitos,
Arduos como los arduos manuscritos
Que perecieron en Alejandría.

De hambre y de sed (narra una historia griega)
Muere un rey entre fuentes y jardines;
Yo fatigo sin rumbo los confines
De esta alta y honda biblioteca ciega.

Enciclopedias, atlas, el Oriente
Y el Occidente, siglos, dinastías,
Símbolos, cosmos y cosmogonías
Brindan los muros, pero inútilmente.

Lento en mi sombra, la penumbra hueca
Exploro con el báculo indeciso,
Yo, que me figuraba el Paraíso
Bajo la especie de una biblioteca.

Algo, que ciertamente no se nombra
Con la palabra *azar*, rige estas cosas;
Otro ya recibió en otras borrosas
Tardes los muchos libros y la sombra.

Al errar por las lentas galerías
Suelo sentir con vago horror sagrado
Que soy el otro, el muerto, que habrá dado
Los mismos pasos en los mismos días.

¿Cuál de los dos escribe este poema
De un yo plural y de una sola sombra?
¿Qué importa la palabra que me nombra
Si es indiviso y uno el anatema?

Groussac o Borges, miro este querido
Mundo que se deforma y que se apaga
En una pálida ceniza vaga
Que se parece al sueño y al olvido.

BUENOS AIRES

La ciudad, ahora, es como un plano
De mis humillaciones y fracasos;
Desde esa puerta he visto los ocasos
Y ante ese mármol he aguardado en vano.
Aquí el incierto ayer y el hoy distinto
Me han deparado los comunes casos
De toda suerte humana; aquí mis pasos
Urden su incalculable laberinto.
Aquí la tarde cenicienta espera
El fruto que le debe la mañana;
Aquí mi sombra en la no menos vana
Sombra final se perderá, ligera.
No nos une el amor sino el espanto;
Será por eso que la quiero tanto.

FRAGMENTO

Una espada,
Una espada de hierro forjada en el frío del alba,
Una espada con runas
Que nadie podrá desoír ni descifrar del todo,
Una espada del Báltico que será cantada en
  Nortumbria,
Una espada que los poetas
Igualarán al hielo y al fuego,
Una espada que un rey dará a otro rey
Y este rey a un sueño,
Una espada que será leal
Hasta una hora que ya sabe el Destino,
Una espada que iluminará la batalla.

Una espada para la mano
Que regirá la hermosa batalla, el tejido de hombres,
Una espada para la mano
Que enrojecerá los dientes del lobo
Y el despiadado pico del cuervo,
Una espada para la mano

Que prodigará el oro rojo,
Una espada para la mano
Que dará muerte a la serpiente en su lecho de oro,
Una espada para la mano
Que ganará un reino y perderá un reino,
Una espada para la mano
Que derribará la selva de lanzas.
Una espada para la mano de Beowulf.

ELEGÍA

Oh destino el de Borges,
haber navegado por los diversos mares del mundo
o por el único y solitario mar de nombres diversos,
haber sido una parte de Edimburgo, de Zürich, de
   las dos Córdobas,
de Colombia y de Texas,
haber regresado, al cabo de cambiantes
   generaciones,
a las antiguas tierras de su estirpe,
a Andalucía, a Portugal y a aquellos condados
donde el sajón guerreó con el danés y mezclaron
   sus sangres,
haber errado por el rojo y tranquilo laberinto de
   Londres,
haber envejecido en tantos espejos,
haber buscado en vano la mirada de mármol de
   las estatuas,
haber examinado litografías, enciclopedias, atlas,
haber visto las cosas que ven los hombres,
la muerte, el torpe amanecer, la llanura

y las delicadas estrellas,
y no haber visto nada o casi nada
sino el rostro de una muchacha de Buenos Aires,
un rostro que no quiere que lo recuerde.
Oh destino de Borges,
Tal vez no más extraño que el tuyo.

Obra Poética

¿DONDE SE HABRÁN IDO ?

Según su costumbre, el sol
Brilla y muere, muere y brilla
Y en el patio, como ayer,
Hay una luna amarilla.
Pero el tiempo, que no ceja,
Todas las cosas mancilla—
Se acabaron los valientes
Y no han dejado semilla.

¿Dónde están los que salieron
A libertar las naciones
O afrontaron en el Sur
Las lanzas de los malones?
¿Dónde están los que a la guerra
Marchaban en batallones?
¿Dónde están los que morían
En otras revoluciones?

—No se aflija. En la memoria
De los tiempos venideros
También nosotros seremos
Los tauras y los primeros.

El ruin será generoso
Y el flojo será valiente:
No hay cosa como la muerte
Para mejorar la gente.

¿Dónde está la valerosa
Chusma que pisó esta tierra,
La que doblar no pudieron
Perra vida y muerte perra,
Los que en el duro arrabal
Vivieron como en la guerra,

Los Muraña por el Norte
Y por el Sur los Iberra?

¿Qué fue de tanto animoso?
¿Qué fue de tanto bizarro?
A todos los gastó el tiempo.
A todos los tapa el barro.
Juan Muraña se olvidó
Del cadenero y del carro
Y ya no sé si Moreira
Murió en Lobos o en Navarro.

—No se aflija. En la memoria...

UN CUCHILLO EN EL NORTE

Allá por el Maldonado,
Que hoy corre escondido y ciego,
Allá por el barrio gris
Que cantó el pobre Carriego.

Tras una puerta entornada
Que da al patio de la parra
Donde las noches oyeron
El amor de la guitarra.

Habrá un cajón y en el fondo
Dormirá con duro brillo,
Entre esas cosas que el tiempo
Sabe olvidar, un cuchillo.

Fue de aquel Saverio Suárez,
Por más mentas el Chileno,
Que en garitos y elecciones
Probó siempre que era bueno.

Los chicos, que son el diablo,
Lo buscarán con sigilo
Y probarán en la yema
Si no se ha mellado el filo.

Cuántas veces habrá entrado
En la carne de un cristiano
Y ahora está arrumbado y solo,
A la espera de una mano,

Que es polvo. Tras el cristal
Que dora un sol amarillo,
A través de años y casas,
Yo te estoy viendo, cuchillo.

BORGES

ALGUIEN LE DICE AL TANGO

TANGO que he visto bailar
Contra un ocaso amarillo
Por quienes eran capaces
De otro baile, el del cuchillo.

Tango de aquel Maldonado
Con menos agua que barro;
Tango silbado al pasar
Desde el pescante del carro.

Despreocupado y zafado,
Siempre mirabas de frente,
Tango que fuiste la dicha
De ser hombre y ser valiente.

Tango que fuiste feliz
Como yo también lo he sido.
Según me cuenta el recuerdo,
Que está hecho un poco de olvido.

Desde ese ayer, cuántas cosas
A los dos nos han pasado;
Las partidas y el pesar
De amar y no ser amado.

Y habré muerto y seguirás
Orillando nuestra vida;
Buenos Aires no te olvida,
Tango que fuiste y serás.

Para las seis cuerdas

ALDO PELLEGRINI

Rosario de Santa Fe (1903) – Buenos Aires (1973)

Estudió en Buenos Aires, graduándose de médico en 1928. Fundó el primer grupo surrealista de habla española en Hispanoamérica, que publicó en los años 1928 y 1930 algunos cuadernos de la revista *Que*. Esta revista, siguiendo la "tradición" de las publicaciones ortodoxamente surrealistas, sacó apenas algunos números, pero Pellegrini publicó en seguida otras. Entre estas, *A partir de 0* fue una de las más importantes, a pesar de su corta existencia. Participó en los movimientos plásticos de *vanguardia* en Buenos Aires, con conferencias, ensayos y presentaciones de catálogos. Publicó, en traducción, una *Antología de la poesía surrealista,* que André Breton (cuyos *Manifiestos* también ha traducido) consideraba como la más completa en su género.

Es un poeta de elevada tensión. Sus libros fueron editados en tiradas limitadas, pero su poesía, donde el *fuego* es una presencia casi constante, es una de las expresiones auténticas de nuestro tiempo de violencia, ira y belleza.

La valija de fuego 1952
Construcción de la destrucción 1957
Distribución del silencio 1966

EL TIEMPO DEL PETRÓLEO

En el límite de la ley de gravitación
el delirio de la noche hace flotar sus sorpresas.

Tu mano sin peso te guía
por frondas de petróleo donde circulan arcos de espanto.

Lejos de los ensueños de carbón, de la seda de las lágrimas
del lenguaje de las máquinas en forma de féretros
¿quién va?

Tus dedos apuntan
a una edad perdida para los ojos.

Viajeros impúdicos
orinan sobre las estatuas veneradas por las doncellas.

¿Quién va?
Tijeras que cortan huracanes de silencio
tijeras de petróleo como leones en celo.

Palpita el corazón de los arrecifes distantes
al compás de tu pulso.

Un mundo poblado de extranjeros
espera pasmado.

Cada cosa
se refugia en su exilio.

Todo lo cercano agoniza
todo lo lejano renace.

El prisionero de sus fantasmas
rompe su cárcel inútil de llamas.

La tirantez de lo externo se afloja
derrota de lo visible.

El punto en que todo lo existente estalla
ése es el punto que buscas para empezar a vivir
se le denomina
morada sutil de la zona sensible del amor.

NECESIDAD DE LA MÁQUINA DE CALCULAR

Los buhos de cráneo transparente
todas las mañanas engendran el mismo paisaje en sus ojos
de allí parten las sonámbulas vestidas de frío
para descender las desnudas escalas barométricas
de allí parten galopando las pestañas
para alcanzar la cumbre más alta de la pasión
los buhos de cráneo transparente
confunden el tiempo y la realidad
confunden el hombre y la miseria
confunden la ciencia con el sueño
sólo la máquina de calcular
puede aclarar la inmensa confusión que nos rodea
es necesario calcularlo todo
es necesario estudiar el origen de los precipicios
calcular el número de mujeres de rostro roído por la niebla
calcular la ferocidad de los dientes
calcular los denominadores frenéticos
calcular los ríos que corren por la memoria
calcular las personas que se detienen bruscamente en los
puentes
calcular el vértigo de las láminas sumergidas
calcular los escalofríos
los castigos
la buena voluntad que se enfría
y calcular la distancia del hombre implacable
que se incorpora
para vomitar.

La Valija de fuego

LAS IGUALDADES SUBVERSIVAS

Graciosa señora, graciosa señora
hasta la vista todos los días
en la plática de los callejones
la buena suerte y los frutos que se logran
los péndulos engendran la alta marea
y la rotación de la tierra se persigue a sí misma

Buenas tardes señora, qué bellos bisontes se deslizan por el
ojo inmóvil
qué falsas noches invitan a los camellos
medrosos que atraviesan la ciudad que ha cambiado sus
hombres, que ha perdido sus palabras

Buenas noches señora, las sombras se desgarran
las oraciones se escurren por las ventanas, las sacudidas se van
qué noches de pliegues, de torbellinos y de ruegos
de ojos humanos vacíos, de tenue cordura de ciudad agotada

Adiós señora, adiós señora
adiós hasta que la tierra se torne indescifrable
entonces volveré aunque ya no me recuerde
entonces volveré a restituirle su sombra.

SISTEMA DE OBEDIENCIA

La mujer ha dicho
    asesinos, asesinos
una exclamación clara como un rayo de sol
como un sol que vela de noche y en sus ojos claros
reproduce la frescura de las hembras en celo

Asesinos, asesinos
despertador nocturno para bestias solares
para sacudir a las viudas aletargadas
que se niegan a levantarse
el gallo aguza la memoria del posadero
en el encono de las semejanzas desfilan los recuerdos, oh nos-
    talgia del meridiano del crimen
sangre de la nostalgia tan natural como la desesperación

Surge el viento severo servidor de los que padecen
asesinos, asesinos
y a su encuentro llega el comienzo del día
no despierten a los dormidos
sólo ante ti me inclino y te obedezco
servidora de la llave del viento
de ojos claros.

Construcción de la destrucción

ARGENTINA

IDENTIDAD

Una forma que nunca se podrá aclarar
o quizá sí
una niebla inminente
un gradual acercamiento
la aventura
o no
o sí he conocido un rostro oculto por la risa
una ciudad que brota del más mínimo gesto
unas calles tendidas sobre el mundo
quizá la luz que retorna y siembra el terror
y hasta el lenguaje con su carga de tiempo
una hora inmóvil que abarca todas las direcciones
o el frío o el hielo mismo
                                        idéntico siempre
idéntico como alguien que se paraliza y muestra
el rostro sin rostro
alguien que avanza detrás de su propia identidad
o quizá se detiene
en una línea que separa lo que violentamente es un minuto
de esa inacabable espera
hasta que ya nada más existe
hasta que así
violentamente
algo que se parece al tiempo ya nunca más existe.

Distribución del silencio

ENRIQUE MOLINA

Buenos Aires (1910)

Poeta y marinero, traductor de Arthur Rimbaud y de André Breton, es tal vez el más típico representante del surrealismo porteño. Dueño de un registro verbal extraordinariamente variado, escribe con la misma aparente facilidad en largos ritmos que recuerdan al Conde de Lautréamont como en versos que quiere que sean "una especie de desabrido homenaje a la poesía popular". En su poesía se mezclan visiones del barrio bonaerense La Boca, con lejanas visiones de un País o de una Isla que existen en algún Océano que sólo hace olas en su imaginación. Los títulos de algunos de sus libros contienen las llaves de su poesía: "La cosas y el *delirio"; "Pasiones* terrestres"; "Amantes *antípodas"*; o "*Fuego libre"*; tal vez este último sea la más acertada autodefinición.

Costumbres errantes o la redondez de la tierra 1951
Amantes antípodas 1961
Fuego libre 1962
Las bellas furias 1966
Hotel pájaro 1967
Monzón napalm 1968

PLAYA INCESANTE

Dame tu mano para dormir
Una sonrisa de extranjera
Los pasaportes y su llama
En la lluvia de blandas ruedas

Se mira el fondo de la tierra
Primaveras seres perdidos
Faces errantes sin retorno
Cosas informes como líquidos

Este es el foco carnicero
El vino que beben los muertos
Hay objetos incomprensibles
Arrebatados por el viento

Es la nariz de la tierra
Son las brasas vivas del tacto
Vientres de fuego y de caricia
¡Tantos enigmas humanos!

El que pueda dormir que duerma
He conversado con un río
¡Oh alcatraces! ¡Oh castillos!
Yo guardo mi infancia de tribu

VIEJO HURÓN

SI TE DESNUDAS QUE NO SEA
De las piedras de tu equipaje
El Africa negra es azul
Por el destello de su sangre

¿Quién habla de cuerdas vocales?
La tierra se enciende de hormigas
¡Hay un sol enterrado vivo
Con los bisontes de Altamira!

Cuando caminas cambias de forma
¡Cuánto fulgor para tu risa!
Los siglos sacuden la cola
En el fondo de la ceniza

Si algo esperas que sea insomnio
Adora los rostros del fuego
Esos monos que gesticulan
Entre las rejas de tu miedo

Si algo esperas que sean espumas
El cruel jadeo del planeta
La indecisión ciega de furias
De unos días que balbucean

Fuego libre

RITO ACUÁTICO

BAÑÁNDOME EN EL RIO TÚMBEZ UN CHOLO ME ENSEÑÓ a lavar la ropa
Más viva que un lagarto su camisa saltaba entre inasibles labios susurrantes
y las veloces mujeres de lo líquido
fluyendo por las piernas
con sus inagotables cabelleras bajo las hojas de los plátanos
minuciosamente copiados por el sueño
de esa agua cocinada al sol
a través del salvaje corazón de un lugar impregnado
por el espíritu de un río de América—extraña
ceremonia acuática—desnudos el cholo y yo
entre las valvas ardientes del mediodía ¡oh lavanderos
nómades! purificados por el cauterio
de unas olas
por la implacable luz del mundo

Lavaba mis vínculos con los pájaros con las estaciones
con los acontecimientos fortuitos de mi existencia
y los ofrecimientos de la locura
Lavaba mi lengua
la sanguijuela de embustes que anida en mi garganta
—espumas indemnes exorcizando un instante todas las inmundas alegorías del poder y del oro—
en aquel delirante paraíso del insomnio.
Lavaba mis uñas y mi rostro
y el errante ataúd de la memoria
lleno de fantasías y fracasos y furias amordazadas
aguas aguas aguas
tantas dichas perdidas centellando de nuevo
desde gestos antiguos o soñados
mi vientre y el musgo de mis ingles
lavaba cada sitio de destierro ennegrecido por mi aliento cada instante de pasión dejado caer como una

lámpara
y mis sentidos amenazadores como una navaja asestada
en la aorta pero por eso mismo más exaltante a
cada latido que los disuelve en el viento
por eso mismo más abrasadores a cada pulsación tendida
como una súplica de anzuelos.

Lavaba mi amor y mi desgracia
tanta avidez sin límites por toda forma y ser
por cada cosa brillando en la sangre inaferrable
por cada cuerpo con el olor de los besos y del verano
¡Dioses!
¡Amor de la corriente con sexos a la deriva entre
costas que se desplazan!
Dioses feroces e inocentes dioses míos sin más poder
que su fuga
pájaros en incendio cada vez más remotos
mientras retorcía mi camisa
en el gran desvarío de vivir
—¡oh lavador! —tal vez nunca acaso ni siquiera
jamás un instante en el agua del Túmbez.

MUERTE DE UNA MOSCA

PLANETA FULMINADO
Con un reverbero de vendaval de flores devorado por la pestilencia
A través de las piernas de Orión
Y de la aterradora belleza de la Gran Osa ha caído sobre el mantel
Junto a mi plato
El abismo de su millón de ojos ciegos su seca gota de vino del Siroco todo el calor de sus élitros de la nada
Mosca
Surges con mi primer vagido de este mundo una emanación de la tierra donde dice "aquí yace" una casi imperceptible mueca verde y sin salvación
Y en todo tiempo y lugar
Me veo siempre cautivo en mi jaula de moscas en el interior de una negra rosa vibratoria de infinitos estremecimientos
Nacida de la descomposición y de lo orgánico con esa fiebre obscena
Donde las cosas se irisan como un arco-iris infestado
Demonios gesticulantes salud y exterminio

Sobre las confituras en el fondo del cielo sentencias vivas enjambres que nacen de todo vínculo horizonte o delirio
Aunque esta mosca haya expirado.

CALZADO HUMANO

ME ABRAZO A VOSOTROS– ¡OH ZAPATOS! –COLOR
herrumbre de bodega
en los viejos barcos sarnosos que crujen de miedo
color muro de monasterio y puerta de letrina
zapatos míos queridos que beso y se disuelven como una
caricia de la arena

Encajonado en vosotros soy el rehén vagabundo
de este planeta cálido como una bestia
lleno de hojas
y calles que el invierno baldea inundando vuestras suelas
por un frío agujero
y no obstante
con apasionados labios de cuero volvéis a la hierba
trotando en silenciosos parques o franjas de césped baldío
de los suburbios
y el repiquetear sobre los adoquines cuando el alba aparece
envuelta en leche humeante
o bien zapatos de cementerio
junto a la sangre polar de un ataúd
bamboleado sobre vosotros y agitando sus largas cintas
moradas que se desprenden como los tentáculos de un
ronco carguero que zarpa en la niebla
con el chasquido de la resaca
y un rumor de pisadas que se alejan.

Zapatos de vientre sombrío
cálidas bocas curtidas caparazones errantes uno tras otro
hacia un astro de sombra ineluctable
Tras enormes mujeres con las axilas abiertas en el sofocante
aliento de algún cuarto de respiraciones de flores donde
palpitan tantos abrazos pasionales tantas rampas de sexos
vivos que conducen a la infancia del fuego
entre el elástico alcohol de los bares con sorprendentes

individuos coronados de humo y de blasfemias
prisoneros hasta la muerte
de esos tatuajes que perpetúan en las almas
los romances absurdos de este mundo

Hermanos incitantes zapatos desmantelados escucho en vuestro caracol una atronadora melodía de cosas que pasan y estallan como un tambor quemado vivo en viejas habitaciones abandonadas
hacia donde me condujeron y de las cuales me arrancaron sin saber por qué
para lanzarme al viento de esos grandes paisajes asados de la nada
¡dementes zapatos míos mocasines hambrientos de garras de pantera!

ALIMENTOS

¡OH COMIDAS! ¡OH ESPEJISMOS!
A diario me instalo en extravagantes lugares
Con grandes deseos de vivir
Comedores anónimos incluídos en el repertorio de la locura
Bajo ventiladoras liturgias y desgarradoras bocinas del puerto
—Falsa comida de los hoteles multiplicada por espejos—
El mantel siempre en fuga flameando con la tormenta
Y mi boca tan ávida cubierta de mucosas rojas
Como un candelabro imperial
Iluminando la cabecera
—¡Oh comestibles!—
La gran hostia nutritiva donde anida el deseo y el fuego
Ensaladas hirsutas guisos sin fortuna
Ni auxilio—desde todo agujero
Desde el fondo mismo del planeta
Llega un eterno rumor de grandes mandíbulas que devoran
Parentescos adánicos con toda bestia y hoja
El esplendor de esta comida demente
Aferra vigorosamente mi alma
Como una mujer desnuda exhibiendo el húmedo rayo
de su sexo
Donde los perros de mi sangre se reparten el corazón del sol
Entre un olor de frituras milagros y vinos

Desafiando el cascabel de los muertos
Mientras fosforece la diabólica rata que trota a lo largo
de toda mi vida
Insaciable
Sin alcanzar jamás un plato

FRANCISCA SÁNCHEZ

Tú que vienes
de campos remotos y oscuros

RUBÉN DARÍO

DISFRAZADO DE EMBAJADOR O DE MONO
O de duque de los confines de la lujuria
Nada apaga las constelaciones del trópico
Los enceguecedores volcanes
Que fermentan henchidos de flores
En su corazón
—¡Oh amado Rubén! —
Y de pronto
La criada fosforescente cantando por los pasillos
De una pensión de Madrid
La arisca mata de pelo sobre la nuca de vértigo
Tantas noches
Envuelto en sombras venenosas
Se propagan aúllan los fantasmas
En su sangre aterrada
En tales cuartos amueblados del insomnio
Ella reaparece desnuda entre los montículos
Del campo lentamente desnuda
Devorada ahora por el éxtasis
Con las venas llenas de brasas
Junto a ese cuerpo gemelo en la oscuridad:
Francisca Sánchez
Sola en la hierba de las caricias
Sola en su instinto de rescoldo
El viento reconstruye sus risas abrazos de loba
Labios predestinados
A ese rey de la fascinación de vivir
El fastuoso profeta al borde de la catástrofe y la gloria

Iluminada por cirios de aldea
Y ese hechizo de hornalla decapitada remota
En un rincón de Castilla

Con los negros embutidos ahumados de la muerte
El rojo jamón de la vida
Contra tales miserias de literatos nupcias putas y periódicos
Ella hace girar
La rueda de sus senos de hembra inmemorial
Ha regresado cantando desde los cangrejos
De la playa
Piernas de campesina brillantes en los anillos del sol

Años y años
La Yadwiga doméstica en el sofá de la jungla
De una oscura costumbre de opulencia carnal
Funde raíz y demencia humildad e inconstancia
En el vaho de las caricias
Entreabre su trenza fatal
El calor de la mujer dormida que sobrepasa
Cualquier asilo de piedras prudencia y plegarias
Cada vez más tiránica
Cada vez más entrañable
La espiral de sus muslos y su cuerpo sin límites
El sexo
El alado declive hasta las últimas células
Como un lento cauterio de la noche
En lugares que se dispersan
Barcelona París Les Halles la Cartuja Mallorca
Un hogar en el viento
Con cucharas y sábanas himnos y ultrajes
Para ese ardiente huésped de la tentación
El lujo del mundo lleno de labios y tumbas

Ignorante como la lluvia
Francisca Sánchez
Tan sólo lee en el pan que corta en sueños
En la sal de las lágrimas

La arcaica criatura silvestre
Con un plato de sopa
Disuelve como el mar la razón de los muertos
Tibieza de axilas y de lenguas
Sólo ella es real
En el amanecer de la leche en sus ojos profundos

Desdichado Rubén
Sólo ella es real en la vorágine
De dientes de relámpago
Cuando sollozas
Bajo la tela negra que cubre a veces tu cabeza
—Una hermosa capucha de patíbulo—
Te retuerces y flotas en lo húmedo
De un alcázar de ratas
—*¡Francisca Sánchez acompáñame!*—
Y tan lejos
La aceitosa bahía de los loros
La dignidad del sol en los bananos
Una mano de panal sufrido te acaricia
Crece la perla de la muerte
Y una vez más
La mujer de los pájaros te mira tristemente
La obedecen tus ropas y la noche
Te otorga
La absolución salvaje de su cuerpo
A través de los muebles de la tierra
Tallados en raíces
A través del océano
Aún la ves donde llora
Solitaria contra el muro de España
De áspera sal de páramo y sangre dura

Memoria y desamparo

Las bellas furias

ALBERTO GIRRI

Buenos Aires (1919)

Es un poeta enteramente dedicado a su vocación: como miembro del comité de redacción de la revista *Sur,* como colaborador de revistas y suplementos de literatura, sólo él ha hecho para la poesía más que las editoriales y los grupos culturales. Ha residido en su ciudad natal y ha viajado por Suramérica, Europa y los Estados Unidos. Su obra fue distinguida con premios nacionales e internacionales, y escritores como Thomas Merton y Octavio Paz se han ocupado con elogios de su trabajo.

También traductor de poesía y organizador de colecciones y antologías dedicadas a la poesía de la guerra española, a la poesía inglesa, norteamericana e italiana, es de los nombres que con más prestigio han representado la poesía hispanoamericana en el mundo. De él dijo el crítico Enrique Anderson Imbert: "Girri buscó la palabra exacta, dura, fría donde quedara tallada, implacablemente, su visión de solitario apasionado, sensual y trágico".

Su fama internacional que se ha fortalecido en la década de los 60 es de las más sólidas y merecidas.

Trece poemas 1950
El tiempo que destruye 1951
Escándalo y soledades 1952
Línea de la vida 1955
Examen de nuestra causa 1956
La penitencia y el mérito 1957
Propiedades de la magia 1959
La condición necesaria 1960
Elegías italianas 1962
El ojo 1964
Poemas elegidos 1965
Envíos 1966

SPERLONGA

es
una corrupción del latín spelunca,
significa cueva, caverna,
cavidad natural
entre el mar y la montaña,
refugio
de los que traían y Ilevaban
las guerras, la política,
las religiones extrañas,
las intrigas por celos,
el oprobio
de arrastrar una figura
alta en exceso, un rostro
manchado rabiosamente.

Estaba allí, en la entrada,
como un estandarte,
y a la luz de la luna
lo miré en sus ojos
olvidándome del lado negro,
de Suetonio,
y comprendí
que no era un muerto el que volvía,
sino un destino, su parte
en el drama del mundo condenado,
y mi corazón oyó
la voz quejosa del chacal
hablándole a las rocas, el eco
de veinte centurias:
"El enigma
no soy yo, Tiberio, tercer César,
autoridad legítima y universal
y padre infeliz, asesino
del hijo y del adoptivo,

es la tumba
que increpa desde el Este,
abierta por Pilatos, mi vicario,
abierta todavía".
Ay, siquiera con un ademán
debí retenerlo,
pero no me moví, amanecía
sobre Sperlonga, la memoria
recomenzaba su fluir
devorando a los sobrevivientes,
y quise ocultarme del tiempo,
de la tenacidad del arqueólogo
que chapotea,
que arranca a las verdes aguas
la cabeza barbada de Ulises,
pedazos de Ganimedes,
y dormité
hasta encontrar en sueños
el fondo de una gruta,
una toga fosforescente,
una inscripción
no descifrada por los buzos.
AVE CRUX SANCTA.

Elegías Italianas

CLAVES

CUATRO,
los elementos,
temperamentos,
evangelistas,
cuadrantes del cielo.

Quince,
la altura en codos
de la aguas del Diluvio,
la cifra
de la Resurrección,
los años
agregados a la vida de Ezequías,
y los escalones
del tiempo de Ezequiel,
las miríadas
de peones y lapidarios
que construyeron el templo de Salomón,
los estadios
afuera de Jerusalén
donde la Ascensión se cumple,
los días en que Pablo
combatió con Pedro
demostrando conocer las escrituras.

Dos,
el número de nuestro valor,
el índice
de la materia divisible,
retoño que se abre
luego de que fuimos
uno y unidad y abrazo
pronto a fundir el mundo
en las matrices más encontradas,

la matriz del mundo en fermentación,
la matriz del mundo irritado,
la que trasmuta
cada raíz en hielo,
cada promesa en agua estancada.

LITTERATI

SER PROUST, HENRY JAMES, VALÉRY,
o no ser nadie,
ser Baudelaire,
o no escribir ni una línea,
erigirse, inapelables,
en analistas y expertos
de los males de las letras,
patólogos de sus épocas,
jueces de sus cofrades,
y discriminadores del éxito
(que desean, y desean desdeñar),
como afortunada conjunción
de crítica y aplauso,
triunfo de la probidad,
enunciado de algo que cuenta.

Y al resplandor de órdenes supremas,
menos que cáscaras
chapaleando en una magra,
bien educada fecundidad
que los aleja de quimeras
y gustosa sustituye
el voraz esfuerzo de Balzac,
los conflictos de Flaubert y sus burgueses,
el anonimato del primer Cervantes,
la conversión de Tolstoi,
por una lucha amable, diálogos
inmunizados, sin asperezas con el medio.

MAGNITUD CERO

COMO CENTRO DE LA RUEDA,
orificio
reducible a un punto;
rueda
y cubo de la rueda, pasivo
centro que hace posible
la rotación.

Como anillo
que por el libre
juego de las sinonimias,
y porque todo nombre
es imitación de lo nombrado,
limitación de lo innombrado,
configura el cielo,

aire y espacio, absoluto
conteniendo al mundo.

Como herramienta inmaterial,
motor y máquina
creada de nada,
vacío
hijo de vacíos resultantes
de ciclos que se cumplen.

Como número, visión de la eterna
trama de la verdad,
porque en el cero no existe error.

SEMÁNTICA

CUÁL
con certeza
es
la palabra sacrificial,
o sea la que enriquece,
cuál,
la cósmica, inicial y final,
cuál,
la enterrada, presa,
codiciado venero de las lenguas,
cuál,
la que es fórmula,
no se nos revela
al absorberlas
y decantarlas
pasando como por cribas
sus asociaciones, el vario
rumor de sus desarrollos,
energías y límites.

Nunca conseguiríamos
llegar a la médula,
atrapar
qué significó, exactamente,
Dante con *amor,*
qué quiso Sócrates con *areté.*

RUBÉN VELA

Santa Fe (1923)

Diplomático, ha vivido muchos años en el extranjero, pero siempre vinculado, a través de su inquietud *americanista* a las realidades humanas y poéticas del continente. Sus poemas más *americanistas* fueron escritos en España y Francia, posiblemente como resultado de un proceso de sublimación de lo mestizo.
Su poesía casi siempre corta y directa, es el grito de un hombre que tiene la visión de "una América violenta y desolada, pero magnífica, que sólo algunos pueden presentir desde Buenos Aires como un bien perdido y lejano", según sus propias palabras. Poco declamatoria y muy humana, la poesía de Rubén Vela es parte de la tierra y del aire.

Introducción a los días 1953
Verano 1954
Escena del prisionero 1955
Veranos 1957
La bestia del cielo 1957
Radiante América 1958
La caída 1959
Poemas indianos 1960
Poemas burgueses 1960
Poemas americanos 1963
Poemas australes 1966

AMÉRICA

El viento de la noche, para quien el hombre es un
desconocido; su furiosa soledad sin medidas.
¿Cómo eras, patria de mi patria, antes de llamarte
América?

* *
*

Alta luz del silencio
sobre la noche
tu mansa voz de luto
me desnuda.

Y es de nuevo América
un hombre partido en dos
una mujer asesinada
una larga memoria de violencias.

Poemas Americanos.

RAFAEL SQUIRRU

Buenos Aires (1925)

Ha estudiado en su país y en Escocia, graduándose como Licenciado en Leyes. Ha sido profesor de literatura hispanoamericana, Director del Museo de Arte Moderno de Buenos Aires, responsable por la organización de los envíos argentinos a las Bienales de São Paulo (1961) y Venecia (1962), en los que la Argentina obtuvo importantes premios internacionales. Desde este puesto activó el intercambio cultural con los países de América, enviando exposiciones de pintura argentina. Dictó conferencias en muchas ciudades latinoamericanas y en los Estados Unidos. Como Director del Departamento de Asuntos Culturales de la Organización de Estados Americanos ha desempeñado múltiples actividades tanto en los Estados Unidos como en los países latinoamericanos. Durante algún tiempo fue Director de Relaciones Culturales del Ministerio de Relaciones Exteriores en Buenos Aires.
Ayudó a fundar varias revistas, colaborando en algunas como crítico de arte y fundó la Editorial del Hombre Nuevo, que constituyó una tentativa de afirmar ciertas ideas permanentes, amenazadas por corrientes adversas al pensamiento libre.
En su poesía, sin hacer de ella un acto de militante, ha tratado de rescatar la dignidad humana a través de la palabra a la cual ha sabido dar una nueva dimensión, con fuerza y sencillez. El elemento duradero de su poesía está en la presentación del individuo a través de todas sus tragedias y luchas, preso en el engranaje de la civilización de nuestro tiempo, corriendo el riesgo de transformarse en un autómata perdiendo su condición humana.

La noche iluminada 1957
Amor 1958
Números 1958
Poesía 1966

MAESTRO, MI MAESTRO

A Leopoldo Marechal

Maestro, mi maestro
El del poncho azul
Con la cruz de estrellas
Y una luna no cantada
Sobre ocho jinetes claves
Cuatro son de Josafat
Y los demás del Tuyú
Donde partieron rumbos.

Maestro del chambergo violeta
Tengo que cerrar los ojos
Para ver tu cabeza
Envuelta de luces
Como el traje de un payaso.

Padrino de mis primeros corcovos
Tienes la frente de plata

Que te acusa
Inventor de la rosa
Y del viento del sur.

Malabarista para una platea de admiradores
Astrales
Capaz de enhebrar el obelisco
Con veinte sonetos
Y mil frescos imborrables
De tu biblia urbana.

Cocinero celeste
Que asaste la paloma del escudo
Para servirla en el banquete grande
Donde cada uno tiene dispuesto su cubierto
Desde siempre.

Centauro rezagado
Que apareciste una tarde de otoño
Trotando los zaguanes de Villa Crespo.

Alfarero pitagórico
Con la costilla de Elbiamor
Y tu compás de payador tomista
Construíste un Adán caído
Y vuelto a levantarse.

Doctor ilustre
Del verbo cirujano

Nos dejas leyes infalibles
Para distinguir un pájaro embalsamado
De uno que canta.

Centroforward de una delantera de ángeles
Rompiste la red maléfica
Con tu pie metafísico
Y tu palabra curtida.

Domador de la vincha de oro
Frena un poco tu parejero zarco
Para que pueda alcanzarte
Con mi potro sencillo
Y jinetiemos juntos
El trecho que nos queda
Tostados por la misma brisa
Rumbeando a la querencia exacta.

CREDO DIDÁCTICO
(para hombres nuevos del siglo XX)

A los amigos Ernesto Cardenal y Mauricio Escardó.

Creo en Dios
Ni único posible ni omnipotente
Su poder en jaque
Por la curiosidad del hombre.

Creo en el hijo abandonado
Jesucristo
Y en sus hermanos
María, Gautama, Lao
Heráclito, el oscuro
Y Platón que se las sabía todas.
Creo en Leonardo y en Vicente
En Buonarroti y su paternal Lorenzo.
Creo en Ivan, Alyosha y Dimitri Karamasov
Y en su bufonazo viejo
En Lawrence de la Serpiente
Y el recrucificado Miller Enrique
Creo en la flauta de Mozart
En el fugado Bach
En Hernández
Solito en la otra mitad del mundo.
Creo importante que el cuadrado de la hipotenusa
Iguale a la suma de los cuadrados de los catetos
Que lo que es sea
Y lo que no
Pueda ser. Creo en el sordo de Bonn
El manco de Lepanto
El cisne de Stratford. Creo que nada se pierde
Que todo se transforma
Creo en protones-neutrones
Pero creo
Que la disposición es más importante que la composición del átomo

Y que la voluntad del hombre
Puede influir
Creo que hay que nacer dos veces
Por lo menos.
Creo en el misticismo de los hindúes
La filosofía de los germanos
La música rusa
La ironía del francés
El tesón nórdico
El ritmo de los afro
La disponibilidad versátil del latinoamericano,
Creo en la hospitalidad del árabe
Creo en la catarsis y en el angst
En Darwin, Marx y Freud
En el arte moderno
En Lord Keynes y las soluciones mixtas.
Creo en el tira y afloje mientras sea factible.
Creo en la forma, lo impuro, lo ambiguo, lo informal
Creo en integrarse, amarse, alienarse y reintegrarse.
Creo que un poeta es el que lo sabe todo.
Creo en Julio César
Y en Marco Bruto
Creo que la clave se completa en el corazón.
Creo en la esfera, la biósfera y la noósfera.
Creo que Dios pide renovarlo
Que mira, escucha, espera
Que exigido
Hace lo que puede.

RETRATO

Tenía seis pies y cuatro pulgadas
El tronco normal
Con extremidades de largor exagerado
La cabeza medía de oreja a oreja
Seis pulgadas y media
Y de la frente a la nuca
Ocho.

El pelo oscuro casi negro
Altos, prominentes y agudos los pómulos
La mandíbula neta
Larga y ancha la nariz, algo torcida
Hacia el ojo derecho, grisáceo y pensativo
La ceja prominente como cortada en piedra
Curtida la mejilla de cuero
Las orejas grandes, separadas del cráneo
El labio inferior grueso
El cuello delgado, con la nuez de Adán
Evidente
Un lunar solitario, en la mejilla derecha.

Cuando hicieron la autopsia
Encontraron
Que el corazón de Lincoln
Era demasiado grande
Para la medida del hombre.

LA MUERTE SE LLEVÓ AL AMIGO

"Basta ya de política! "
El amigo chileno y la guitarra,
Aloysio del Brasil
Y yo porteño con mi voz de tango.

Basta de política, digo,
La muerte se llevó al amigo
Y lo trajo.
Ahora le pertenece al canto.
Era, además
Presidente de los Estados Unidos.

Transfigurado
Lo conocimos,
Su juventud perenne,
Su bondad
De hombre sencillo.

Pero era más que todo eso:
Con sangre salpicó
Al que sintió más cerca.

La muerte lo devolvió al origen
Sin risa y al juicio:
Somos los que quisimos ser.

Murió a mano de la tiniebla.
Amigo, más dorado que su vida,
Más compañero
En esta muerte de cruz,
Más desnudo
Más hombre
Más uno de nosotros.

"For hearts of truest mettle
Absence doth join and time doth settle."

DONNE

Para qué esta soledad tan sola
Sin los mil sentidos de tu ausencia?
Corazón doblado de tanta entrega
Hurgando fuerzas del cansancio.

La primavera
Sin tu nombre
Mojada,
Ni sol
Para el verano.

El amor es distinto
Según el trópico

Traición y ridículo
También lo amparan
Se quiere por
Y más aún
A pesar de.

Para cantarte, entonces
Todo mi desánimo
El quebranto todo
Toda la nada

Hoy sin refugio
Sin santuario
Corazón
Doblado y desdoblándose.

DESPIERTA

"Escalar pretendiendo las estrellas"

SOR JUANA INÉS DE LA CRUZ.

Vuelve tu mirar
Hacia la laguna verde
De tu silencio más mineral
Y despierta
Amiga de las entrañas.

Has acariciado bastante
Los pastos trémulos
Hunde ahora tus brazos y tus piernas
En esta tierra nuestra
La tierra negra
Y la roja
Del sol sagrado
Y aspira su fragancia
Húmeda como la vida.

Cave raíces hondas tu dolor de grito
Cuando nos des la fruta
Imaginada al Padre
Inmortal
En la nebulosa de tu vientre.

Que tu alegría
Invente cielos
Al saberte a ti misma
En la última risa de tu alma
Hecha de cuerpo palpitante
Y de noche ensoñada.
Al astro que brilla en tus ojos
Espejando cielos
Vuelve tus pasos.

Cuando el descanso te sorprenda
Como un premio
Encuentre
Preciso el rumbo
Firme el pie
Escalando tu propia estrella.

ARIEL CANZANI D.

Buenos Aires (1928)

Como Oficial de Cubierta de la Marina Mercante Argentina, viaja casi todo el año por los mares y océanos del mundo, publicando—entre viaje y viaje—*Cormorán y Delfín,* revista "planetaria" de poesía que sale en Buenos Aires. Ha vivido en Italia y Yugoslavia y tradujo al español a varios poetas de dichos países. Colabora en muchas revistas de todo el mundo. Su poesía ha sido, hasta esta fecha, traducida al griego, italiano, francés, portugués, esloveno, servio, inglés y flamenco.
Ariel Canzani D. hace en su poesía un permanente esfuerzo para una mejor comprensión entre los poetas (y los hombres) del mundo, y con este fin ha elaborado un "Manifiesto de la Poesía Laxodrómica", donde afirma: "La poesía laxodrómica es una de las pocas con aplicación en todo el mundo, y por sus planteos técnico-metodológicos se aproxima en buena medida al '*planetarismo*'".

Viaje al gris 1957
Tatabomba 1959
La sed 1960
El sueño debe morir mañana 1962
Filásticas de angustia 1963
Los gladiadores y los teatros 1964
El payaso del incendio 1965
Monigotes 1966

¡TU SABES QUE NO QUIERO!

NO QUIERO ESCUCHAR
Guitarras de Picasso
Ni ver las pipas
Quebradas de Braque
Ni los pájaros
Heridos de Chagall
Ni el macilento
Oliva de Tahití
Ni el giratorio
Topacio de van Gogh.

No quiero verlos,
Ni oírlos, ni tocarlos.
Desgarran mis últimos
Deseos de creer
Que somos buenos,
Que no tenemos el alma
Podrida y la carne
Dispuesta a ser
Inmunda y ciega.

No, no quiero, no puedo
Mirar ese universo
Tan lleno de verdades
Que me hunden.
Es más heroico.
Buscar derrotas
Donde la flor
Se desmadeja
En flor
Y el cielo brilla
Despojado de tierra.

LA TIERRA DIJO NO

¡DESPERTAD GIRASOLES DORMIDOS!
El alba se adueña de la tierra,
Ya están las mariposas con sus alas
Quebrando el tenue rosado de la aurora.

Los cuervos hacen círculos perfectos
A la espera del rayo que caliente
Los restos de carroña de la víspera.

¡Despertad girasoles dormidos!
Los lobos se van a sus guaridas,
Las hienas, gimiendo, huyen del sol,
Los pájaros nos llaman.

¡Despertad, gigantes de la luz!
Mirad las casas cómo se ponen rubias

Y el frío cemento cobra vida.
Las inmensas colmenas están abiertas,
Las fuerzas renovadas,
Se puede comenzar el acarreo
De la miel o la náusea.

El sueño debe morir mañana

A MIS TIERRAS DEL SUR

Alejado de ti, en otros continentes navegando,
Viendo en la piel como la niebla sube
Y la calima mancha el sueño y la palabra.
Siendo testigo, asombrado testigo del trabajo
Que en otras latitudes se prepara,
Pudiendo comparar, saber exactamente
Sin mentiras lo poco que nos resta,
Como niño robado me contemplo.
Es triste comparar, tener certeza del engaño,
Saber que la comedia será tragedia un día,
Estar seguro de ello y no poder gritarlo
Que la palabra es pobre para pintar la sangre
Es pobre para decir al mundo del sarmentoso
  juego
Que en ti practican los ladrones de tierras
De pan, de flores, de sueños de muchachos.

Alejado de ti, en otros continentes navegando
Siento crecer la niebla a bocanadas,
Es triste ser testigo, tener certeza de la herida
Que en ti, en nuestros hijos se agiganta...
...
En las manos de Dios y de los justos
Tal vez podamos dejar las esperanzas,
El hambre que exige y sube por las piernas
Sólo en el corazón será saciado.

Canal de la Mancha, un invierno de 1962.

El payaso del incendio

FERNANDO DEMARÍA

Buenos Aires (1928)

Formó parte del grupo *El Hombre Nuevo,* cuyo propósito fue el de crear nuevas formulas de las realidades sociales y humanas argentinas a través de una fuerte afirmación nacional y universal. Hubo en las manifestaciones del grupo mucho entusiasmo y lo que fue realidad ha sido una serie de libros en los cuales Argentina se presenta bajo una forma auténtica, muy poco *pintoresca.*
Demaría ha escrito poesías en las cuales se afirma la argentinidad a través de un soplo universal sin folklore, sin gauchos ni mate. Si todo esto está presente, tal hecho ocurre por medio de una visión nueva en la cual el hombre argentino está integrado en un cosmos que viene desde el mundo clásico por conducto de símbolos y de sugestiones, puesto que el poeta es uno de los profundos conocedores de las literaturas clásicas y en general del espíritu europeo cuya importancia en la vida argentina fue siempre debatida desde Sarmiento hasta Borges.
Lo que Demaría ha hecho, es la poesía de un humanista cuya vida en Buenos Aires tiene las raíces en la mitológica Europa y en la Pampa.

Himnos helénicos 1955
Las hélices 1957
Pampa roja 1959
Nahuel Huapi 1965

TEATRO CAMINITO

Poco después de comenzar la pieza
Deslizose mi vista desde el escenario
Hasta el balcón vecino de una casita de chapa.
Detrás de la fila de familiares:
El hijo mayor, con la bondad de los declinantes
 años
El otro hijo, en la lucha y amargura de la madurez,
Una joven madre, quizá siciliana, quizá criolla
Dos lindos niños, fuertes, bronceados, rubios,
Detrás de los hijos y quizás algún vecino
La figura del padre, asomándose a ratos
Ya imposible de guardarlo, sombra de la muerte.

A ECKERMANN

He estado esperando un poema para usted, Eckermann
A pocas personas he querido como a usted
Pocas cosas me han emocionado más que la lectura de
sus prólogos.
Que el relato de su instrucción, me parecía ver
Un ave de rapiña grande y mansa, rodeada de pajaritos
Atendiendo las enseñanzas del maestro.
Después me lo imagino reconcentrado, meditando las
enseñanzas de ese otro maestro que usted sostuvo
y nutrió con la savia del pueblo.
Johann Peter Eckermann, pueblo alemán, adonde yo vaya
Irá su libro conmigo, donde yo esté
Estará usted, meditando y lamentándose a veces de su
frustrada vida.

A JOHN FRY

No olvidaré sus bigotes, Mr. Fry
Ni su galera, ni su caballerosidad ancestral, eterna,
Superior a la turbulencia del republicano rojo
Que le abría las puertas de casa, cuando venía a darnos
clase
Y que hablaba de usted con afecto y respeto.
Aunque sus connacionales trafiquen con la carne
Metan el grupo con los ferrocarriles y se ganen como
puedan su puchero
—Que ahí en la isla hay demasiados y pelearon muchas
veces por muchos que no lo saben—
Usted basta para excusar un imperio
Y abrir las puertas del corazón.

A MI PATRIA

Argentina, dulce nombre

ROSAS

No sé bien lo que eres
Pero eres todo lo que me apega a tus entrañas
A tus muchachos de ojos pardos
A tus caballos de noble encuentro, de aliento infatigable
A tus mensuales conversando alrededor del fogón
A tus tractoristas, contentos de sus máquinas
A tus ponientes inmensos que pongo al lado de cualquier poniente del mundo
A tus desiertos, vastos como tu pensamiento
A mi no poder salir de ti ni tener deseos de conocer otra tierra que no sea la tuya
A mi imposibilidad de amar a otra criatura que las salidas de tu vientre
A mi deseo de volver y volver a ti, imposibilidad de conocerte en mil vidas
Tan hondas tus guitarras, tan inconmensurable tu tierra
Tan infinitos los pensamientos que levantas
Tan grande el amor que todavía me lo niegas
Quizás para atraerme más adentro tuyo, mi tierra.

Pampa roja

ALEJANDRA PIZARNIK

Buenos Aires (1936-1972)

Con la existencia dividida entre su país natal y Francia, donde ha colaborado en distintas revistas y periódicos literarios, Alejandra Pizarnik fue una de las profundas voces póeticas de su tiempo. Hay en sus poemas una mezcla de burla y de sufrimiento, de sueño y de protesta, que viene tal vez de su preocupación con la literatura fantástica, a la cual dedicó su trabajo y su atención. Pocas mujeres en Latinoamérica escribieron una poesía menos "femenina" que ella: aquí se encuentra su fuerza y su brujería.

La tierra más ajena
Arbol de Diana
La última inocencia 1956
Las aventuras perdidas 1958
Los trabajos y las noches 1965

EL CORAZÓN DE LO QUE EXISTE

no me entregues,
                    tristísima medianoche,
al impuro mediodía blanco

LA VERDAD DE ESTA VIEJA PARED

que es frío es verde que también se mueve
llama jadea grazna es halo es hielo
hilos vibran tiemblan
  hilos
es verde estoy muriendo
es muro es mero muro es mudo mira muere

MENDIGA VOZ

Y aún me atrevo a amar
el sonido de la luz en una hora muerta,
el color del tiempo en un muro abandonado.

En mi mirada lo he perdido todo.
Es tan lejos pedir. Tan cerca saber que no hay.

MORADAS

a Théodore Fraenkel

En la mano crispada de un muerto,
en la memoria de un loco,
en la tristeza de un niño,
en la mano que busca el vaso,
en el vaso inalcanzable,
en la sed de siempre.

Los trabajos y las noches

LUISA FUTORANSKY

Buenos Aires (1939)

Publica en su ciudad natal la revista *La loca poesía* y una colección de libros en la cual se presentan poetas de vanguardia. Hace parte del grupo de poetas argentinos que a partir de 1960 escriben en casi todas las revistas internacionales de poesía. Luisa Futoransky trae, con Alejandra Pizarnik, a la poesía argentina un aire muy porteño y muy cosmopolita, una tristeza metafísica en la cual, con los recursos del surrealismo filtrado a través de una tristeza de *tango* y de *ghetto,* suena un nuevo tono poético y humano.

Trago fuerte 1963
El corazón de los lugares 1964
Babel Babel 1968

PERO EN UN INSTANTE

A T.S. Eliot

Pero en un instante cesan los laberintos, los jardines,
la plata, el mármol y los árboles.
Contempla esa intemperie abandonada y hedionda
y su terror le paraliza.
Por fin el forastero se decide y avanza entre colmillos,
tibias que aún la piel se resiste a abandonar,
cráneos de niños con las cejas adheridas a los huesos,
simétricos montículos de restos a medio incinerar;
el viento agita esas cenizas, las siente sobre su cuerpo
y ve esa tierra parda, viva, roturada, ávida de huéspedes.

El forastero tiembla y sollozando
—sabe que no debe volver la cabeza—
regresa a los jardines.

Es la hora del paseo
y los jóvenes de Chuquisaca recogen flores del camposanto
para sellar sus promesas de amor.

GRAVEDAD PENDULAR

Siempre, en la hora inhóspita
cuando se envuelven en tinieblas las formas más amigas
en la hora en que la congoja es un anchuroso río cuyo
caudal
crece incesantemente
arrastrando sólo una corrosiva estela de hipocampos muertos
en la hora en que el maligno lanza bravuconadas a mi
frente
en la hora en que los alimentos son devorados por rapaces
alimañas
en la hora en que las palabras se vacían
en el instante en que todos los suicidas se comunican su
último
infortunio
en el instante en que un sudor frío invade las axilas
porque de tanto pensar en ti
soy un arbusto seco de meseta desértica en tierra demente

como siempre, en ese preciso instante te reencuentro
levanto mis brazos de la muerte
y el duro milagro del amor
vuelve a atenacearme el corazón.

MESTER DE HECHICERÍA

A María del Carmen Suárez

Hay que comer un corazón de tigre joven
para tener afiladas las zarpas;
hay que llegar al centro de la estepa
y cortarle la lengua a un lobo hambriento
para poder hablar con la luna;
hay que peregrinar con los tarahumaras
para ser rico en silencio;
hay que sufrir el celo de todos los animales
para conocer los ritos del amor.

Recién entonces, mujer,
ve al encuentro de tu hombre
y camina a su lado por las estaciones;
no vuelvas la cabeza para llamar a tu inocencia
porque con ella alguien prepara
un nuevo sortilegio.

CORAÇÃO DA GUANABARA

Río, ciudad que estallas como un grano de pus
que nos abres las entrañas
que nos quitas máscaras y vendajes
para abrumarnos con la violencia de tus colores
el fermentado olor de tus bebidas
el rápido farfullar de tus gentes
la carnosa lascivia de tus plantas
y ese eterno verano
donde nace la ira.

Río, ciudad que arrastra a la somnolencia
Donde hasta el corazón se impregna de las arenas finísimas de las playas más soberbias del mundo
y los pálidos muchachos del norte bajan a saciar su amor por negras y mulatas
Río ciudad faro
ciudad piedra solimán
recetada para todas las dolencias
paraíso de los amorales, los hombres de negocios
los oficinistas y recién casados
seducidos por la aventura del viaje ahora y pague después.
Pero hay otros Río,
el Río oculto de las infantas enloquecidas por un caboclo
el de las venganzas siniestras
un Río fascinante que se vuelve caníbal por las noches.

cuando descienden los gallos y los pájaros de picos corvos a atormentar el sueño de los niños

cuando por detrás de los altos, elegantes y frescos muros de cemento
nace la samba;
la ciudad entonces se mece y aúlla demente entre el sol, la

montaña
y el mar
que no la dejan escapar.

UNREAL CITY

Es ésta una ciudad donde nuestra demencia no asombra
y convive con la de los aires en los enseres cotidianos.

32 iglesias para 10.000 habitantes,
las imágenes, las tallas más bellas,
los exvotos de oro y plata macizos,
desmantelados castillos,
enmohecidas armaduras y escudos en los salones,
conventos y arrogancia,
sólo esto queda de los vencedores,
de los que tergiversaron la historia.

Pero los aires de Chuquisaca son de azufre,
sus moradores día a día tienen más ceniza en la sangre
y soberbios de la hazaña cuentan al forastero
que ellos, con sus solas fuerzas
enloquecieron el cielo que le aterra.

El forastero camina por la calma devastadora de sus calles,
el indígena le muestra la fresca herida de su odio
y los implacables ritos con que prepara su venganza.
El forastero quiere partir,
sabe que aquí el tiempo no existe,
que es suficiente con que trascurra
el número de gestos previstos por el sortilegio
para quedar detenido en la ciudad
alimentando tal vez los árboles morados que contempla.

Pero antes debe visitar el camposanto,
le han prometido que allí su imaginación
quedará saciada para siempre.
Y sin que nadie le guíe
el forastero encuentra el camino.

Reconoce entonces los jardines
que entrevió en los libros mágicos de la India,
encuentra las piezas caídas de sangrientas partidas de
    ajedrez,
pequeñas brújulas cuyo verdadero significado
se desvanece en siniestras invenciones arábigas.

Babel Balel

BOLIVIA

OSCAR CERRUTO

La Paz (1912)

Años después de ganar fama nacional y continental con novelas de la Guerra del Chaco, en las cuales, detrás de la inevitable violencia siempre se puede presentir al poeta, Cerruto se afirmó como autor de libros de poesía, donde uno de los principales elementos es la finura del estilo, la delicadeza de las imágenes y la capacidad de penetración hasta las más secretas vertientes del alma humana. Así mismo, el prosista es idéntico con el poeta, puesto que su poesía es como el reflejo de ciertas virtudes ocultas de su prosa.

Sólo cuando en su poesía aparecen el Altiplano y la tierra de Bolivia, el verso se hace como de piedra y de acero, y el sentimiento delicado queda en segundo plano, para dar paso al autor de libros en cuyas páginas el poeta se hallaba como en gozo de licencia.

Es impresionante el deseo de este autor de mantener la pureza de la poesía: precursor de una literatura de tendencias revolucionarias, o por lo menos rebeldes, cuando se trata de decir en verso lo que en prosa resultaría mucho más difícil y—a veces—imposible.

Cifra de las rosas 1957
Patria de sal cautiva 1958

CANTAR

Por entre andariveles
el viento andaba.
También mi corazón

Por entre andariveles
te soñaba.

Papeles y papeles,
mi corazón.

La luz de los papeles
te nombraba.

También mi corazón.

CANTAR

La luz en las cortinas
cuelga en tu ausencia.

La luz en los espejos
y en la escalera.

Corre por los pasillos
clareando apenas.

La luz del sentimiento
de puerta en puerta.

Silenciosa espesura.
Nadie contesta.

CANTAR

Mi patria tiene montañas,
no mar.

Olas de trigo y trigales,
no mar.

Espuma azul los pinares,
no mar.

Cielos de esmalte fundido,
no mar.

Y el coro ronco del viento
sin mar.

Cifra de las rosas

SOLEDAD, ÚNICA HERENCIA

Degradados templos
de arena que la noche lame
y el tiempo lame y desintegra
y pacientemente reconstruye
la soledad de nuevo.

Su anillo es infinito y es
consubstancial, quema
mis sienes como un remordimiento.
Con desvelado oficio alumbra
la fuga de mi sangre.

Mi soledad, esposa taciturna
de toda hora o cicatriz que no se borra.
Si sueño que la sueño me embriaga como un vino.

Pero no basta y sólo cuando solos,
ya redimidos ambos y ordenados,
la impermutable atmósfera
sin esplendores del enigma
y la ceniza compartamos,
será incesante nuestra alianza.

ALTIPLANO

1.
El Altiplano es inmensurable como un recuerdo.
Piel de kirquincho, toca con sus extremos las cuatro puntas
del cielo,
sopla su densa brisa de bestia.
El Altiplano es resplandeciente como un acero.
Su soledad de luna, tambor de las sublevaciones,
solfatara de las leyendas.
Pastoras de turbiones y pesares,
Las vírgenes de la tierra alimentan la hoguera de la música.
Los hombres, en el metal de sus cabellos,
asilan el caliente perfume de los combates.

Altiplano rayado de caminos y de tristeza
como palma del minero.

2.
El Altiplano es frecuente como el odio.
Ciega, de pronto, como una oleada de sangre.
El Altiplano duro de hielos
y donde el frío es azul como la piel de los muertos.
Sobre su lomo tatuado por las agujas ásperas del tiempo
los labradores aymaras, su propia tumba a cuestas,
con los fusiles y la honda le ahuyentan pájaros de luz a la
noche.
La vida se les tizna de silencio en los fogones
mientras las lluvias inundan sus huesos y el canto del
jilguero.

3.
Altiplano sin fronteras,
desplegado y violento como el fuego.

Sus charangos acentúan el color del infortunio.
Su soledad horada, gota a gota, la piedra.

(Patria de sal cautiva)

YOLANDA BEDREGAL

La Paz (1918)

En un país donde la contribución poética después del *modernismo* es algo más que escasa, la voz de Yolanda Bedregal tiene notable sonido y su poesía reluce como un fenómeno aislado. País de montañas, es decir de fronteras, Bolivia se hizo oír en la literatura de las últimas décadas por su novela y su ensayo. Por esto la obra de esta mujer que es un fuerte poeta, se oye casi sola en medio de muchos ejercicios de lirismo. Basta esta razón para que se la llame *Yolanda de Bolivia.*

Ha publicado muchos libros pero las fronteras han impedido la penetración de su obra en los países americanos. Ha sido profesora y conferenciante, autora de antologías y de ensayos, trabajando casi siempre en un ambiente que no era—y todavía no es—muy favorable a este tipo de vocación, a este género de tareas.

Amor y revolución, justicia social y silencio, son temas que siempre se pueden encontrar en su poesía: una obra en la cual belleza y tranquilidad se unen en el paisaje que caracteriza a su país.

Nadir 1950
Del mar y la ceniza 1957
Antología poética 1961

ELEGÍA HUMILDE

Un auto ha arrollado a la vieja sirviente.
¡La pisó como a una hoja!
Era una flor del campo, toronjil, yerbabuena,
su figura evangélica.

Todos hemos llorado, y en la casa hubo duelo
por su muerte de plata.

Esta mujer oscura de noble barro criollo
endulzaba la vida de seres y de cosas;
llena está nuestra infancia de su imagen.
Debajo de su manta de castilla
siempre llevaba oculta una alegría
de frutas, de empanadas, de juguetes.

¡Ay dulce abuela nuestra
de las macetas y del canario!

Cuando estaba tendida en su mortaja,
con unción le besamos las santas manos toscas;
por la primera vez estaban quietas
de su duro bregar de cada día.
Parecían avergonzadas del reposo;
dos ángeles muy blancos bajaron a cubrirlas.

Su nombre era Mama Usta, y nada más.
Las hadas humildes sólo tienen un nombre
pero es varita mágica de gracia y de perdón.
De la mano llevaba a mi padre a oír misa;
la conocieron los abuelos y los bisabuelos,
era un lazo entre nosotros y lo perdido.

Todo lo daba, todo. Su bondad, su alegría,
el cobre de la dádiva, la harina del consuelo.

Cual sombra milagrosa
llenaba de manjares la olla de la pobreza,
y con agua y con sol daba blancura
a las viejas cortinas y manteles.
Ella prendía el fuego del hogar cada día.

Un auto la ha matado ¡ay Dios mío!
Su frente estaba herida
y su cuerpo, nunca tocado,
manchado por el lodo.

Un coro conmovido le cantaba aleluyas
cuando llegaba al cielo
con sus pobres zapatos y su mantón raído.

Con franciscano espíritu debió de imaginar
que era fiesta pascual para nosotros.
—¿Cómo para ella el aleluya?
¿Cómo para ella nuestro llanto? —
Sencilla y limpia entró a la gloria,
cuidando todavía la canasta
para la cena de hoy.

Nuestra Mama Usta ha muerto.

¡Ay canario, ay macetas, patio y agua,
doblad vuestra rodilla para rezar por ella!

CANTO AL SOLDADO DESCONOCIDO

Soldado indio, hombre cualquiera, hermano:
Aquí quiero cantarte
con las cruces sin fecha de los caminos;
con la vibración concéntrica del bombo
que en tus borracheras tristes
hincha la noche como un poncho negro.

Yo quisiera decirte
las palabras aymaras
que saben de memoria
los labios sedientos de los surcos,
huérfanos de tu mano sembradora;
las sencillas palabras
enredadas en los espinos del cerco;
con el ladrido cálido de tu perro traposo
y el ruido familiar de tus platos de barro.

Con límpidas palabras
como agua de la acequia
y sol recién nacido sobre la pampa.

Así quisiera hablarte
con las voces más íntimas
que tú has dejado, hermano, en cada cosa.

Aguayo de colores, abrazo de montañas,
tus paisajes, la consigna de tu ayllu.

Tú no serás el héroe de una estatua
para decirte cantos épicos.
Fuiste el hombre sencillo y enigmático
como la Puerta de Tiahuanacu:
Hombre del Ande,
pedazo de granito amasado con lágrimas,
hombre síntesis.

Tu vida y tu muerte están clavadas
perennemente
en la raza de bronce de tu espíritu
crucificado sobre un sol de sangre.

Eras un poncho rojo como una gran kantuta
en la raya del horizonte
y después, en el Chaco,
también una kantuta,
tu herida manchaba el pajonal . . .

Soldado desconocido, tú eres
hermano de cada hermana,
hijo de cada madre;
por eso
mis palabras
inquieren conmovidas
la curva más caliente
para encender la herida
que apagó tus luceros,
que rompió tus caminos,
hermano.

Voy a decirte mi canto
con el bloque gigante del Ande;
con el viento que escala las zampoñas del cerro;
con la enorme lágrima del Lago;
con los ojos húmedos de las vicuñas y las llamas;
con los ríos de estrellas de la Vía Láctea:
tu ausencia y mi distancia.
Los rebozos en luto de las mujeres
¡con mi juventud y con tu muerte!

Pero está clavado el corazón sobre la tierra.

En el límite sin límite del horizonte
se hunde tu sombra ensangrentada.

Está rota la voz en mil pedazos:
Es un sollozo el canto
—beso y lágrima—
sobre la frente del soldado desconocido.

(Nadir)

JAIME SÁENZ

La Paz (1921)

El caso de este poeta es insólito. Autor de una obra que viene construyendo desde hace mucho con paciencia y sabiduría, ha publicado varios libros sin que su nombre tenga, ni en su país ni en el extranjero, la importancia que merece. Sáenz no es solo un gran incomprendido sino—en la misma medida—un gran poeta. Y cuando llamamos su caso *insólito,* pensamos en su poesía que es una extraña mezcla de tierra boliviana y de elementos surrealistas, sin que el poeta haya pertenecido alguna vez, ni a la corriente telúrica bolivianista, ni al surrealismo.

En su país mediterráneo, donde los poetas de valor son escasos, Sáenz se colocó desde su primer libro en la vanguardia, y allá se quedó, singular y misterioso. Sus largos poemas constituyen la contribución más notable de la literatura boliviana a la cultura continental en el último medio siglo. Sus libros, que él mismo ilustra y cuyas portadas dibuja, casi no han llegado al extranjero, pero su poesía está destinada a una gran atención en el futuro, al igual como ha sido el silencio casi absoluto que la ha cercado desde su comienzo.

El escalpelo 1955
Aniversario de una visión 1960
Visitante profundo 1964
El frío. Muerto por el tacto 1969

EL FRÍO

Tiene un olor de antigüedad,
es el de los adivinos
—y en el aire,
cuando se cierne la noche,
un olor de juventud,
que se ha desvanecido
junto con el día.

En las calles me doy cuenta del estado del mundo, yo pienso partir de una vez en pos del frío y dar con el demonio que se oculta más allá de las sombras

y preguntarle por qué solamente en el país del frío podía buscarse alguna cosa que sirviera tanto como la vida,

aquella voz que echo de menos y que necesito escuchar antes de marcharme,

si ya sé que en este mundo es lo único que se parece a su celestial acento el olor del alcohol,

y con todo lo que digo y hago solamente doy tiempo al tiempo:

en un rincón se esconde el alcohol glacial, alcohol del frío, y en otro rincón me escondo yo, me escondo yo,

cada cual a la espera de la salida del otro, a sabiendas de que no hay escape en esta broma pesada, tú ya lo sabes;

en Navidad, en Año Nuevo, en las fiestas patrias, en los aniversarios,

cada vez me libro por un pelo, luego me echo a caminar con rapidez y alegría y miro de reojo

—ya lo sé, en el rincón alguien tiene más paciencia que yo, es un gigante, es un coloso y yo un pobre gusano

y quizá será por eso por lo que me quedo solo y fascinado,

qué raro,

y por lo mismo me pregunto qué pasa en el mundo,

cuando el frío no existe y me pongo a temblar, y no escucho tu voz y el frío se está,
pues esto es muy raro:
la voz es la temperatura.

Solamente cuando miro tu cara
puedo darme cuenta de lo extraño que había sido el olvido
—tu cara es como el olvido.
En ella reflejan su carne viva y su espíritu los habitantes,
en ella se configura el genio de la ciudad y solamente cuando ha caído la noche reconozco su gesto,
yo no sé cómo será en el día,
dudo que seas tú una realidad bajo la luz del sol,
con ese fugitivo paso en la espesura de las sombras atravesando el cristal del frío,
perdiéndote en lo profundo de la ciudad mientras yo te busco,
ocultándote de mi vista y alejándote del infierno en el que noche tras noche creo poder encontrarte,
y mostrándome con una indecisa mirada el rumbo de aquél, cuando yo te miro y te pierdo de vista a tiempo de seguir la dirección de tus ojos.

A la imagen que encendió
unos perdidos y escondidos
fuegos.

Tu recorrido en las calles te separa de mí, de igual manera
que el día y las calles de por sí
–la ciudad es toda entera una araña que te guarda de mí,
y la luz te incomunica; te aparta, y me hace espiar lo bien
que te vigila
–brilla tu júbilo en las esquinas,
a la hora de la desolación yo me pregunto si encontraré el
alto azul profundo de tu vestimenta,
mi país,
el aire de tu voz al caer la tarde
–y me pregunto por qué renunciaría jubilosamente al
júbilo que tú me causas.

Tu parecido a mí no se encuentra en ti, ni en mí, ni tampoco
en mi parecido a ti
pero en alguna línea trazada al acaso y que el olvido hizo
memorable
–y en el olor que se desprende de ciertos dibujos que nos
hacen llorar
y que a la vez nos causan júbilo,
por ser un miedo al sabor de las evocaciones tu visión
conmovedora,
aquel suave testimonio que la juventud dejó de su partida:
imagen escondida,
sabor de juventud a la espera de fundirse con la hora de la
muerte que es tu forma que camina con luz y con amor
a lo largo de los días y las noches y los años para lastimar
mi corazón
–mi muerte se habrá llevado tu mirar porque sentía
dentro de ti cuando la buscabas,
pues en ti se encubre y permanece;

déjame nombrarte su ropaje,
en ti se quedará la juventud.

III

Tú exageras sin exagerar porque sabes que mis exageraciones hacen que exageres tú,
y mis exageraciones son invisibles a fin de que tus exageraciones, no solamente por causa de la edad sean visibles;
y de modo tan sutil, yo contribuyo mi grano de arena al descubrimiento de un remedio para el mal de amor
—mas, estoy solo y deslumbrado, y necesito socorro frente a este paroxismo de exageraciones, las que anuncian algún júbilo caótico
—y no sé si tú eres o si es el demonio quien me deslumbra y me hace ver lo que no se ve
y vivir una vida que no es vida ni es sueño, pero miedo, un miedo de soñar en lo que mi alma no conoce,
un milagro de dulzura y de verdad transformado en una broma cuando al vuelo de una mariposa prorrumpí en una queja
y buscando vida y sentido mis esfuerzos y penurias resultaron siendo un chiste
—pues yo no sabía que tuviésemos que fingir ser otros por ser los mismos;
y no somos como lo que somos ni tampoco parecemos ser lo que somos,
sino que tú y yo seremos, y también yo seré tú y tú serás yo,
tan solamente por medio del fingimiento
—y además, ahora he llegado a saber que el amor no es, sino lo que se oculta en el amor;
y para encontrarlo, yo tendré que traspasar lo que creo ser, o sea tú, y llegar a ser tú, o sea yo
(en realidad, tú eres porque yo pienso, y eres la verdadera realidad)
—y tú harás de la misma manera,

mas, no suspires, no vayas por acá ni por allá, pero adonde
se mira con fijeza y se suspira de verdad, y donde un toro
iracundo embiste al milagro que desbautizará para
bautizar,
y que de verdad te nombrará—por dentro, y no por fuera.

PEDRO SHIMOSE

Riberalta (1940)

Hijo de padres japoneses, es una de las más representativas voces en la nueva poesía de un país encerrado por largos años en un posmodernismo de falsos tonos que sólo fue destruído después de la guerra del Chaco. Rompiendo con la atrasada vanguardia, que también llegó tarde a Bolivia, Shimose fue uno de los primeros poetas capaces de hacer un salto hacia el futuro, llegando a una notable renovación con medios personales.

Es indudablemente una de las genuinas vocaciones en medio de gran número de compañeros suyos que se dedican a escribir versos. El crítico Juan Quirós lo caracteriza así: "Ha obtenido una envidiable madurez estética y no constituye hipérbole afirmar de él que ya tiene sitial distinguido en el ámbito de la actual poesía boliviana".

Triludio en el exilio 1961
Sardonia 1967
Poemas para un pueblo 1968

TEORÍA DE LA PATRIA

Caes y te levantas en el abandono de los hombres.
Caes en el mar y te levantas en la cordillera.
Caes en la noche y te levantas con auroras en los ojos
y por la tarde cargas los crepúsculos con que te hirieron los vientos.
Pasan y no te ven, y si te ven no te sienten como algo suyo quienes simulan amarte desgarrándose las vestiduras.
¿Por qué me ocultas tu rostro coronado de espinas, por qué me niegas tu mirada?
Dime si yo no participo del escándalo de ser hijo tuyo ahora que el litigio cubre tu sollozo,
dime si no merezco tu vergüenza desde aquel día que vino la montaña por un mar de hogueras frías
y las piedras bajaron iluminando la flor del isigo y los ojos del puma.

La luz estaba dentro de ti,
poseyéndote,
rodeándote,

emergías del caos, brotabas de la chispa, caías del cielo como una lluvia de cenizas.
(En el maíz la multitud cantaba himnos rituales en alabanza al dios de las cosechas).
Así crecías, dolorosamente, en el dolor de tu sangre.
Tus pulmones de plata, vaciados de plata tus pulmones en el cerro de las lágrimas,
cautiva te llevaron por la piedra,
para azotarte el mar rompieron,
te clavaron al sol en estacas encendidas,
te descuartizaron a los cuatro potros del viento,
pero aquí estás otra vez, intacta, en la resurrección de los hombres que te hicieron con sus manos, con su dolor, con sus vidas,

sudando desprecios y sangrando noches en yaraví de sombras!

Fue en la montonera, en el soldado de bruma perdido en el desierto,
en el galope ciego y el aullido de los lobos de mar,
fue en la sed y en la fiebre que se hizo la patria,
esta patria, bolivianos, que es el pan, pero no sólo el pan; que es el trigo del hombre-pan; la tierra del hombre-trigo; la libertad del hombre-tierra; el amor del hombre-libertad nacido en Dios hacia la vida.
Y hubo quien nos enseñó a amarla,
Y hubo quien nos enseñó a odiarla.
Esta patria aborrecida y mustia, Bolivia indivisible,
despreciada te sé, sin amnistías, te sé errátil en tu agobio,
sé mil cosas sobre tu soledad y tu ruptura,
pero yo sé también que así te quiero y sé que no te irás clavada a la tisis de tus socavones,

sé que no sucumbirás en el cansancio y el fraude ahora que te espera el cielo abriéndose en horizontes por donde llegarán los niños a publicar tu gloria postergada.

Porque te escupen y azotan,
porque te saquean el cráneo y te taladran la córnea,
porque te parten el corazón y te eximen de la gracia en la lucha del hermano contra el hermano.
porque te privaron de libertad vendiendo tu dulzura y tu pureza en la consumación de las masacres,
porque nos fuiste entregada llena de espanto y hambre en el exilio,
porque te aniquilaron en la búsqueda de la justicia y te humillaron en los campos de concentración y las torturas,
no olvides nunca lo que has sufrido, Bolivia, pues volveremos a estar solos, oh patria, en el coraje de ser justos.

Olvidado de mí, contra mi propio orgullo despeñado,

patria de los brazos abiertos al caminante,
yo quisiera decir como aquel que te mostró en sus victorias:
"Encontré una porción de hombres divididos... concilié los ánimos";
yo quisiera estar contigo más allá del odio, en ti elevarme,
en el deber contigo, como aquellos que te llevaron invicta hasta la muerte,
sed y vértigo, Bolivia;
llanto y entrega, Bolivia,
¡ay Bolivia, caída y levantada!
yo besaré las llagas que por mí has soportado, patria humillada y sola,
en tí yo hallé la vida y tú me enseñaste que tu tristeza es mi tristeza y tu alegría es mi alegría,
y que cien, mil, tres millones de puños se alzarían y caerían sobre tu rostro.
¡Yérguete en mi alma, sobre violencias y malversaciones,
sobre mis carnes, sobre mis huesos!
Que no nos posea la fatiga ahora que te punzan el costado,
ahora que te cortan las venas y desangrándote se burlan de tu destino.
Te colgarán de los faroles, exhibirán tus andrajos en las plazas,
codiciarán tu calavera para la última ofrenda a los tiranos,
pero junto a ti estarán los jóvenes, los puros, los que te esperan al otro lado de las lágrimas y las banderas sangrientas de las barricadas,
porque no te acabarás en este desatino,
en esta confusión no serás vencida;
por sobre el estertor de estrellas que se apagan y el crujir de navíos que se hunden
hay una fuerza por dentro que te impulsa
y hay energías por fuera que te elevan,
patria desamparada hasta mi muerte!

CARTA A MIS COMPATRIOTAS

Cuando voy por el sur, Roberto Echazú me dice: "este país no-país"
y nos amanecemos frente a un vaso de vino;
regreso a Chuquisaca y Ayllón Terán me avisa que vivimos a 4.000 metros del hambre;
me voy a Cochabamba y allí, Gonzalo Vásquez me dice: "este país tan solo en su agonía, tan desnudo en su altura...";
camino a Santa Cruz y me encuentro con Julio de la Vega, allá, junto a las guitarras, con diez burís metidos en la sangre.

Sin saber nada del amor, planté un árbol en la plaza de mi pueblo
y me vine a caminar la patria, a conocerla, a palparla y sufrirla,
y me vine a soñar en carne viva esta patria sangrante y dolorosa,
y hasta aquí, por donde voy, me persigue su herida y su silencio.
Le hago mil preguntas y sólo me responde la nostalgia de su porvenir,
¡oh patria dulce y trágica!, me incumben tus cárceles y exilios,
tus huelgas, tus guerrillas, tus marchas por las calles del reclamo,
tu dignidad, tu dicha, tu clamor en las trincheras de la vida.
Éramos muy niños los que ahora usamos pantalones largos y chaqueta,
unos niños, apenas, cuando vimos que la patria quería redimirse;
no nos dábamos cuenta que eran falsos los líderes de aquella rebeldía;

éramos muy pequeños y nuestra voz no estaba templada
para decir verdades,
pero el hombre madura como las frutas de los árboles al
llegar el verano,
el hombre crece con su voz, el hombre crece con una llama
en el pecho
y los pueblos también crecen por la historia, en largas
caminatas.
Ahora podemos hablar y señalar con el dedo la fauna
colosal de los bribones,
aquellos que se ríen de nuestro desamparo,
aquellos que no saben apreciar nuestra paciencia,
aquellos que creen que no nos damos cuenta de nada.
¡Ah, llegará el día, bolivianos, el día en que venzamos el
infortunio
y desde nuestra pobreza les exijamos que nos rindan
cuentas!

Porque es bueno recordar que el mal tiene su castigo
y así quienes se burlan del infierno sufrirán las penas del
infierno,
y así quienes se burlan del amor y de nuestra confianza
padecerán el desprecio de sus hijos y la calma les será
negada para siempre!

¡Acordáos de mis palabras, bolivianos, antes de abrir más
y ahondar nuestras heridas!
Sabed que nada valgo, que no soy General ni Obispo ni
Juez ni Alcalde,
pero mis versos correrán de boca en boca
cuando llegue la hora de confesar por qué ametrallamos
al hambriento,
por qué despreciamos al humilde y nos reímos de la mujer
honrada,
por qué nos avergüenza el trabajo y no nos avergüenza el
robo,
por qué condenamos la violencia y toleramos la explotación
del débil,

por qué alzamos el grito al cielo ante la sola mención de la justicia.
Cuando voy por el norte y hablo con los campesinos y los estudiantes me doy cuenta de la fe del pueblo, de su amor, de su cansancio en las promesas;
vuelvo al altiplano y corro, me voy a Oruro y canto, me encuentro con Héctor Borda y Héctor Borda me habla de diablos y política, mientras conversamos de hormigas y serpientes;
vuelvo a Potosí y me acuerdo de Luis Fuentes Rodríguez hablándome en la mina, en los tejados rojos de su pueblo, pidiéndome que escriba poemas para niños.
Así voy y así vengo, de un lado para otro en esta patria nuestra,
sintiendo el pulso de la gente vivo, tercamente, en la ignorancia,
en el baile, en la sabiduría, en el hambre, en la amistad y la llaga de mi pueblo elegido por la aurora!

LA CASA DE LA LIBERTAD

Pensar la libertad es desgarrarme.
Vivo mi libertad, la voy viviendo,
como un deber la vivo hasta sangrarme.

No sé cómo se explica, pero entiendo
las muertes que recibo como herencia
en esta patria de explosión y estruendo.

Yo me vuelvo a caballo hasta la Audiencia
de Charcas, me derramo en las campanas
y me rebelo contra la Intendencia.

Ardo, grito, me enfundo en las cananas,
me enciendo, me disparo en las guerrillas,
me enrolo en las canciones milicianas

y canto en el dulzor de las frutillas.
(Por dentro va quemándome la brasa
del plomo derretido en mis costillas).

Por el martirio, por el miedo pasa
la libertad con su clavel morado;
su llamarada espesa me traspasa,

me rechina la sangre en el costado
y grito mi verdad en las esquinas,
en la plaza, el balcón, en el mercado,

en el pulmón vacío de las minas,
en la satisfacción de los doctores,
grito en las magnolias campesinas.

Cuando morí, sobre mis estertores,
en esta patria nuestra, altoperuana,
se lucieron los discurseadores

y el tintero te hizo soberana
y la palabrería independiente,
república del odio y la macana.

¿Dónde está tu libertad? No es suficiente
oh patria, haber roto el cautiverio
y haber sacrificado al combatiente.

Es preciso vencer el vituperio,
la opresión de la noche y las prisiones,
rosa trocada en flor de cementerio.

Es preciso decir: las represiones,
el hambre y nuestro exilio han terminado,
es tiempo de vivir nuestras canciones.

El hombre canta hoy. Siempre ha cantado.
La libertad es alma. Es la promesa,
la única promesa del pasado.

¿Podremos comer juntos en la mesa?
¿Podremos, bolivianos, beber juntos
un cántaro de chicha o de cerveza?

¿Podremos olvidar viejos asuntos
y honrar bajo la luna de Yotala
la eternidad ganada en los difuntos?

Casa de girasol, mazorca y chala,
frescor de chirimoya y de ciruelo,
por tus laureles rosas, por tu ala

de pájaro sin molle, por tu vuelo
de piedra dolorida, por tu emblema
de nardo, encaje, raso y terciopelo,

sangra la libertad, arde y me quema
¿podré yo ser hermano de mi hermano?

Me desato el espíritu que trema,

me estalla el corazón sobre la mano,
me empueblo en el charango y en la masa.
Yo soy el enemigo del tirano.

Libertad, libertad, ¡yo soy tu casa!

Poemas para un pueblo

BRASIL

MANUEL BANDEIRA

Recife (1886) - Rio de Janeiro (1968)

Su papel dentro del modernismo es demasiado conocido en el desarrollo del espíritu de vanguardia intelectual y artística del Brasil. Presente en todas las batallas que hacen época, no sólo en la literatura, sino también en las artes plásticas, la música, y hasta el cine (fue uno de los primeros cronistas del cine nuevo), tiene una influencia decisiva en la literatura de la segunda mitad del siglo XX.

En 1952 aparece *Opus 10,* que representa una nueva actitud poética y humana, una renovación formal y temática profunda. Poco después—cuando la poesía concreta empieza a manifestarse—es el primero de los grandes poetas que no sólo interpretan el movimiento con simpatía y comprensión, a través de una serie de artículos de divulgación, sino también componiendo poemas que forman parte de antologías brasileñas. En esta forma, su contribución a la modernidad, después de 1950, es igual a la de los años de la década del 20: esta vez se trata, con todo, del mayor poeta que Brasil ha tenido en todos los tiempos.

Su muerte, como suele ocurrir probablemente debido a un proceso de superficialidad y de prisa, le arrebató temporalmente el papel decisivo que tuvo en la literatura brasileña. Mas esto es cuestión de tiempo, o apenas de calendario.

En cualquier momento, cuando se escriba la historia de los movimientos de vanguardia en el Brasil desde 1950, el nombre de este poeta tendrá que ser colocado, como fue durante toda su vida, en primera fila.

Para comprender mejor su papel de renovador, no debe perderse de vista el hecho que, a través de sus crónicas de radio y en las columnas de decenas de periódicos del Brasil, él fue uno de los batalladores incansables del espíritu nuevo, hasta los últimos años de su larga vida.

MANUEL BANDEIRA

Recife (1886) - Rio de Janeiro (1968)

O seu papel no modernismo é demasiadamente conhecido para o desenvolvimento do espírito da vanguarda intelectual e artística no Brasil. Presente em tôdas as batalhas que marcam época, não apenas na literatura, mas também nas artes plásticas, na música, e até no cinema (foi um dos primeiros cronistas do cinema novo) tem decisiva influência na literatura da segunda metade do século XX.

Em 1952 sai *Opus 10,* representando nova atitude poética e humana, uma renovação formal e temática profunda. Pouco depois--quando a poesia concreta começa a manifestar-se, é o primeiro dos grandes poetas que não só interpretam o movimento com simpatia e compreensão através de uma série de artigos de divulgação, mas também compondo poemas que fazem parte de antologias brasileiras. Desta maneira sua contribuição para a modernidade depois de 1950 equivale àquela dos anos da década dos 20: desta vez trata-se porém do maior poeta que o Brasil teve em todos os tempos.

Sua morte, como costuma acontecer provàvelmente devido a um processo de superficialidade e de pressa, tirou-lhe temporàriamente o papel decisivo que teve na literatura brasileira. Mas isto é uma questão de tempo, ou apenas de calendário.

Em qualquer momento quando se escrever a história dos movimentos de vanguarda no Brasil desde 1950, o nome do poeta terá que ser colocado, como o foi durante tôda a sua vida, na primeira fila.

Para melhor compreender seu papel de renovador, não pode ser perdido de vista o fato de que, através de suas crônicas no rádio e nas colunas de dezenas de jornais do Brasil, ele foi um dos batalhadores incansáveis do espírito novo, até os últimos anos da sua longa vida.

Opus 10 1952
50 poemas escolhidos pelo autor 1955
Obras poéticas 1956
Pasárgada 1960
Antologia poética 1961
Estrêla da tarde 1963
Estrêla da vida inteira 1966
Meus poemas preferidos 1966

BOI MORTO

Como em turvas águas de enchente,
Me sinto a meio submergido
Entre destroços do presente
Dividido, subdividido,
Onde rola, enorme, o boi morto,

Boi morto, boi morto, boi morto.

Árvores da paisagem calma,
Convosco — altas, tão marginais! —
Fica a alma, a atônita alma,
Atônita para jamais.
Que o corpo, êsse vai com o boi morto,

Boi morto, boi morto, boi morto.

Boi morto, boi descomedido,
Boi espantosamente, boi
Morto, sem forma ou sentido
Ou significado. O que foi
Ninguém sabe. Agora é boi morto.

Boi morto, boi morto, boi morto.

A ONDA

a onda anda
aonde anda
a onda?
a onda ainda
ainda onda
ainda anda
aonde?

        aonde?

a onda a onda

PREPARAÇÃO PARA A MORTE

A vida é um milagre.
Cada flor,
Com sua forma, sua côr, seu aroma,
Cada flor é um milagre.
Cada pássaro,
Com sua plumagem, seu vôo, seu canto,
Cada pássaro é um milagre.
O espaço infinito,
O espaço é um milagre.
O tempo infinito,
O tempo é um milagre.
A memória é um milagre.
A consciência é um milagre.
Tudo é milagre.
Tudo, menos a morte.
—Bendita a morte, que é o fim de todos os milagres.

MAL SEM MUDANÇA

Da América infeliz porção mais doente,
Brasil, ao te deixar, entre a alvadia
Crepuscular espuma, eu não sabia
Dizer se ia contente ou descontente.

Já não me entendo mais. Meu subconsciente
Me serve angústia em vez de fantasia,
Medos em vez de imagens. E em sombria
Pena se faz passado o meu presente.

Ah, se me desse Deus a fôrça antiga,
Quando eu sorria ao mal sem esperança
E mudava os soluços em cantiga!

Bem não é que a alma pede e não alcança.
Mal sem motivo é o que ora me castiga,
E ainda que dor menor, mal sem mudança.

SATÉLITE

Fim de tarde.
No céu plúmbeo
A Lua baça
Paira
Muito cosmogràficamente
Satélite.

Desmetaforizada,
Desmitificada,
Despojada do velho segrêdo de melancolia,
Não é agora o golfão de cismas
O astro dos loucos e dos enamorados.
Mas tão sòmente
Satélite.

Ah Lua dêste fim de tarde,
Demissionária de atribuições românticas,
Sem show para as disponibilidades sentimentais!

Fatigado de mais-valia,
Gosto de ti assim:
Coisa em si,
—Satélite.

CONSOADA

Quando a Indesejada das gentes chegar
(Não sei se dura ou caroável),
Talvez eu tenha mêdo.
Talvez sorria, ou diga:
—Alô, iniludível!
O meu dia foi bom, pode a noite descer.
(A noite com os seus sortilégios!)
Encontrará lavrado o campo, a casa limpa,
A mesa posta,
Com cada coisa em seu lugar.

LUA NOVA

Meu novo quarto
Virado para o nascente:
Meu quarto, de novo a cavaleiro da entrada da barra.

Depois de dez anos de pátio
Volto a tomar conhecimento da aurora.
Volto a banhar meus olhos no mênstruo incruento das madrugadas.

Tôdas as manhãs o aeroporto em frente me dá lições de partir:

Hei de aprender com êle
A partir de uma vez
—Sem mêdo,
Sem remorso,
Sem saudade.

Não pensem que estou aguardando a lua cheia
—Esse sol da demência
Vaga e noctâmbula.
O que eu mais quero,
O de que preciso
É de lua nova.

Rio, Agôsto de 1953

OS NOMES

Duas vêzes se morre:
Primeiro na carne, depois no nome.
A carne desaparece, o nome persiste mas
Esvaziando-se de seu casto conteúdo
—Tantos gestos, palavras, silêncios—
Até que um dia sentimos,
Com uma pancada de espanto (ou de remorso?)
Que o nome querido já nos soa como os outros.

Santinha nunca foi para mim o diminutivo de Santa.
Nem Santa nunca foi para mim a mulher sem pecado.
Santinha eram dois olhos míopes, quatro incisivos claros à
flor da bôca.
Era a intuição rápida, o mêdo de tudo, um certo modo de
dizer "Meu Deus, valei-me".
Adelaide não foi para mim Adelaide sòmente,
Mas Cabeleira de Berenice, Inominata, Cassiopéia.
Adelaide hoje apenas substantivo próprio feminino.

Os epitáfios também se apagam, bem sei.
Mais lentamente porém, do que as reminiscências
Na carne, menos inviolável do que a pedra dos túmulos

Petrópolis, 28-2-1953

COTOVIA

Alô, cotovia!
Aonde voaste,
Por onde andaste,
Que tantas saudades me deixaste?

—Andei onde deu o vento.
Onde foi meu pensamento.
Em sítios, que nunca viste,
De um país que não existe.....
Voltei, te trouxe a alegria.

—Muito contas, cotovia!
E que outras terras distantes
Visitaste? Dize ao triste.

—Líbia ardente, Citia fria,
Europa, França, Bahia.....

—E esqueceste Pernambuco,
Distraída?

—Voei ao Recife, no Cais
Pousei na rua da Aurora.

—Aurora na rua da Aurora.
Que os anos não trazem mais!

—Os anos não, nem os dias,
Que isso cabe às cotovias.
Meu bico é bem pequenino
Para o bem que é dêste mundo:
Se enche com uma gôta de água.
Mas sei torcer o destino,

Sei no espaço de um segundo
Limpar o pesar mais fundo.
Voei ao Recife, e dos longes
Das distâncias, aonde alcança
Só a asa da cotovia,
Do mais remoto e perempto

Dos teus dias de criança
Te trouxe a extinta esperança,
Trouxe a perdida alegria.

JORGE DE LIMA

União, Alagoas (1895)-Rio de Janeiro (1953)

Poeta en permanente estado de renovación desde sus comienzos; recorrió con asombrosa agilidad los más diversos caminos, desde el parnasianismo hasta el *negrismo,* de la poesía nordestina al surrealismo y a la poesía *restaurada en Cristo.*

Jorge de Lima produjo la gran sorpresa, el gran "golpe" poético de su carrera con el poema épico *Invenção de Orfeu,* el cual no es sólo una nueva vertiente en su obra, sino una fuente de inspiración y pensamiento en la poesía moderna del Brasil.

Poema camoniano en sus fuentes secretas, aunque modernísimo en su elaboración, esta gran pieza de las letras de lengua portuguesa es un marco, así como también la última afirmación, de toda una vida dedicada a las más secretas raíces del arte.

Aunque críticos y poetas, como João Gaspar Simões, Murilo Mendes y Luis Santa Cruz han escrito largos ensayos sobre el poema, hay que esperar las investigaciones y los trabajos de equipo sobre el particular, no tanto para explicar a Jorge de Lima, sino para marcar un punto de partida en la lírica y el pensamiento poético del Brasil.

Poema alucinante y claro,escrito con la mano segura del artesano y el ojo hipnotizado del visionario, la *Invenção* es el gran secreto de las letras brasileñas: tan bello como algunos de los sonetos de Camõns, tan misterioso como ciertas páginas del Conde de Lautréamont.

JORGE DE LIMA

União, Alagoas (1895)-Rio de Janeiro (1953)

Poeta em permanente estado de renovação desde seus começos, atravessou com incrível agilidade os mais diversos caminhos, do parnasianismo ao *negrismo,* da poesia nordestina ao surrealismo e a poesia *restaurada em Cristo.*

Jorge de Lima reservou a grande surpresa, o grande "golpe" poético de sua carreira com o poema *Invenção de Orfeu,* não só uma nova vertente em sua obra, mas nova fonte de inspiração e pensamento na poesia moderna do Brasil.

Poema camoniano em suas fontes secretas, mas modernissimo em sua elaboração, esta grande peça das letras de língua portuguesa é um marco—e também última afimação de toda uma vida dedicada às mais secretas raízes da arte.

Embora críticos e poetas como João Gaspar Simões, Murilo Mendes, Luis Santa Cruz tenham escrito longos ensaios sôbre o poema, a sua pesquisa—segundo já se assinalou—é trabalho de equipe a ser feito não tanto para *explicar* a Jorge de Lima, mas para marcar um ponto de partida na lírica e no pensamento poético no Brasil.

Poema alucinante e claro, escrito com a mão segura do artesão e o olho hipnotisado do visionário, a *Invenção* é o grande secreto das letras brasileiras: tão belo como alguns dos sonetos de Camões, tão misterioso como certas páginas de Conde de Lautréamont.

Obra poética 1950
Invenção de Orfeu 1952
As ilhas 1952
Castro Alves-Vidinha 1952
Poema do Cristão 1953
Antologia de sonetos 1953

Poemas 1956
Poesia 1958
Obra completa 1958
Antologia de Jorge de Lima 1965
As aparições 1966

INVENÇÃO DE ORFEU

Canto II: subsolo e supersolo

IV

Se me vire inúmero, através
dêsse poema, entre as coisas e as criaturas,
como se eu próprio fôsse o que outrem é,
dissipado nas páginas impuras,

arrebatado pelo próprio poema,
possesso, surpreendido, fragmentado,
travestido de herói ou de réu, em
quase todos os versos degredado ,

negarde meu irmão, a alma que vive
perdida na ansiedade de si mesma
sonhando a paz, querendo a paz; a paz

mas nas tormentas em que a paz revive
mas nos silêncios em que a paz se lesma
e se intumesce. Eu enlouqueço! Mas

até na álgida paz da insânia, Deus
me busca para ser seu convulsivo
e amado filho em tôrno de quem crês
morar a paz que êle destina viva

a todo aquêle que lhe faz perguntas.
Eis as respostas nessas vozes gêmeas,
deblaterando sôbre teu defunto,
sôbre teu louco, sôbre o teu recente

corpo hoje inda nascido e já julgado
e já descido, e já movido nesses
campos da morte, sob os passos, pássaros,

aos ventos indo, sob as noites gastas,
passos sob as caliças, sob os gessos,
sob as bôcas sem choros, em seus nadas.

V

Neste sepulcro de secreta lava
jaz formosa mulher, governou sua
casa, fiou lã, seu filho era marinho,
e seu homem uns sonhos fabricava.

Os três bailavam sempre narcisados;
sabiam fazer cantos e navios.
Os nomes dêles eram de afogados,
Ó família de pélagos sombrios!

Casou-se o filho, teve um par querido,
e dêste par vingou um marinheiro.
Fundador de oceanos foi seu filho.

Ele é que dorme nesse mar combusto.
Saem de seus flancos asas de veleiro,
canta-se em búzio pelo mar sem bússola.

VIII

Em Zozilhar, ao sul, nascemos nós,
habitantes nativos da água pia,
olhos soprados pelas bôcas frias
das luas do ocidente, e os pés velozes

sôbre raízes duras mergulhadas
nas ondas quase aos joelhos, entre os trigos
arborescentes que põem palhas tíbias
sôbre as línguas trementes, despedindo

palavras salitrosas como as pedras
emersas e habitadas pelos pássaros
marinhos, repousando sôbre as vagas

insofridas ao norte, ao sul, a leste,
a oeste, e pelo ar subindo e pelo chão
descendo, sempre e sempre, e para sempre.

Canto IV: As Aparições

III

Qual um fagote inúmero a ave aquática
com uma ostreira de teclas submarinas,
os sons encachoeirados estrugindo
pelos goles das águas empoladas

conclamando os delfins de rosto humano,
cabeleiras de polvos e de fúrias,
com um severo clangor, uma lamúria,
um apêlo profundo, tão insano

dêsse mar que nos mapas não se vê,
abrasado de raios e ardentias,
devorado por duendes que eram seus,

e voz tão rubra de cains oriunda;
que as águas se enrugavam e a ave ia
ia perder-se nos confins do mundo.

IV

Era um cavalo todo feito em lavas
recoberto de brasas e de espinhos.
Pelas tardes amenas êle vinha
e lia o mesmo livro que eu folheava.

Depois lambia a página, e apagava
a memória dos versos mais doridos;
então a escuridão cobria o livro,
e o cavalo de fogo se encantava.

Bem se sabia que êle ainda ardia
na salsugem do livro subsistido
e transformado em vagas sublevadas.

Bem se sabia: o livro que êle lia
era a loucura do homem agoniado
em que o íncubo cavalo se nutria.

VIII

Candelabro ou veleiro me persigo,
bruxuleio-me, caio-me, levanto-me;
no cavalo de fogo me conspiro
como anti-Parsifal, como anti-santo.

Em minhas mãos plantaram joio e trigo.
Um misto é minha voz de triste canto-
chão, mais as salmodias mais os gritos
de um duplo de Ariel e Lautréamont.

Quem é que me levou a essa nativa
solitária Taiti em que tatuagens
celestes em Abel, vis em Caim

desenham-me de sol a carne viva?
Quem é que magnetiza essas paisagens
dêsse mundo inicial que mora em mim?

Invenção de Orfeu

CASSIANO RICARDO

São José dos Campos (1895)

Se inició en 1915 con un libro parnasiano. Entre los poetas del modernismo, ocupa un lugar importante con poesía nativista, colorida, llena de fuerza telúrica; poeta del café, de la tierra, de los jaguares y del jacaré, formó parte del movimiento *Anta*, de carácter nacionalista y militante.
En 1950 sale *Poemas murais,* que representa no sólo una nueva noción dentro de la poesía, como pintura en palabras, sino el comienzo de una renovación poética del autor, que desde entonces no deja de figurar en la primera fila de los movimientos de vanguardia, con una capacidad de invención y de interpretación sorprendentes.
Participó en el movimiento concretista y en seguida se incorporó al grupo *Praxis,* no sólo escribiendo poemas, sino también libros teóricos. El cosmos, el cosmonauta, la luna como noción tangible, la miseria del cotidiano desmitificado, he aquí algunos de los temas del poeta que durante medio siglo de oficio literario ha recorrido todo el camino de la civilización de nuestro tiempo. Desde este punto de vista, él representa uno de los notables fenómenos de la poesía brasileña, pudiendo ser comparado únicamente con Manuel Bandeira.
Rubem Braga, en una nota introductoria a la antología poética de Cassiano Ricardo, editada con motivo del cincuentenario de su primer libro (1965), lo llamó "uno de los grandes poetas del Brasil de todos los tiempos".

CASSIANO RICARDO

São José dos Campos (1895)

Estreiou em 1915 com um livro parnasiano. Entre os poetas do modernismo ocupa lugar importante com poesia nativista, colorida, cheia de força telúrica; poeta do café, da terrra, das onças e do jacaré, formou no movimento *Anta,* de caráter nacionalista e militante.

Em 1950 saem os *Poemas murais,* representando não apenas noção nova dentro da poesia, isto é, poesia mural, como pintura em palavras, mas o começo de uma renovação poética do autor, que desde então não deixa de figurar na primeira fila dos movimentos de vanguarda, com uma capacidade de invenção e de interpretação surprendentes.

Participou do movimento concretista e em seguida aderiu ao chamado grupo *Praxis* não só escrevendo poemas, mas também livros teóricos. O cosmos, o cosmonauta, a lua como noção tangível, a miséria do cotidiano desmitificado, eis alguns dos temas do poeta que em meio-século de ofício literário percorreu todo o caminho da civilização do nosso tempo. Deste ponto-de-vista ele representa um dos notáveis fenômenos da poesia brasileira, só podendo ser comparado a Manuel Bandeira.

Rubem Braga em nota introdutiva à antologia poética de Cassiano Ricardo, editada por ocasião do cinqüentenário de seu primeiro livro (1965), chama-o de "um dos grandes poetas do Brasil de todos os tempos."

A face perdida 1950
Poemas murais 1950
25 sonetos 1952
Meu caminho até ontem 1955
João Torto e a fábula 1956
O arranhacéu de vidro 1956
Poesias completas 1957
A difícil manhã 1964
Montanha russa 1964
Jeremias sem-chorar 1964
Poemas escolhidos 1965

A CADEIRA ELÉTRICA

(Qualquer semelhança con fatos, pessoas
e firmas, é por mera coincidência).

Não adiantam confrontos metafísicos
entre a cadeira azul em que o rei de ouros
está sentado, e a tua. Entre a cadeira
em que me sento p'ra dar lustre ao sapato
que ma fará ilustre, e a tua

Pedista a revisão do teu processo,
mas um processo é algo, sempre de kafqueano.
Tem a porta da entrada e não a da saida.

O pássaro cantou, anunciando que é hora
de estar chegando a dos dedos de rosa.
Há um frescor matinal, e uma estrela ainda acesa.
A que se apagará por mera coincidência,
quando a tua se apagar, em teus olhos...

Tens um consolo, é o de que tudo será breve
como um relâmpago. Como aquêle relâmpago
que taquigrafa no ar uma palavra repentina.
Palavra que ninguém já leu, em sânscrito.
Mas que com certeza, há de significar qualquer coisa.

Tens um outro consolo, é que o primeiro
a ostentar sôbre a fronte a corôa de prata,
não teve a tua "opportunity" e suou sangue.
Fagulhas da eletrocução lhe saltaram do corpo
como num halo sobrenatural.

Foi preciso ajustar-lhe os pés e os pulsos
à posição tétrica, como o exige a morte elétrica.
E coroà-lo de novo (a auréola
da majestade como a ceremônia o exige).
Com que direito não morrera ele em três segundos
com a maravilha da instantaneidade
prevista pela técnica? Ainda respirava
depois do óbito legal. Em estado de graça
Ou de desgraça, para merecer a graça

não de fazer sorrir, nem a dos deuses,
mas de morrer mais uma vez. Sob um luxo de força
que acenderia todas as lâmpadas de uma igreja.

(Como se fosse sua a culpa de não haver morrido (à hora certa.)
Hoje tudo é sintético... é geomêtrico.
Teu eletrocutor será gentil; mais que gentil, exato
e te fará morrer tão amistòsamente
como quem—num jardim colhe una flor.

Que te importa o aparato, a cerimônia
do café matinal, da coroação?
A morte, acaso, não requer ornatos?
O ornato não é enfeite, mas aumenta o mistério.

Tens o aspecto, por fim, sentado no teu trono,
de uma figura de mitologia.

O que te falta é um ceptro — o que os reis têm na mão.
Mas não importa. Vais dormir com a rainha.
No reino cujo escudo é o de uma rosa
em campo blau, e em ouro uma andorinha.

(E a estrela se apagou, por méra coincidência)

GÁS LACRIMOGÊNIO

Aplaudi o orador do comício.
Mas aplaudi, apenas, sem nenhuma
intenção de chorar.
Pois, como diz a Bíblia: ao dia
de hoje já não bastarão os seus males?

Mas a polícia compareceu rutilante.
A sua máquina de fazer chorar
funcionou
maravilhosamente, rutilantemente.
E a multidão se dispersou chorando,
como se um monstro bíblico
desfizesse a alegria das ruas em pânico
com o seu choro mecânico e coletivo.
E os meus olhos choraram lágrimas
inverídicas.

No entanto eu não pretendia chorar.

Pretendia, ao contrário, apartear o orador
pra lhe contar que há muito tenho os olhos
enxutos.

Que sou um habitante da caatinga.

Que sou anti-marítimo, anti-celeste.

Que sou agora uma árvore sem frutos.

Porque um homem não chora.

Porque sou filho das manhãs sem orvalho.
Porque pertenço a uma família enxuta e magra

a quem a sêde faz secar os olhos...
Porque moro num chão onde são muitas as
razões pra chorar mas onde não se chora.
Meu filho choraste em presença da morte?
Meu filho não és.

Que nome terá o crime, a iniqüidade

de quem me fêz chorar na rua, no áspero país
onde não se chora.

IRIS, A AEROMOÇA

Estás nascendo em ti, a tôda hora
(água de fonte) porque a tôdas horas
poderás morrer (pássaro no horizonte)

Aeromoça que não choras
porque sòmente vives no alto
acima das coisas que se passam neste vale de lágrimas.
Moça da graça aérea,
aeromoça
único anjo que o mundo de hoje admite.
O único verdadeiro,
porque sem nenhum medo de estar longe da Terra
nem das estrelas.

Quantas borboletas, já despetaladas no ar.

Quantas gaivotas
caídas sem ter podido ao menos abrir a asa
na queda.

E, no entanto, não pensas na morte,
quando ela gorjeia, no teu coração.
Borboleta do Atlântico, irmã das gaivotas
Moça da graça aérea.
Aeromoça.

O loucos dos dois hemisférios,
por que a bomba atômica
se ninguém tem culpa, se há crianças no mundo?

Se há tantas coisas que não merecem morrer, amorosas,

agarradas ao chão
como as rosas?

Se há a aeromoça que merece viver e está sempre tão
tão perto da morte?

Moça da graça aérea.
Aeromoça

Eu te prefiro em terra,
caída do azul sobre a plumagem
do meu coração.
Os braços sem plumas recordando uma ave, que foi ave.

A cabeleira
como uma nuvem grossa que quisesse voar,
mas presa.

Os seios núbeis, mas anti-nubívagos.
Os olhos contra o céu, o céu nos olhos.

Mais vale uma aeromoça em terra firme
que dois pássaros voando.

O CACTO

> This is cactus land.
> Here the stone images
> are raised...
>
> T.S. ELIOT

Vamos, todos brincar de cacto
na areia da nossa tristeza.
Uma fôlha sôbre outra,
em caminho do céu intacto.

Uns nos ombros dos outros,
um braço a nascer de outro braço,
uma folha sôbre outra,
formaremos um grande cacto.

De cada braço, já no espaço,
nascerá mais um braço, e deste
outros braços, qual ramalhete
de flores para um só abraço.

Filhos da pedra e do pó,
fique aqui em baixo o nosso orgulho,
pisado sôbre o pedregulho.
Formaremos, num corpo só,

(uma folha sôbre outra,
uma folha sôbra outra,
um braço a nascer de outro braço)
a nossa escada de Jacó.

Pra que torre de Babel
ou o Empire State, compacto,
se, uns nos ombros dos outros,
chegaremos ao céu, num cacto?

Uma folha sôbre outra
e já uma árvore de feridas
por entre os anjos de azulejo
e as borboletas repetidas.

Que fique aqui em baixo a terra;
lá de cima nós tiraremos

uma grande fotografia
do seu rosto de ouro e prata.

Pra provar a Deus que a terra,
numa fotografia exata,
não é redonda, mas chata;
não é redonda, mas chata.

Pra provar, por B mais H,
que o homem, animal suicida,
já sabe fabricar estrelas....
Se é que Deus disto duvida.

Que iriamos fabricar luas
(se não fora, para Seu gáudio,

o espião nos ter furtado a fórmula)
mais bonitas do que as Suas

Vamos, todos, brincar de cacto,
uns nos ombros dos outros,
um braço a nascer de outro braço,
uma folha sôbre outra.

Vamos subir, de fôlha em fôlha,
mais alto do que vai o avião.
Lá onde os anjos jogam pedras
no cão da constelação.

Que outros usem avião a jacto
pra uma viagem em linha reta;
nós, filhos da planície abjeta,
subiremos ao céu num cacto.

Uns nos ombros dos outros,
injustiças sôbre injustiças,
formaremos um verde pacto...
Vamos,todos, brincar de cacto.

Vamos,todos, brincar de cacto.

João Torto e a fábula

GUERRA FRIA

Mesmo as flôres
não nascem mais naturalmente.
Nascem do susto.
Tôdas as coisas parecem
nascer, mas do susto.
Acordadas, não nascidas
pròpriamente.

Acordadas pra ver o acontecimento.
Porque hoje
o encanto não compensa o susto.
A tôda hora.
abre-se o jornal, ouve-se rádio
e os monstros da fábula ressuscitam
de susto.

Só um consôlo :
Felizes os que, à hora bíblica,
morrerem, não da morte,
mas do susto.

ROSA NO PRATO

«Nada mais impertinente que meu estômago» .

(ULISSES, falando aos feácios.)

O comilão comeu
pétala por pétala
a grande rosa (verde).

Comeu-lhe a base
de cada fôlha, o centro
da corola (verde).

Rosa despetalada
como um objeto (verde)
na mesa quadrada.

Feliz como quem come
o que lhe apraz (verde)
se a vida tem fome.

O que come um fruto
(verde) e joga as pé-
talas no prato.

Que importa a rosa
(verde) se êle tem
o estômago exato?

Ninguém briga, à hora
(verde) do almôço.
Mas após, por um osso.

ODE AO TIGRE MORTO

Tudo o que ocorre hoje
na Terra não ocorre sòmente
na Terra, mas entre
as estrêlas.

Um tigre morto na rua não
é apenas um tigre na rua.
Mas na esquina da rua com
a lua.

Rodo o meu globo azul, em
tôrno do eixo fixo, reduzo
a uma só flor o espaço
prolixo.

A Terra leva, no seu dorso,
ao lado do touro e do peixe,
não apenas um tigre morto,
mas um tigre morto
na esquina da rua com
a lua.

O sol, uma cintilação de
metal,
crua, entre pontas de facas,
Sol felino
na jaula das paredes
opacas.

Nunca a cidade tão possuída
como hoje pela beleza
física da ferocidade. Nunca
a ferocidade objeto
de tanta festa e susto
na cidade.

Com a cumpli/cidade
(sufixa)

de cidade.

Gostaria de celebrar,
"in hidro".

o tigre morto
na esquina da rua com a
lua.

Mas, como?

Sob o azul anidro, Igma, Auta,
Íris, Susta, Hidra, Francine,
Iara,
fiscalizam meu ôlho de vidro.

Tigre morto, vítima
da ferocidade dos homens
numa hora em que a rua já é
estar na lua.
Inversão brusca de papéis
entre a cidade e a selva
da África.

Um tigre morto assim, não
apenas na rua, mas na esquina
da rua com a lua.
Morto assim, a fuzil, pela
cidade grande, não apenas
pela cidade grande, mas

EPÍLOGO

selvàfricamente.

PLEBISCITO

Missil de asa fechada o anjo
balístico risca o céu
de um horizonte a outro.
Estamos desde já sob a sua
(m) ira ,
na álgebra das distâncias.

Céu palavra
errada.

No ponto que devia ser
o mais azul (da Terra)
vai o irmão transpor a porta
para apertar a mão ao seu
irmão
e a sua mão se transforma
em não.

Num repentino NÃO.
Que lhe substitui a mão
cortada.

Irmão palavra
errada.

Pra quê apertar
um botão e ter o mundo em
nossa mão se à hora
do apêrto de mão se corta
a nossa mão como uma flor
e em seu lugar se põe não
uma flor no galho, mas um
NÃO em lugar da mão?

Que adianta o céu de todos

se a terra não?

Mão palavra
errada.

E a multidão sacode, no ar,
os punhos

NÃO NÃO NÃO NÃO NÃO NÃO
NÃONÃONÃONÃONÃONÃO
NÃO NÃONÃONÃO NÃO

Cada um com um "não" na mão
(cortada).

Jeremias Sem-Chorar

CARLOS DRUMMOND DE ANDRADE

Itabira (1902)

Formó parte de la primera generación posmodernista, y en el denominado *grupo mineiro* fue, desde el comienzo, la voz más importante, llegando a ser uno de los mayores poetas no sólo del Brasil, sino de América Latina, donde su poesía empieza a ser conocida poco a poco, igualmente que en Europa. Fue funcionario del Ministerio de Educación, en Río de Janeiro, ciudad donde reside actualmente.

Su renovación poética, que va de un libro a otro, significa, en suma, la evolución de una vida enteramente dedicada a la poesía y al hombre. En su obra lo que generalmente suele llamarse *pueblo* constituye la materia prima invisible, pues Drummond jamás supo ni quiso ser un poeta *engagé* en la acepción "normal" de la palabra.

Posteriormente a la revisión de valores emprendida por los más diversos grupos y críticos de la literatura brasileña después de 1950, su obra poética llegó a ser considerada como una de la más representativas y como la que más influyó en los poetas jóvenes de todas las tendencias y de todas las corrientes que escriben poesía en el Brasil.

Su llamada *poesía de circunstancia,* arte en el cual se destacaron sobre todo Alfonso Reyes y Manuel Bandeira, es la prolongación armoniosa, en un plano íntimo, de la humanidad militante de este poeta.

CARLOS DRUMMOND DE ANDRADE

Itabira (1902)

Fêz parte da primera geração pós-modernista, e no chamado *grupo mineiro* foi, do começo, a voz mais importante, chegando a ser um dos maiores poetas não só do Brasil mas da América Latina, onde sua poesia começa a ser conhecida pouco a pouco, da mesma maneira como na Europa. Foi funcionário do Ministério de Educação no Rio de Janeiro, cidade onde vive depois de haver-se aposentado.

Sua renovação poética que vai de um livro a outro, significa em soma a evolução de uma vida inteiramente dedicada à poesia e ao homem.
Em sua obra o que geralmente costuma chamar-se de *povo* constitui a matéria-prima invísivel, pois Drummond jamais soube e quis ser um poeta *engagé* na aceição"normal" desta palavra.

Depois da revisão de valores emprendida pelos mais diversos grupos e críticos da literatura brasileira após 1950, sua obra poética chegou a ser considerada como uma das mais representativas e como aquela que mais influiu sôbre os poetas jovens de tôdas as tendências e de tôdas as correntes que escrevem poesia no Brasil.

Sua chamada *poesia de circunstância,* arte na qual se destacaram sobretudo Alfonso Reyes e Manuel Bandeira, é a prolongação harmoniosa, em um plano íntimo, da humanidade militante deste poeta.

Claro enigma 1951
Poemas 1951
A mesa 1951
Viola de bôlso 1952
Fazendeiro de ar & poesia até agora 1954
50 poemas escolhidos pelo autor 1956
Ciclo 1955

Poemas 1959
Antologia poética 1962
Lição de coisas 1962
Obras completas 1964
Antologia poética 1965
Versiprosa 1967
José & outros 1967
Boitempo & a falta que ama 1968

NO EXEMPLAR DE UM VELHO LIVRO

Neste brejo das almas
o que havia de inquieto
por sob as águas calmas!

Era um susto secreto,
eram furtivas palmas
batendo, louco inseto,

era um desejo obscuro
de modelar o vento,
eram setas no muro

e um grave sentimento
que hoje, varão maduro,
não punge, e me atormento.

CONHECIMENTO DE JORGE DE LIMA

Era a negra Fulô que nos chamava
de seu negro vergel. E eram trombetas,
salmos, carros de fogo, êsses murmúrios
de Deus a seus eleitos, eram puras

canções de lavadeira ao pé da fonte,
era a fonte em si mesma, eram nostálgicas
emanações de infância e de futuro,
era um ai português desfeito em cana.

Era um fluir de essências e eram formas
além da côr terrestre e em volta ao homem,
era a invenção do amor no tempo atômico,

o consultório mítico e lunar
(poesia antes da luz e depois dela),
era Jorge de Lima e eram seus anjos.

O ENTERRADO VIVO

É sempre no passado aquêle orgasmo,
é sempre no presente aquêle duplo,
é sempre no futuro aquêle pânico.

É sempre no meu peito aquela garra,
É sempre no meu tédio aquêle aceno.
É sempre no meu sono aquela guerra.

É sempre no meu trato o amplo distrato.
Sempre na minha firma a antiga fúria.
Sempre no mesmo engano outro retrato.

É sempre nos meus pulos o limite.
É sempre nos meus lábios a estampilha.
É sempre no meu não aquêle trauma.

Sempre no meu amor a noite rompe.
Sempre dentro de mim meu inimigo.
É sempre no meu sempre a mesma ausência.

CEMITÉRIOS

GABRIEL SOARES

O corpo enterrem-me em São Bento
na capela-mor com um letreiro que diga
Aqui jaz um pecador
Se eu morrer na Espanha ou no mar
mesmo assim lá estará minha campa
e meu letreiro
Não dobrem sinos por mim
e se façam apenas os sinais
por um pobre quando morre

CAMPO-MAIOR.

No Cemitério de Batalhão os mortos do Jenipapo
não sofrem chuva nem sol; o telheiro os protege,
asa imóvel na ruína campeira!

DOMÉSTICO

O cão enterrado no quintal
Tôdas as memórias sepultadas nos ossos
A casa muda de dono
A casa—olha—foi destruída
A 30 metros no ar a guria vê a gravura de um cão

Que é isso mãezinha
  e a mãe responde
Era um bicho daquele tempo
Ah que fabuloso

DE BOLSO

Do lado esquerdo carrego meus mortos.
Por isso caminho um pouco de banda.

ERRANTE

Urna
que minha tia carregou pelo Brasil
com as cinzas de seu amor tornado incorruptível
misturado ao vestido prêto, à saia branca, à bôca morena
urna de cristal urna de silhão urna praieira urna oitocentista
urna molhada de lágrimas grossas e de chuva na estrada
urna bruta esculpida em paixão de andrade sem
paz e sem remissão
vinte anos viajeira
urna urna urna
como um grito na pele da noite um lamento de bicho
talvez entretanto azul e com florinhas
urna a que me recolho para dormir enrodilhado
urna eu mesmo de minhas cinzas particulares.

ETERNO

E como ficou chato ser moderno.
Agora serei eterno.

Eterno! Eterno!
O Padre Eterno,
a vida eterna,
o fogo eterno.

(Le silence éternel de ces espaces infinis m'effraie.)

–O que é eterno, Yayá Lindinha?
–Ingrato! é o amor que te tenho.

Eternalidade eternite eternaltivamente
eternuávamos   eternuávamos
    eternicíssimo
A cada instante se criam novas categorias do eterno.

Eterna é a flor que se fana
se soube florir
é o menino recém-nascido
antes que lhe dêem nome
e lhe comuniquem o sentimento do efêmero
é o gesto de enlaçar e beijar
na visita do amor às almas
eterno é tudo aquilo que vive uma fração de segundo
mas com tamanha intensidade que se petrifica e
                                        nenhuma fôrça o resgata
é minha mãe em mim que a estou pensando
de tanto que a perdi de não pensá-la
é o que se pensa em nós se estamos loucos
é tudo que passou, porque passou
é tudo que não passa, pois não houve
eternas as palavras, eternos os pensamentos; e
                                        passageiras as obras.

Eterno, mas até quando? é êsse marulho em nós de
um mar profundo.
Naufragamos sem praia; e na solidão dos botos afundamos.
É tentação e vertigem; e também a pirueta dos ébrios.

Eternos! Eternos, miseràvelmente.
O relógio no pulso é nosso confidente.

Mas não quero ser senão eterno.
Que os séculos apodreçam e não reste mais do que
uma essência
ou nem isso.
E que eu desapareça mas fique êste chão varrido onde
pousou uma sombra
e que não fique o chão fique a sombra
mas que a precisão urgente de ser eterno bóie como
uma esponja no caos
e entre oceanos de nada
gere um ritmo.

ELEGIA

Ganhei (perdi) meu dia.
E baixa a coisa fria
também chamada noite, e frio ao frio
em bruma se entrelaça, num suspiro.

E me pergunto e me respiro
na fuga dêste dia que era mil
para mim que esperava
os grandes sóis violentos, me sentia
tão rico dêste dia
e lá se foi secreto, ao sêrro frio.

Perdi minha alma à flor do dia ou já perdera
bem antes sua vaga pedraria?
Mas quando me perdi, se estou perdido
antes de haver nascido
e me nasci votado à perda
de frutos que não tenho nem colhia?

Gastei meu dia. Nêle me perdi.
De tantas perdas uma clara via
por certo se abriria
de mim a mim, estela fria.
O inverno é quente em mim, que o estou berçando
e em mim vai derretendo
êste torrão de sal que está chorando.

Ah, chega de lamento e versos ditos
ao ouvido de alguém sem rosto e sem justiça,
ao ouvido do muro,
ao liso ouvido gotejante
de uma piscina que não sabe o tempo, e fia
seu tapête de água, distraída.

E vou me recolher

ao cofre de fantasmas, que a notícia
de perdidos lá não chegue nem açule
os olhos policiais do amor-vigia.
Não me procurem que me perdi eu mesmo
como os homens se matam, e as enguias
à loca se recolhem, na água fria.

Dia,
espelho de projeto não vivido,
e contudo viver era tão flamas
na promessa dos deuses; e é tão ríspido
em meio aos oratórios já vazios
em que a alma barroca tenta confortar-se
mas só vislumbra o frio noutro frio.

Meu Deus, essência estranha
ao vaso que me sinto, ou forma vã,
pois que, eu essência, não habito
vossa arquitetura imerecida;
meu Deus e meu conflito,
nem vos dou conta de mim nem desafio
as garras inefáveis: eis que assisto
a meu desmonte palmo a palmo e não me aflijo
de me tornar planície em que já pisam
servos e bois e militares em serviço
da sombra, e uma criança
que o tempo novo me anuncia e nega.

Terra a que me inclino sob o frio
de minha testa que se alonga,
e sinto mais presente quanto aspiro
em ti o fumo antigo dos parentes,
minha terra, me tens; e teu cativo
passeias brandamente
como ao que vai morrer se estende a vista
de espaços luminosos, intocáveis:
em mim o que resiste são teus poros.
Corto o frio da fôlha. Sou teu frio.

E sou meu próprio frio que me fecho
longe do amor desabitado e líquido,
amor em que me amaram, me feriram
sete vêzes por dia em sete dias
de sete vidas de ouro,
amor, fonte de eterno frio,
minha pena deserta, ao fim de março,
amor, quem contaria?
E já não sei se é jôgo, ou se poesia.

Fazendeiro de ar & poesia até agora

A MÚSICA BARATA

Paloma, Violetera, Feuilles Mortes,
Saudades do Matão e de mais quem?
A música barata me visita
e me conduz
para um pobre nirvana à minha imagem.

Valsas e canções engavetadas
num armário que vibra de guardá-las,
no velho armário, cedro, pinho ou...?
(O marceneiro ao fazê-lo bem sabia
quanto essa madeira sofreria.)

Não quero Händel para meu amigo
nem ouço a matinada dos arcanjos.
Basta-me
o que veio da rua, sem mensagem,
e, como nos perdemos,

se perdeu.

INTIMAÇÃO

Abre em nome da lei.
Em nome de que lei?
Acaso lei sem nome?
Em nome de que nome
cujo agora me some
se em sonho o soletrei?
Abre em nome do rei.

Em nome de que rei
é a porta arrombada
para entrar o aguazil
que na destra um papel
sinistramente branco
traz, e ao ombro o fuzil?

Abre em nome de til.
Abre em nome de abrir,
em nome de podêres
cujo vago pseudônimo
não é de conferir:
cifra oblíqua na bula
ou dobra na cogula
de inexistente frei.

Abre em nome da lei.
Abre sem nome e lei.
Abre mesmo sem rei.
Abre, sòzinho ou grei.
Não, não abras; à fôrça
de intimar-te repara:
eu já te desventrei.

Antologia Poética

INDÚSTRIA

E viva o govêrno: deu
dinheiro para montar
a forja.
Que faz a forja? Espingardas
e vende para o govêrno.
Os soldados de espingarda
foram prender criminoso
foram fazer eleição
foram caçar passarinho
foram dar tiros a êsmo
e viva o govêrno e viva
nossa indústria matadeira.

MULINHA

A mulinha carregada de latões
vem cêdo para a cidade
vagamente assistida pelo leiteiro.
Pára à porta dos fregueses
sem necessidade de palavra
ou de chicote.
Aos pobres serve de relógio.
Só não entrega ela mesma a cada um o seu litro de leite
para não desmoralizar o leiteiro.

Sua côr é sem côr.
Seu andar, o andar de tôdas as mulas de Minas.
Não tem idade–vem de sempre e de antes–
nem nome: é a mulinha do leite.
E o leite, cumprindo ordem do pasto.

ETIQUETA

Carlos Correia
Carlos Conceição

Carlos Laje
Carlos Alvarenga

Carlos Freitas
Carlos Ataíde

Carlos Henriques
Carlos Silveira

Carlos Carvalho
Carlos Meneses

Carlos Godói
Carlos Guimarães

Carlos Teixeira
Carlos Moreira

Carlos Paula
Carlos Monteiro

EI, BEXIGA!

Os chocolates em túnica de prata,
justa, rescendem. A hortelã
das balas pincela um frio verdoendo
na bôca.
Tudo vem de longe, de São Paulo,
para Seu Foscarini, distribuidor de delícias.

E um homem dêsses vai morrer de varíola?

A Idade-Média enrola a cidade
em cobertor de pânico.
Sete dias se fecham as portas
se acendem velas
sem leite sem pão sem saúde-pública
joelhos em terra exortam a sagrada ira
a poupar os que não são italianos e fundaram
êste chão de Deus sem bexigas.
Pereça, coitado, Seu Foscarini,
mas as velhas famílias se salvem.

Levam Seu Foscarini para o lazareto
que não é lazareto, é um casebre desbeiçado
no campo onde a cobra pasta
vírgulas de tédio.

Nunca mais chocolates, licorinos
caramelos, magia de São Paulo?
Rezo por Seu Foscarini
que milagrosamente se salva
e fecha a confeitaria.

CENSO INDUSTRIAL

Que fabricas tu?
Fabrico chapéu
feito de indaiá.
Que fabricas tu?
Queijo, requeijão.
Que fabricas tu?
Faço pão-de-queijo.
Que fabricas tu?
Bôlo de feijão.
Que fabricas tu?
Geléia da branca
e também da preta.
Que fabricas tu?
Curtidor de couro.
Que fabricas tu?
Fabrico selim,
fabrico silhão
só de sola d'anta.
Que fabricas tu?
Eu faço cabresto,
barbicacho e loro.
Que fabricas tu?
Toco uma olaria.
Que fabricas tu?
Santinho de barro,
Que fabricas tu?
Fabrico melado.
Que fabricas tu?
Eu faço garapa.
Que fabricas tu?
Fabrico restilo.
Que fabricas tu?
Sou da rapadura.
Que fabricas tu?
Fabrico purgante.

Que fabricas tu?
Eu torro café.
Que fabricas tu?
Ferradura e cravo.
Que fabricas tu?
Panela de barro.
Que fabricas tu?
Eu fabrico lenha
furtada no pasto.
Que fabricas tu?
Gaiola de arame.
Que fabricas tu?
Fabrico mundéu.
Que fabricas tu?
Bola envenenada
de matar cachorro.
Que fabricas tu?
Faço pau-de-fogo
Que fabricas tu?
Facão e punhal
de sangrar capado.
Que fabricas tu?

Boitempo e a falta que ama

MURILO MENDES

Juiz de Fora (1902)

Forma parte de la generación posmodernista mineira, y con su primer libro, causa alborozo en el mundo literario. Autor de poemas-chistes que tienen algo de epigrama, escritos por los poetas hispanoamericanos en las décadas del 50 y 60, y con una visión de las cosas del mundo observadas con ojo triste y sentimiento trágico, el poeta es de aquéllos en quienes el surrealismo francés causó fuerte impacto. Puede decirse que Murilo Mendes es el poeta brasileño más cercano a los surrealistas, aunque tal hecho no significa que él formara parte de una corriente o de un grupo. Tomando ciertas cosas que estaban en el "aire", supo impregnarlas con su personalidad, lo que se repite más tarde cuando, con Jorge de Lima, escribe una poesía de visión y contenido cristiano, cuyas raíces en vez de encontrarse en la tierra, están en el cielo.

Un poeta tocado por la gracia en continua busca no sólo de la poesía, sino de sí mismo, a través de las grandes visiones, de los grandes acontecimientos del mundo. Un poeta-participante en el sentido más elevado, para el cual el hombre significa el objetivo final, la meta a ser alcanzada.

Al final de la década de 60, escribió "murilogramas", en los que de manera personal, regresa a ciertas técnicas del poema-chiste, al que une una aguda inquietud universal, de la que no se puede separar un tanto de la poesía *concreta.*

Residente por muchos años en Europa, donde enseña literatura brasileña en varias universidades, Murilo Mendes llega a la madurez poética casi más joven que el autor de los primeros poemas de la "brincadeira" mineira. Un agresivo domado por la bondad. Un revolucionario en busca de paz y de lo absoluto.

MURILO MENDES

Juiz de Fora (1902)

Faz parte da geração pós-modernista mineira e com seu primeiro livro causa alvorôço no mundo literário. Mescla de poema-piada que tem algo do epigrama escrito pelos poetas hispanoamericanos na década dos 50 e 60 e de uma visão das coisas do mundo com um olho triste e um sentimento trágico, o poeta é daqueles sôbre o qual o surrealismo francês causou forte impacto. Pode-se dizer que Murilo Mendes é o poeta brasileiro mais próximo aos surrealistas, mas tal fato não significa que ele fêz parte de uma corrente ou de um grupo. Tomando certas coisas que estavam "no ar," soube impregná-las com sua personalidade, fato que se repete mais tarde quando com Jorge de Lima escreve uma poesia de visão e conteúdo cristão, cujas raízes em vez de se encontrar na terra, estão no céu.

Um poeta tocado pela graça em contínua busca não apenas da poesia, mas de si mesmo, através das grandes visões, dos grandes acontecimentos do mundo. Um poeta-participante no mais elevado sentido, para o qual o homem significa o fim último, a meta a ser atingida.

No fim da década dos 60 escreveu "murilogramas", onde de maneira pessoal regressa à certas técnicas do poema-piada à qual une uma aguda inquietude universal da qual não se pode separar algo da poesia *concreta.* Apesar de tão variadas formas, sua poesia mantêm impressionante unidade.

Residente durante muitos anos na Europa onde ensina literatura brasileira em várias universidades, Murilo Mendes chega à madurez poética quase mais jovem do que o autor dos primeiros poemas de "brincadeira" mineira. Um agressivo domado pela bondade. Um revolucionário em busca da paz e do absoluto.

Contemplação de Ouro Preto 1954
Parábola 1959
Siciliana 1959
Poesias 1959
Tempo espanhol 1959
Antologia poética 1965

PARÁBOLA

A rua, o rolar de remota carruagem;
Intacto o piano, exausta a biblioteca;
A infância em ombrela rosa
E a rosa adormecida no esmalte;
A tradição da febre, a asa fria do pássaro
Que não passa, que subsistirá no testemunho:
Eis o que considero por enquanto.

Que elementos reunirei para ferir a espada,
O espanto de quem incorporou os decretos divinos?
Do Sinai, mesmo usando o corpo, ousei descer:
O Deus, semelhante como esfinge ao homem,
Na justaposição dos teus contrastes
Uma ponta do teu enigma descobri.
Velai-me a face na púrpura ou na cinza.

Velai-me a face de quem caminhou
Três dias e três noites no ôco da baleia.
Também de estrêlas falarei, de madrugadas infantes,
Dos projetos ambíguos da tesoura,
Das confidências da gipsófila
E da borboleta 88.

Não falarei do silêncio de Isaque ao morro conduzido,
Nem dos ritos dissonantes da dor,
Da solidão do próprio dilúvio,
Ou da morte que ninguém vê,
Da morte secreta, sem rodeios,
Da morte sem lamento, sem justificação, antes da morte.

INDICAÇÃO

Sim: o abismo oval atrai meus pés.
Leopardo familiar, a manhã se aproxima.
Preciso conhecer em que universo estou
E a que translações de estrêlas me destinam.
Em três épocas me observo sustentado:
Na pré-história, no presente e no futuro.
Trago sempre comigo uma morte de bôlso.
Assalta-me continuamente o nôvo enigma
E uma audácia imprevista me pressinto.
Arrasto minha cruz aos solavancos,
Tal profunda mulher amada e odiada,
Sabendo que ela condiciona minha forma:
E o tempo do demônio me respira.
Gentilíssima dama eternidade
Escondida nas raízes do meu ser,
Campo de concentração onde se dança,
Beatitude cortada de fuzilamentos...
Retiram-me o véu que sei de mim.
Ontem sou, hoje serei, amanhã fui.

Parábola

HOMENAGEM A JORGE DE LIMA

Inventor, teu próprio mito, Jorge, ordenas,
E êste reino de fera e sombra.
Herdeiro de Orfeu, acrescentas a lira.

A mesa te sentaste com os cimeiros
Dante, Luís de Gongora, o Lusíada,
E Lautréamont, jovem sol negro
Que inaugura nosso tempo.

O roteiro traçando, usaste os mares.
A ilha tocas, e breve a configuras:
Ilha da realidade subjetiva
Onde a infância e o universo do mal
Abraçam-se, perdoados.
Tudo o que é do homem e terra te confina.

Inventor de novo corte e ritmo,
Sopras o poema de mil braços,
Fundas a realidade,
Fundas a energia.
Com a palavra gustativa,

A carga espiritual
E o signo plástico
Nomeias todo ente.
O frêmito e movimento do teu verso
Mantido pela forte e larga envergadura.
Poder da imagem que provoca a vida
E, respirando, manifesta
O mal do nosso tempo, em sangue exposto.

Aboliste as fronteiras da aparência:
No teu Livro fértil se conjugam
Sono e vigília,

Vida e morte,
Sonho e açao.

Nutres a natureza que te nutre,
Mesmo as bacantes que te exaurem o peito.
Aplaca tua lira pedra e angústia:
Cantando clarificas
A substância de argila e estilhaços divinos
Que mal somos.

LIDA DE GÓNGORA

Furiosos metais, garras alternativas,
Tuas imagens concretas enfrentando
As harpias subterrâneas, vencem
Tôda oposição entre os contrastes surdos
Do espaço linear e do tempo ondulado.

Inversamente o grito vertical da ode
Convoca o vocabulário que se aduna
Em tôrno da metáfora, espada fértil:
Rompe a obscuridade em mil pedaços.

Homens olhados de binóculo pelo céu,
Galáxias da mulher, altos muros do mar,
Explodem na analogia, ocupam o verbo.
O eco apanha a própria voz que passa a outro.

Quem disse que o sim e o não se excluem?
Quem disse que o corpo é refratário a Deus,
Quem disse que a história é estática,
Quem disse que a morte mata,
Quando se cavalga o mito em pêlo?

TEMA DE CALDERÓN

Fechado desde a infância numa tôrre atômica,
Próximo o homem-lobo que me nutre,
Circunscrito pelo braço de Estrela e de Rosaura,
Medindo no relógio os passos da injustiça,
Segismundo sou.
O céu legivel, texto de diamante,
Escapa-me; entre duas armas contrárias
Situado me vejo; insone, e sonhando.

Outras vêzes retiram-me da tôrre,
Apontam-me futura liberdade.
Caminho entre semáforos e máquinas.
São andaimes, passos arritmados, poeira,
As pequenas combinações da vida, suor—,
A linguagem dos ácidos, nada álacre.
O próprio reino aliado da palavra
Já me expede elementos inimigos.

Quem finalmente sou, esqueleto letrado,
Alienado eco? A injustiça não me cabe
A mim só: qualquer um a reclama e recebe.
Mas eu sonho injustiça, ou a suporto?
Eu sonharei a vida, ou a vida me sonha?
Aprendi do meu sangue, ou da essência de Espanha?

Calderón ainda no contexto atual do século
LA VIDA ES SUEÑO.

CHUVA EM CASTELA

A Gerardo Diego

A história circula insatisfeita
Ao largo da planicie autárquica.

Entre a sêde e as amapolas
Se orientam
Se levantam
Os pés aquedutos.

Chove a galope.
Cavalos horizontais
Sacando o prêto do branco
Chovem a galope.

Alturas compactas se procuram.
Parte-se o galope em fragmentos.

PALAVRAS A MIGUEL HERNÁNDEZ

Será mesmo que existem ainda pastores?
Sim: tangeste cabras no teu pueblo.
O mundo moderno até agora não conheceu
Um menino pastor amado como tu.

Mas não te tornaste árcade, Miguel,
Breve provando a substância da luta
No centro onde o problema se decide,
Na cidade; também tangeste máquinas.

Breve provando a experiência do homem,
O sangue defrontando o touro aceso,
O sol negro da prisão e a morte.
E no gênio da Espanha te mediste.

No desencadear do povo áspero, matando
Por excesso de lucidez acumulada
Que rebenta: já não pode se ajustar
Aos limites de uma única tradição.

Também é dupla tua tradição: remota e próxima.
A base antiga, o poroso calor humano,
Incorporas a palavra fundida em metal novo
Que ataca a matéria estagnada e a destrói.

Antologia Poética

AUGUSTO FREDERICO SCHMIDT

Rio de Janeiro (1906-1965)

Singular la figura de este poeta, tal vez único en el panorama iberoamericano: fue cajero, editor, comerciante, hombre de empresas, introductor del sistema de *supermarkets* en el Brasil, eminencia gris de presidentes de la república y de ministros de estado, idealizador de un panamericanismo que soñó ser eficaz y dinámico (la llamada Operación Panamericana), periodista y polemista. Schmidt fue, con todo, un desconocido.

Entre los millares de hombres de todas las clases y profesiones con quienes convivió, quizás su barbero y media docena de poetas fueron los que lo conocieron mejor, si en realidad fue posible conocer a este hombre contradictorio, altivo y humilde.

Iniciándose en 1928 con una poesía acogida con entusiasmo por el público y los críticos, el poeta fue madurando, y también quedándose cada vez más solo. Los poemas de los últimos años de su vida, tan distantes de la poesía inicial, repleta de visiones y repeticiones, escrita en una forma que muchos críticos llegaron a juzgar como *carente de forma,* son clara señal de la aproximación del poeta y del hombre a las verdades esenciales de la vida y de la muerte.

Quien piensa sólo en el hombre público y en el dueño de empresas sólo conocerá una parte de esta compleja figura. Para penetrar en ella a cabalidad, es preciso leer sus poemas más recientes: a partir de *Morelli* (1953), su poesía se renueva casi por completo.

AUGUSTO FREDERICO SCHMIDT

Rio de Janeiro (1906-1965)

Invulgar a figura deste poeta, talvez único no panorama iberoamericano: foi caixeiro, editor, comerciante, homem de empresas, introdutor do sistema dos *super-markets* no Brasil, eminência-parda de presidentes de república e ministros de estado, idealizador de um panamericanismo que sonhou ser efetivo e dinâmico (a chamada OPA-Operação Panamericana), jornalista e polemista. Schmidt foi, apesar de tudo, um desconhecido.

Entre os milhares de homens de tôdas as classes e profissões com os quais conviveu, talvez o seu barbeiro e meia-dúzia de poetas foram aqueles que o conheceram melhor, si na realidade foi possível conhecer a este homem contraditório, altivo e humilde.

Estreiando em 1928 com uma poesia acolhida com entusiasmo pelo público e os críticos, o poeta foi amadurecendo, mas também ficando cada vez mais só. Os poemas dos últimos anos da sua vida, tão distantes da poesia inicial, repleta de visões e repetições, escrita numa forma que muitos críticos chegaram a julgar como *falta de qualquer forma,* são claro sinal da aproximação do poeta e do homem das verdades essências da vida e da morte.

Quem pensa apenas no homem público e no dono-de-empresas só conhecerá uma parte desta complexa figura. Para nela penetrar de modo completo, é preciso ler seus poemas mais recentes: a partir de *Morelli* (1953) sua poesia renova-se quase completamente.

Ladainha do mar 1951
Morelli 1953
Os reis 1953
50 poemas escolhidos pelo autor 1956
Poesias completas 1956
Aurora lívida 1958

Babilônia 1959
Antologia poética 1962
A casa vai descendo o rio 1962
O caminho do frio 1964
Nova antologia poética 1964
Sonetos 1965

SOLIDÃO

O emblema do silêncio é um pássaro
Que olha o vago sem ver.
Está pousado num penhasco–
É o pássaro do silêncio.
É um abandonado senhor do êrmo.
É uma expressão do silêncio.

As águas do mar sobem às vêzes
Até a sua solidão,
Molham-lhe as penas.
Parecem revoltadas com a sua
Impassível mudez.

Nada há que o assuste ou inquiete:
Diante das ondas que crescem
Mal agita as suas asas...
Ou as agita apenas o vento do largo.

MENSAGEM AOS POETAS NOVOS (1950)

A poesia é simples.
Vejam como a lua úmida
Surge das nuvens
Livre e indiferente.
Vejam o silêncio que nasce
Dos túmulos, nas madrugadas!

A poesia é simples.
O canto é pobre e puro,
Como o pão e o fogo,
Como os vôos dos pássaros
Nos céus azuis.

Agora sinto que me liberto.
Venho dos mistérios da adolescência,
Das insônias, brancas barcarolas,
Ventos exaustos, mãos ardendo,
Olhares que as chamas já perdidas
Descobriram, refúgio de velhas ambições,
Pôrto de inquietas tristes esperanças
Adormecidas, lívidas, extintas,
Sùbitamente despertadas.
Que ruídos de asas, de repente—
Que tremores nas vozes apagadas
E que brilham de novo intensamente!

Agora sei que é simples a poesia
E que é a própria vida:
Antes julgava apenas que era morte,
Quando nada vivera e não sentira
Senão o desfolhar das aleluias.

Agora sei. Contemplo a tarde:
O sol no ocaso corta as árvores,
Pelas estradas passam caminhantes

Que vêm do outrora e vão indiferentes
Ao encontro de mares e de luas.

Precisa-se no espírito, como um fruto
Maduro enfim, perfeito e saboroso,
O conceito, a figura da poesia.
Sôbre a pele esverdeada, manchas negras;
Que perfume de seios e de alfombras!

Eis a vida! Soluço de alegria
Perdido na ambição da eternidade.
Agora sei que é vida—essa poesía
Que vesti de violáceos desesperos,
Cantos de escravo, sons de sinos mortos,
Mares, sombras de junho, ermos e longos
Lacrimosos caminhos!
Agora sei! Mas é tão tarde!
Tarde não mais apenas nas palavras;
Tarde porque desfaz-se em pó
Esta matéria, vaso que conteve
O ser e a sua música olorosa!

Espírito da vida, agora é tarde!
Mas respiro e ainda sinto as fôrças nuas
Plasmando as formas, dominando tudo,
Sinto, mas já não estou, não sou senão
Conhecimento e lúcida memória.

Poetas dos tempos novos!
Simples é, como a lua nua
E livre de nuvens,
A poesia!

Simples é o amor, e não soturno
E curvo como o enfêrmo poeta
O canta na turbada adolescência.

Simples, e tão mais simples
Quão puro é o canto.
Vôo de asas nos céus quentes!

Poetas novos, dissipam-se os assombros:
Nasce a Poesia, enfim.
Mas nasce tarde, a dor viveu
Longamente demais na alma enganada.
Era dor de palavras.
Dor é agora, esta que sinto
Vendo em flor o mundo,
Vendo as formas gentis
E a ordem nascendo
Dos tumultos e inúteis agonias.

Dor é esta que fere
E guardo; e apenas a essência aqui formando
E bem de longe,
O sol macio corta as árvores,
Pássaros cantam, e a noite,
Com traiçoeiros meneios muito longe
Ainda, sua marcha e conquista mal começa.

Dor é esta, é saber
Que às estrêlas futuras e distantes
Nenhum apêlo chegará jamais!

MORELLI

Havia lua quando saí.
Vim caminhando pela deserta rua,
sem nada pensar, sem lembrar-me de nada
—de repente surgiu, como, não sei, alguém
que adivinhei chamar-se Morelli.

Quem era? Magro. Um velho chapéu cinzento
cobria-lhe a cabeça. Trazia
nas mãos uma bengala,
e estranhamente marchava como se fôsse
morrer ou estivesse bêbado.

Não viera só. Acompanhava-o
uma rapariga, pequena de estatura, e cujos traços
não foi possível distinguir
porque vinha do lado mais sombrio da rua
perto dos muros altos
que defendiam os jardins.

Quando vi o rosto de Morelli,
à luz da lua, pareceu-me um homem
bem maduro os bigodes grisalhos caídos
como lírios murchos.
Morelli dava a impressão de que ia
esfarelar-se; alto e esguio, elegante
teria sido há muito tempo antes.

Suas longas mãos lembravam
pássaros cansados;
de onde saíra, o pobre Morelli,
para o passeio noturno?

Caminhou uma quadra em silêncio, apoiando-se
ora em mim ora na criatura que o acompanhava,
sua filha—cujo nome não sei nem saberei jamais.

Esverdeada era a côr de Morelli, mas havia uma resignada doçura
em seu semblante.
Sua voz de repente emergiu no silêncio
que nos devorava, para dizer-me apenas
"Não creio em nada! "

"Não creio em nada! "–repetiu.
Senti então que o ser que o acompanhava,
que o amparava e parecia cosido aos muros da rua,
suplicava-lhe com submissa mudez
que não me confiasse aquêle segrêdo
–que não abrisse Morelli, logo
no primeiro encontro casual,
sua desesperança, a desolação
de sua alma vazia.

"Não creio em nada, não creio em nada! "
–continuava Morelli. Mais eis que se curvou para trás,
prestes a cair como se fôsse uma árvore velha,
uma árvore sem raízes,
uma pobre árvore morta...

Foi preciso reanimá-lo longamente.
Tremiam-lhe as pernas, sustinha-se mal
sôbre os sapatos usados, escorregando
nas pedras da calçada.
Morrerá? –perguntei-me.–Morrerá aqui na rua?

A luz fugira do céu. Uma nuvem densa
cobriu as casas, os jardins, cobriu
as nossas cabeças. Onde estávamos?
Então notei que nos havíamos aproximado do mar;
a praia estendia-se a pouca distância, deserta.
E veio um súbito sôpro noturno
que levantou Morelli, dando-lhe fôrças
inesperadas. Foi quando surprêso vi

Morelli caminhando em direção ao mar
até sumir-se e esvair-se
como uma tôrre de poeira
rolada pelo vento.

POEMA DA INVEJA

Inveja dos que desejam pertencer à Academia de Letras,
Dos que amam as honrarias,
Dos incansáveis,
Dos que adormecem sem mêdo
E despertam sempre dispostos para a conquista do mundo.

Inveja dos que caminham firmes,
Como se o chão fôsse sólido,
Como se tudo estivesse certo e ordenado.
Inveja dos que não se lembram de que só há um destino
E que estamos suspensos sôbre o abismo.
Inveja dos sêres para quem a esperança
Não é uma frágil ponte sôbre o nada.

Inveja dos que não carregam sempre e interminàvelmente,
Por onde vão e em tôdas as horas
O fardo dos seus mortos.
Inveja dos que não guardam
As imagens perdidas, as fôlhas sêcas,
A poeira da vida,
E sacodem qualquer melancolia e avançam leves e contentes.

Inveja dos que podem recordar sorrindo
As alegrias efêmeras,
E não se dão conta de que o amargo
Delimita e bordeja todos os caminhos.

Inveja dos que contemplam impassíveis
As flôres murchas, os berços vazios,
As mãos frias em cruz,
Os rostos devastados pelo tempo,
E o tédio dos que se amaram um dia.

Inveja dos que invejam,
Dos prisioneiros para quem a liberdade

É uma imensa promessa.

Inveja dos que não se sentem ameaçados
Todos os instantes,
Dos que ainda desejam, dos que riem,
Dos que brincam, dos que esperam encontros felizes
E não sabem que tudo é fumo e nada.

Inveja da luz nos olhos namorados,
Inveja dos cegos,
Dos que crêem que há alguma coisa a fazer,
Neste reino da terra,
Que recompense o cansaço a decepção, o sofrimento
De ter vivido.

SONÊTO

Só preciso de poesia,
Não quero mais nada,
Não quero sorriso,
Nem luxo, nem fama,

Nem bruxas, nem bodas,
Nem gritos de guerra,
Nem doidos volteios
Nas danças sensuais.

Só aspiro poesia. Poesia
E silêncio. No mundo fechado,
No escuro do tempo,

A luz da poesia é como a semente
Que na terra morre e logo apodrece,
E a vida renasce em flôres e frutos.

A casa vai descendo a rio

JOÃO CABRAL DE MELO NETO

São Lourenço da Mata, Pernambuco (1920)

Comenzó a escribir poemas a los diecisiete años. Fue funcionario público y más tarde ingresó en el Ministerio de Relaciones Exteriores, desempeñando varios cargos en el extranjero. Ahí escribió gran parte de su obra, que es una de las cumbres no sólo de la poesía brasileña nueva, sino también de la vida del nordeste del Brasil. Compuso piezas de teatro que fueron representadas tanto en el Brasil como en el extranjero, obteniendo éxito en el público y con los críticos.

Su poesía empieza a imponerse en la segunda mitad de la década del 40. Por tal razón, es llamado *jefe* de la Generación del 45, a pesar de que por su formación intelectual jamás pensó en *jefear* cosa alguna. Al lado de poetas como Lêdo Ivo, Domingos Carvalho da Silva, Fernando Ferreira de Loanda, integra esta "generación", sin poéticamente encuadrar dentro de sus filas. Se trata de *jefe* rebelde, cuyo único deseo es hacer su obra poética.

La concisa estructura de sus poemas, hoy traducidos en el mundo entero, su universo poético identificado a su noción de *arquitecto* que usa en su poesía, lo hacen el pionero (también sin su voluntad) del *concretismo.* Éste reconoce en sus manifiestos y en sus exposiciones la influencia y el valor renovador de la poesía de João Cabral para lo que había de ocurrir en la poesía y en el arte brasileños a partir de 1956.

Elegido en 1968 para la Academia Brasileña de Letras en la vacante de Getúlio Vargas, cuya dictadura combatió, el poeta es un *clásico,* sin serlo jamás en el sentido de la palabra. Un clásico de la innovación, como Fernando Pessoa o Manuel Bandeira.

"Ninguno es buen escritor sólo por ser de la Academia", dijo al enterarse de su elección. Ésta es su posición. Aquí está la clave del más notable poeta social del Brasil desde Castro Alves.

JOÃO CABRAL DE MELO NETO

São Lourenço da Mata, Pernambuco (1920)

Começou a escrever poemas aos 17 anos. Foi funcionário público e mais tarde entrou para o Ministério das Relações Exteriores desempenhando vários cargos no estrangeiro. Ali escreveu grande parte de sua obra, que é um dos momentos altos não só da poesia brasileira nova, mas também da vida do nordeste do Brasil. Escreveu peças de teatro representadas tanto no Brasil como no estrangeiro, obtendo êxito de público e de crítica.

Sua poesia começa a impôr-se na segunda metade da década dos 40. Desta maneira é chamado *chefe* da "Geração de 45", apesar de que por formação intelectual jamais pensou "chefiar" coisa alguma. Ao lado de poetas como Lêdo Ivo, Domingos Carvalho da Silva, Fernando Ferreira de Loanda, integra esta "geração," sem poèticamente enquadrar-se nas suas fileiras. Trata-se de um *chefe* rebelde, cujo único desejo é fazer sua obra poética.

A concisa estrutura de suas poesias hoje traduzidas no mundo inteiro, o seu universo poético identificado na noção de *arquiteto* que usa em sua poesia, fazem-no pioneiro (também sem a sua vontade) do *concretismo*. Este reconhece em seus manifestos e nas suas exposições a influência e o valor renovador da poesia de João Cabral para aquilo que ia acontecer na poesia e na arte brasileira a partir de 1956.

Eleito em 1968 para a *Academia Brasileira de Letras* na vaga de Getúlio Vargas, cuja ditadura combateu, o poeta é um *clássico,* sem sê-lo jamais no sentido da palavra. Um clássico da novidade, como Fernando Pessoa ou Manuel Bandeira.

"Ninguém é bom escritor só por ser da Academia", disse ao tomar conhecimento de sua eleição. Esta é sua posição. Aqui está a chave do mais notável poeta social do Brasil desde Castro Alves.

O cão sem plumas 1950
O Rio ou relação da viagem que faz o Capibaribe de sua nascente à cidade do Recife 1954
Poemas reunidos 1954
Duas águas 1954
Uma faca só lâmina 1955
Paisagem com figuras 1956
Morte e vida Severina 1956

Quaderna 1960
Terceira feira 1961
Dois parlamentos 1961
Serial 1961
Poemas escolhidos 1963
Antologia poética 1965
Morte e vida Severina, e outros poemas em voz alta 1966
A educação pela pedra 1966
Poesias completas 1968

O SIM CONTRA O SIM

Marianne Moore, em vez de lápis,
emprega quando escreve
instrumento cortante:
bisturi, simples canivete.

Ela aprendeu que o lado claro
das coisas é o anverso
e por isso as disseca:
para ler textos mais corretos.

Com mão direta ela as penetra,
com lápis bisturis,
e com êles compõe,
de volta, o verso cicatriz.

E porque é limpa a cicatriz,
econômica, reta,
mais que o cirurgião
se admira a lâmina que opera.

Francis Ponge, outro cirurgião,
adota uma outra técnica:
gira-as nos dedos, gira
ao redor das coisas que opera.

Apalpa-as com todos os dez
mil dedos da linguagem:
não tem bisturi reto
mas um que se ramificasse.

Com êle envolve tanto a coisa
que quase a enovela
e quase, a enovelando,
se perde, enovelado nela.

E no instante em que até parece
que já não a penetra,

êle entra sem cortar:
saltou por descuidada fresta.

Miró sentia a mão direita
demasiado sábia
e que de saber tanto
já não podia inventar nada.

Quis então que desaprendesse
o muito que aprendera,
a fim de reencontrar
a linha ainda fresca da esquerda.

Pois que ela não pôde, êle pôs-se
a desenhar com esta
até que, se operando,
troca-a de braço com a destra.

A esquerda (se não se é canhoto)
não tem facilidade:
reaprende a cada linha,
cada instante, a recomeçar-se.

Mondrian, também, da mão direita
andava desgostado;
não por ser ela sábia:
porque, sendo sábia, era fácil.

Assim, não a trocou de braço:
queria mais honesta
e por isso enxertou
outras mais sábias dentro dela.

Fêz-se enxertar réguas, esquadros
e outros utensílios
para obrigar a mão
a abandonar todo improviso.

Assim foi que êle, à mão direita
impôs tal disciplina:

fazer o que sabia
como se o aprendesse ainda.

Cesário Verde usava a tinta
de forma singular:
não para colorir,
apesar da côr que nêle há.

Talvez que nem usasse tinta,
sòmente água clara,
aquela água de vidro
que se vê percorrer a arcádia.

Certo, não escrevia com ela,
ou escrevia lavando:
relavava, enxaguava
seu mundo em sábado de banho.

Assim chega aos tons opostos
das maçãs que contou:
rubras dentro da cesta
de quem no rosto as tem sem côr.

Augusto dos Anjos não tinha
dessa tinta água clara.
Se água, do Paraíba
nordestino, que ignora a Fábula.

Tais águas não são lavadeiras,
deixam tudo encardido:
o vermelho das chitas
ou o reluzente dos estilos.

E quando usadas como tinta
vestem de negro tudo:
dão um mundo velado
por véus de lama, véus de luto.

Donde decerto o timbre fúnebre,
dureza da passada,

geometria de entêrro
de sua poesia enfileirada.

Juan Gris levava uma luneta
por debaixo do ôlho:
uma lente de alcance
que usava porém do lado outro.

As lentes foram construídas
para chegar às coisas,
mas a dêle as recuava
à altura de um avião que vôa.

Na lente avião, sobrevoava
o atelier, a mesa,
organizando as frutas
irreconciliáveis na fruteira.

Da lente avião é que podia
pintar sua natureza:
com o azul da distância
que a faz mais simples e coesa.

Jean Dubuffet, se usa luneta
é do lado correto;
mas tampouco com o fim
com que se utiliza o aparêlho.

Não intenta aproximar o longe
mas o que está próximo,
fazendo com a luneta
o que se faz com o microscópio.

E quando aproximou o próximo
até tacto fazê-lo,
faz dela estetoscópio
e apalpa tudo com o olhar dedo.

Com essa luneta feita dedo
procede à auscultação

das peles mais inertes:
que depois pinta em ebulição.

PAISAGEM PELO TELEFONE

Sempre que no telefone
me falavas, eu diria
que falavas de uma sala
tôda de luz invadida,

sala que pelas janelas,
duzentas, se oferecia
a alguma manhã de praia,
mais manhã porque marinha,

a alguma manhã de praia
no prumo do meio-dia,
meio-dia mineral
de uma praia nordestina,

Nordeste de Pernambuco,
onde as manhãs são mais limpas,
Pernambuco do Recife,
de Piedade, de Olinda,

sempre povoado de velas,
brancas, ao sol estendidas,
de jangadas, que são velas
mais brancas porque salinas,

que, como muros caiados
possuem luz intestina,
pois não é o sol que as veste
e tampouco as ilumina,

mais bem, sòmente as desveste
de tôda sombra ou neblina,
deixando que livres brilhem
os cristais que dentro tinham.

Pois, assim, no telefone
tua voz me parecia
como se de tal manhã
estivesses envolvida,

fresca e clara, como se
telefonasses despida,
ou, se vestida, sòmente
de roupa de banho, mínima,

e que, por mínima, pouco
de tua luz própria tira,
e até mais, quando falavas
no telefone, eu diria

que estavas de todo nua,
só de teu banho vestida,
que é quando tu estás mais clara
pois a água nada embacia,

sim, como o sol sôbre a cal
seis estrofes mais acima,
a água clara não te acende:
libera a luz que já tinhas.

CEMITÉRIOS PERNAMBUCANOS

(Toritama)

Para que todo êste muro?
Por que isolar estas tumbas
do outro ossário mais geral
que é a paisagem defunta?

A morte nesta região
gera dos mesmos cadáveres?
Já não os gera de caliça?
Terão alguma umidade?

Para que a alta defesa,
alta quase para os pássaros,
e as grades de tanto ferro,
tanto ferro nos cadeados?

—Deve ser a sementeira
o defendido hectare,
onde se guardam as cinzas
para o tempo de semear.

PREGÃO TURÍSTICO DO RECIFE

Aqui o mar é uma montanha
regular, redonda e azul,
mais alta que os arrecifes
e os mangues rasos ao sul.

Do mar podeis extrair,
do mar dêste litoral,
um fio de luz precisa,
matemática ou metal.

Na cidade pròpriamente
velhos sobrados esguios
apertam ombros calcários
de cada lado de um rio.

Com os sobrados podeis
aprender lição madura:
um certo equilíbrio leve,
na escrita, da arquitetura.

E neste rio indigente,
sangue-lama que circula
entre cimento e esclerose
com sua marcha quase nula,

e na gente que se estagna
nas mucosas dêste rio,
morrendo de apodrecer
vidas inteiras a fio,

podeis aprender que o homem
é sempre a melhor medida.
Mais: que a medida do homem
não é a morte mas a vida.

Antologia Poética

A EDUCAÇÃO PELA PEDRA

Uma educação pela pedra: por lições;
para aprender da pedra, freqüentá-la;
captar sua voz inenfática, impessoal
(pela de dicção ela começa as aulas).
A lição de moral, sua resistência fria
ao que flui e a fluir, a ser maleada;
a de poética, sua carnadura concreta;
a de economia, seu adensar-se compacta;
lições da pedra (de fora para dentro,
cartilha muda), para quem soletrá-la.

Outra educação pela pedra: no Sertão
(de dentro para fora, e pré-didática).
No Sertão a pedra não sabe lecionar,
e se lecionasse, não ensinaria nada;
lá não se aprende a pedra: lá a pedra,
uma pedra de nascença, entranha a alma.

A educação pela pedra

LÊDO IVO

Maceió (1924)

Mário de Andrade exaltó el primer libro del joven provinciano como "estreno deslumbrante". Esto ocurría en 1944, cuando los poetas de la más tarde llamada Generación del 45 estaban en plena actividad, tratando de dar otro aspecto a la poesía brasileña, que se movía bajo los fuegos casi extintos de la *Semana de Arte Moderna.*

Lêdo Ivo fue desde entonces uno de los más constantes autores de esta corriente, sin mantenerse dentro de los límites estrechos de un movimiento rígidamente ligado a los cánones del 45, que en realidad eran ficticios: cada uno de los poetas seguía su camino dentro de una solidaridad de grupo bastante estrecha.

Produciendo y manteniendo polémicas, el poeta fue profundizando en su mundo, llegando después de 1960 a escribir una poesía de contenido humano y, a veces, con una visión amarga de lo cotidiano, elementos visibles en *Um brasileiro em Paris* y en varias crónicas publicadas en la prensa como prolongación en prosa del oficio poético.

Por ser uno de los más controvertidos, pero también más prolíficos poetas, y por ser independiente y osado, Lêdo Ivo es, al lado de João Cabral de Melo, el más típico representante de la "ola" poética que sigue al modernismo y antecede al concretismo y a los movimientos que surgen después.

LÊDO IVO

Maceió (1924)

Mário de Andrade saudou o primeiro livro do jovem provinciano como "estreia deslumbrante." Isto acontecia em 1944, quando os poetas da mais tarde chamada "Geração de 45" estavam em plena atividade, tentando dar um outro aspecto à poesia brasileira, que se movia sob os fogos quase extintos de *Semana de Arte Moderna.*

Lêdo Ivo foi desde então um dos mais constantes autores desta corrente, sem manter-se dentro das cercas estreitas de um movimento rígidamente ligado aos cânones de 45, que na realidade eram fictícios: cada um dos poetas seguia seu caminho dentro de uma solidariedade de grupo bastante estreita.

Causando e mantendo polémicas, o poeta foi aprofundando seu mundo, chegando depois de 1960 a escrever uma poesia de conteúdo humano e, às vezes, com uma visão amarga do cotidiano, elementos visíveis em *Um brasileiro em Paris* e em várias das suas crônicas publicadas na imprensa como prolongação em prosa do ofício poético.

Por ser um dos mais controvertidos, mas também mais prolíficos poetas, e por ser independente e ousado, Lêdo Ivo é, ao lado de João Cabral de Melo Neto, o mais típico representante da onda poética que segue o modernismo e antecede o concretismo e os movimentos surgidos depois.

Linguagem 1951
Acontecimento do soneto. Ode à noite 1951
Ode equatorial 1951
Um brasileiro em Paris e o Rei da Europa 1955
Magias 1960
Uma lira dos vinte anos 1962
Estação central 1964
Antologia poética 1965
50 poemas escolhidos pelo autor 1966

O NAVIO CHEIO DE BANANAS

Paisagem; maresia
azul e bananais!
No porão do navio,
o ouro dos litorais.

Furto de um paraíso
de mormaço, num alvo
formigueiro de sal
entre negros trapiches.

O horizonte derrama
cal entre as bananeiras.
São roupas de operários,
cantos de lavadeiras.

Como as bananas verdes
à luz de carbureto
logo ficam maduras
quaradas pelo sol

de uma falsa estação,
assim êste cargueiro
esplende, no terral,
seu cacheado tesouro.

E o panorama é de ouro.
E o dia sabe a sal.

Magias

O MONTEPIO

Que herança transmite
o pai a seu filho?
Não lhe deixa casa
ou sombra de apólice
nem tampouco o sujo
de seu colarinho.
Não lhe lega a velha
mala das viagens
nem os seus amôres
e as suas bobagens.
E as roupas do pai
que a chuva encolheu
no filho não cabem.
Com pau sêco e fogo
o pai de resina
arma o seu legado.
Deixa uma fogueira
que êle fêz sòzinho
no escuro da mata.
(Borboletas em
seus ombros pousavam.)
E também menino
na pele do vento
solta para o céu
o seu papagaio.
E antes de mudar-se
de suor em musgo
o pai dá ao filho
como pé-de-meia
algo da paisagem
—sobra de pupila,
moeda de lágrimas.
Deixa-lhe o balaio
cheio de apetrechos
e o jeito de andar

com as mãos às costas.
Para o filho passa
todo o seu cansaço
suas promissórias
e seu olhar baço.
Da árvore do povo
deixa-lhe no sangue
um ramo orvalhado.
Transmite-lhe o grito
de espantado amor
que gritou na praia.
De agrestes gravetos
faz o fogo e esquenta
na palhoça ao vento
a comida fria
de sua marmita.
O pai dá ao filho
o ninho vazio
achado no bosque
e a rapôsa morta
por sua espingarda.
Dá-lhe a sua anônima
grandeza do nada.
Sua herança é o frio
que sentiu rapaz
quando impaludado.
Dá-lhe a lua imensa
na noite azulada.
Estende-lhe as mãos
sujas de carvão
molhadas de orvalho.
Fala-lhe da dor
que sente nos calos.

Dá-lhe a verde e rubra
pimenteira em flor.
Mostra-lhe o tambor

de salitre e brisa
que rufa sòzinho
entre os arquipélagos
de sua pobreza.
Mostra-lhe o cadarço
de espuma no mar
cheio de mariscos.
Ser pai é ensinar
ao filho curioso
o nome de tudo:
bicho e pé de pau.
Que o pai, quando morre,
deixa para o filho
a seu montepio
—tudo o que juntou
de manhã à noite
no batente, dando
duro no trabalho.

Deixa-lhe palavras.

OS CEMITÉRIOS

—Que cemitério é êste?
—É um cemitério de automóveis.
Aqui jaz o meu Chevrolet, apodrece o meu Buick.
O vento rói o esplendor da América.

—Que cemitério é êste?
—É um cemitério como qualquer outro.
Sob a relva e os grilos, repousa meu pai.
E sonhos. E antigas lembranças de dólares.

—Que cemitério é êste?
—É um cemitério dos mortos das guerras.
Os soldados escutam o riso das crianças
mas não têm mais bôcas e dentes para alegrar-se.

—Que cemitério é êste?
—É um cemitério de brancos.
É um cemitério de negros.
É um cemitério de judeus.

—Que cemitério é êste?
—Como se explica estarmos vivos?
Cinco mil morrem diàriamente na América
e contudo aqui estamos, turistas, perguntando sempre as
mesmas coisas.

Estação Central

DÉCIO PIGNATARI

São Paulo (1927)

Con los hermanos Augusto y Haroldo de Campos, fundó el grupo *Noigandres* en 1952, siendo también co-autor del *plan piloto* de la poesía concreta, elaborado por el mismo grupo. En 1954 Pignatari tuvo un encuentro con el poeta Eugen Gomringer, en Suiza, durante el cual fue discutido ampliamente lo que en seguida había de ser la poesía concreta, de la cual el poeta brasileño es uno de los principales pioneros.

Con los hermanos de Campos, publicó una traducción de los Cantos de Ezra Pound, y la *Teoria da poesia concreta* (1965), que constituye el texto más importante y más serio del movimiento que tiene ramificaciones internacionales. Artista gráfico y profesor, Pignatari desarrolla múltiples actividades, dentro de las cuales la poesía ocupa destacado lugar. Su trabajo como investigador y polemista es tan importante como su oficio de poeta, pintor de la palabra y artista gráfico.

DÉCIO PIGNATARI

São Paulo (1927)

Com os irmãos Augusto e Haroldo de Campos fundou o *Grupo Noigandres* em 1952 sendo também co-autor do *plano piloto* da poesia concreta elaborado pelo mesmo grupo. Em 1954 Pignatari tem um encontro com o poeta Eugen Gomringer, na Suiça, durante o qual foi discutido amplamente o que em seguida ia ser a poesia concreta, da qual o poeta brasileiro é um dos principais pioneiros.

Com os irmãos de Campos publicou uma tradução dos *Cantos* de Ezra Pound, e a *Teoria da Poesia Concreta* (1965), que constitui o texto mais importatnte e mais sério do movimento que possui ramificações internacionais. Artista gráfico e professor, Pignatari desenvolve múltipla atividade dentro da qual a poesia ocupa lugar destacado. Seu trabalho como pesquisador e polemista é tão importante quanto seu ofício de poeta, pintor da palavra e artista gráfico.

O carrossel 1950
Rumo a Nausicaa 1952
Vértebra 1956
Life 1958
Organismo 1961
Estela cubana 1962

EPITÁFIO

Décio Pignatari menino imenso e castanho com tramores
nascido sob o signo mais sincero e para e per e por e sem
ternura
quem te dirá do mando que exerceram sôbre os teus cabelos
os amigos rápidos as mulheres velozes e os que comem
dentro do prato
Estás cansado Pignatari e teu desprêzo estumesceu como
uma árvore tamanha
Estás cansado como uma avassalada aberta enorme porta
enorme
e quando abres os braços repousas os ombros em amplos
arcos de pássaros vagarosos
Lento e fundo é o ar de tuas tardes nos teus poros
e dentro dêle se desenredam fundos e atentos mesmo os
esforços mais assíduos
e se mergulhares tua mão na água que repousa à água
acrescentarás a mão e a água
Décio Pignatari menino castanho e meu como um cachorro
grande
que atravessa o portão sereno inflorescendo aos poucos no
jardim seu garbo
com a calma grandiosa das nuvens que se abrem lentas na
tarde para envolver o ar
devagar tua cabeça almaja devagar a superfície sem temores
e tuas pálpebras se inclinam aos eflúvios da sesta mundial
de imensos paquidermes
que avolumam na sombra como grandes bulbos insonoros
em cavernas dormidas
Mansa dinastia de gestos nas ruínas dulcificando as
intempéries da memória
descansa como um cortejo de crepúsculos antigos na
cordilheira turva da semana
Crescente como o céu de março nas ameias das tôrres
elevadas e redondas e à tua própria sombra no mundo
que perdeste
descansa Pignatari.

ra terra ter
rat erra ter
rate rra ter
rater ra ter
raterr a ter
raterra tter
araterra ter
raraterra te
rraraterra t
erraraterra.
terraraterra

<table>
<tr><td>hombre</td><td>hombre</td><td>hombre</td></tr>
<tr><td>hambre</td><td></td><td>hembre</td></tr>
<tr><td></td><td>hambre</td><td></td></tr>
<tr><td>hembre</td><td>hembre</td><td>hambre</td></tr>
</table>

Antologia Noigandres 5

HAROLDO DE CAMPOS

São Paulo (1929)

Comenzó a escribir poesía de vanguardia en una forma "tradicional", pero las investigaciones sobre la palabra y los problemas lingüísticos, como también el estudio de los diversos idiomas extranjeros lo hicieron fundar, con su hermano Augusto y Décio Pignatari, el grupo *Noigandres*. Es co-autor del *plan piloto* para la poesía concreta y es uno de los más constantes divulgadores y teóricos del movimiento concretista con ramificaciones internacionales.

Forma parte del equipo de redacción de *Invenção*, revista publicada en São Paulo. Tradujo al portugués textos de Ezra Pound, e.e. cummings, James Joyce, además de poetas rusos, entre ellos Maiakowsky. Siguiendo las mismas preocupaciones de investigación, sacó del completo olvido al poeta Sousândrade, quizás el primer espíritu universal de la poesía brasileña.

Su poesía, salida de la pesquisa lingüística y de una inquietud humana frente al proceso social de nuestro tiempo, constituye una tentativa de comunicación entre el poeta y el pueblo. Sus investigaciones ligadas a los movimientos de vanguardia internacional y a sus precursores tienen notable importancia en el proceso cultural del Brasil y de América Latina.

HAROLDO DE CAMPOS

São Paulo (1929)

Começou escrevendo poesia de vanguarda numa forma "tradicional," mas as pesquisas sôbre a palavra e os problemas linguísticos, como também o estudo dos diversos idiomas estrangeiros, determinaram-no a fundar com seu irmão Augusto e Décio Pignatari o grupo *Noigandres.* É co-autor do *plano-piloto* para a poesia concreta e um dos mais constantes divulgadores e teóricos do movimento concretista, hoje com ramificações internacionais.

Faz parte da equipe de redação de *Invenção,* revista publicada em São Paulo. Traduziu ao português textos de Ezra Pound, e.e. cummings, James Joyce, além de poetas russos, entre êstes a Maiakowsky. Seguindo as mesmas preocupações de pesquisa, tirou do completo olvido o poeta Sousandrãde, talvez o primeiro espírito universal da poesia brasileira.

Sua poesia saída da pesquisa linguística é de uma inquietação humana frente ao processo social do nosso tempo, constitui tentativa de comunicação entre o poeta e o povo. Suas investigações ligadas aos movimentos de vanguarda internacional e aos seus precursores tem notável importância no processo cultural do Brasil e da América Latina.

Poemalivro 1961
Servidão de passagem 1962
Alea I-semantic variations 1964
Versuchsbuch galaxien 1966

O AZUL É PURO ?

o azul é puro?
o azul é pus

de barriga vazia

o verde é vivo?
o verde é virus

de barriga vazia

o amarelo é belo?
o amarelo é bile

de barriga vazia

o vermelho é fúcsia?
o vermelho é fúria

de barriga vazia

a poesia é pura?
a poesia é para

de barriga vazia

poesia em tempo de fome
fome em tempo de poesia

poesia em lugar do homem
pronome em lugar do nome

homem em lugar de poesia
nome em lugar do pronome

poesia de dar o nome

nomear é dar o nome

nomeio o nome
nomeio o homem
no meio a fome

nomeio a fome

de sol a sol
soldado
de sal a sal
salgado
de sova a sova
sovado
de suco a suco
sugado
de sono a sono
sonado

sangrado
de sangue a sangue

de lucro a lucro
logrado
de logro a logro
lucrado
de lado a lado
lanhado
de lôdo a lôdo
largado

TOPOGRAMAS

1

sevilla
naranja
sol

sol
amarillo

naranja
amarilla

amarillo
amarillo

sevilla
amarilla

2

córdoba
color
olor

olor
córdoba

color
córdoba

córdoba
córdoba

dolor
córdoba

3

granada
torre
león

granada
torreada

torre
leonada

león
granada

granada
granada

Antologia Noigandres 5

WALMIR AYALA

Pôrto Alegre (1933)

Poeta *gaucho* llegado joven a Río de Janeiro, quien se impone a la atención de la crítica y del público por su capacidad de ganar todos los premios literarios, no sólo de poesía, sino también de teatro y de cuento. Es una de la más fieles vocaciones a la poesía y a su arte.

Organizador de antologías, de colecciones poéticas, de reuniones literarias y de publicaciones efímeras ligadas al fenómeno poético, Ayala escribe una poesía de los objetos y de lo cotidiano, pero también se aventura por los caminos metafísicos en busca de un territorio humano perdido o de sueño.

Dentro de su generación es uno de los que mejor sabe lidiar con el verso, poseyendo el dominio no sólo de la forma, sino de todos los grandes y pequeños secretos de la poesía, que constituye su pasión, su razón de existir. Manteniéndose a una distancia prudente de las escuelas y de las generaciones, de los movimientos y de los grupos, sabe permanecer como figura singular de un poeta que consiguió lo que soñó: la poesía.

WALMIR AYALA

Pôrto Alegre (1933)

Poeta gaúcho chegado jovem ao Rio de Janeiro, se impôs à atenção da crítica e do público por sua capacidade de ganhar todos os prémios literários, naõ só de poesia, mas também de teatro e de conto. É uma das mais fieis vocações à poesia e à sua arte.

Organizador de antologias, de coletâneas poéticas, de reuniões literárias e de publicações efémeras ligadas ao ato poético, Ayala escreve uma poesia dos objetos e do cotidiano, mas também se aventura nos caminhos metafísicos em busca de um território humano perdido ou do sonho.

Dentro da sua geração é um dos que melhor sabem lidar com o verso, possuindo o domínio não apenas da forma, mas de todos os grandes e pequenos segredos da poesia que constitui sua paixão, sua razão de existir. Mantendo-se a uma distância prudente das escolas e das "gerações," dos movimentos e dos grupos, soube ficar como figura singular de um poeta que conseguiu o que sonhou: a poesia.

Face dispersa 1955
Este sorrir, a morte 1957
O edifício e o verbo 1961
Antologia poética 1965
Cantata 1965
Poemas da paixão 1967
Questionário 1969

PRECAUÇÕES PARA COM A MÁQUINA DE ESCREVER

Não se lhe prema as teclas
com calor demasiado;
nem se use displicência
tendo-a manipulado.
Se fôr de amor o têrmo,
sussurre, ao mesmo tempo
que em letras o componha
no metal úmbrio e êrmo.
Cuidado ao dedilhá-la,
que se não aglomerem
os "tipos", nem se faça
de surdo à sua fala.
Procurar entendê-la
e mister imediato,
se a ela se recorre
por relatar o fato.
Se é mentira, piedosa
mentira, o que se forja,
que menos feia a feia,
menos hedionda a corja,
então urge agradá-la
como quem se recreia.
Ao contrário, se a fórmula
veraz nasce uma e ardente,
nada mais se processe
que um gesto displicente
(das florações exatas
ninguém como ela entende).

Ao menos uma vez
por dia se recorra
à sua ordem de letras
para carta ou poema:
o que se noticia,
o que viva ou que morra–

não se lhe escolha o tema.

Quando se não puder
dentro da noite o firme
sangue na mão conter,
é sondar-lhe nas teclas
imutáveis o instinto,
e deixar que definam
sons do ar
verdor do plinto.

Dáctilos encetados
entre arames e fita,
em seu amorfo rosto
coisas serão escritas
que não entenderemos.
E, cegos, em seu bojo
inaugurando iremos
os improváveis remos...

O PAPAGAIO

a Ruth Maria Chaves

VERDE - o adunco verde e o sol selvático. Era
a orquídea, elemento de um gaio pássaro,
e antilhas,
ponderáveis açores, ilhas e ilhas
onde alentar o girasol das asas.

Um grito como o VERDE, e o havido pasmo
das garras aderidas ao madeiro
rude. No aço de um ôlho a ode implacável
de eriçados chumaços.
O arco ilude
tão debruçada carne de atavios
e brande-se por sempre arder em flexa.

No verde o que era frio se incendeia,
a crista açoita, o leque de harpa e trópico
se fecha.

ASTROMULHERSUBMARINO

A sereia não se divorcia
do azul, nem seus seios
de búzio esgotam leites
diluídos em nácares.

A sereia lança louca-
mente o gesto como rêde;
e se enovela em sargaços
pesados de vivos bichos
como línguas brancas: ostras.

Sua cauda crispa-se em desejo
de tanto à áspera pedra estar ligada,
como ao tronco robusto, ao férreo, ao musculoso
marítimo afogado.

A sereia não se deixa
desprender da triste onda, embora ilhada,
embalsamada,
suspensa,
                    como quadro de um impossível
tornado
ao alcance da mão, radiosa e salina.

Não se desveste do mistério de peixe que a metade
sua
impele;
nas tesouras extremas da cauda se estreleja,
astromulhersubmarino
azul de água,
azul de mar,
azul de nada.

O Edifício e o Verbo

AYALA

ARTE POÉTICA

a Jorge Otávio Mourão

Faço poema às vêzes com a displicência
de um risco sem figura,
como a preguiça de um gesto
sem destino,
às vêzes como o adormecimento
no mormaço,
como o tremor de uma lágrima
de espanto;
faço poema às vêzes como a faina
de colhêr flôres, de passar os dedos
nas águas, de voltar-me
por não ver nada mais do que sonhava;
faço poema às vêzes como a máquina
registra, como o dedo segue
a linha da leitura, como a fôrça
invisível de virar
a página de um livro casual;
mas às vêzes faço poema erguendo
um punhal contra a rosa, ou contra mim,
como quem morre e resiste e quer morrer, assim
faço poema, às vêzes.

Faço poema sempre como vivo.

17/9/62

SAUDADE

Na estação abandonada
um trem não chega, um homem pensa,
e seu pensar é o longe de algum sino
sem pátria,
seu pensar é um farol na bruma densa.

Na estação abandonada
nenhum cão transita.
Tudo é um ar de saudade que fulmina
o homem só e estanque na desdita.

Na estação abandonada
ninguém mais vem, não há caminho.
O rumo é interditado, o trilho é um ramo
de espinho.

Há uma cidade atrás. O homem sabe.
Mas sonha e se projeta, o coração
indica um pôrto humilde, e êle não cabe.

Seu sonho é estar vagando num deserto—
esta estação é a alma que êle ampara
no gôzo de esquecer o que está perto.

1964

DESENHO

Mordendo uma rosa de luz
me construo.

Conheço a escuridão do mundo
e flutuo.

Meu prato é raso, a mão me treme
e decido
amar, e sobretudo erguer-me
incontido
como as águas e as pétalas últimas
que o outono
cobre numa ilusão seráfica de sono.

25/10/63

RUA DE IPANEMA

Meus senhores, entrai.
Os gordos, os serenos,
os brandos e os sublimes,
os aflitos confessos,
os mortais sobretudo,
vosso lugar tomai.

Senhores de bermuda,
madurados no ócio,
detidos alertados,
talvez aposentados,
os frustrados suicidas
vinde às plenas auroras
das ruas perspectivas
(sobretudo da minha).
Entrai, tomai lugar
neste fulcro de sol
e entendei com doçura
êste brusco arrebol.

Vêde a rua que habito,
suas amendoeiras,
seus pardais matutinos,
papagaios e gatos
e meninos—entrai,
que a rua é um lar sem conta
e o mundo é que é lugar
dos senhores atados,

dos senhores de espanto,
dos senhores despertos
nesta manhã solar
(antemanhã da morte).
Vinde crepuscular

aqui, é tão mais fácil
amar e se esquecer,
e viver, e viver.

Antologia Poética

AFFONSO ROMANO DE SANT'ANNA

Belo Horizonte (1937)

En la nueva generación, Romano de Sant'Anna representa un tipo de poesía muy personal, hecha de una materia en la cual el ya clásico modernismo mineiro se une a ciertas conquistas de la poesía concreta y un inegable acento, "militante", que llevó hasta el límitede las experiencias del movimiento *violão de rua.* No fue tarea fácil lograr esta extraña amalgama lírica, haciendo de ella una poesía con un tono personal y humano–mas fue éste el caso de Romano de Sant'Anna, constituyendo flagrante ejemplo de una poesía renovadora.

Debe destacarse el elemento universal presente muchas veces en sus poemas, y de esta manera, puede ser comprendida su importancia en un movimiento que, por causa de su compleja variedad, no llegó a constituir una generación en el sentido corriente. Una voz alzándose de un grupo de investigadores y de rebeldes, he aquí quizás la mejor definición de su poesía.

AFFONSO ROMANO DE SANT'ANNA

Belo Horizonte (1937)

Na nova geração representa um tipo de poesia muito pessoal, feita de uma matéria na qual o já classico modernismo mineiro une-seacertas conquista da poesia concreta e um inegável acento "militante" que o levou até a fronteira das experiências do "Violão de Rua." Não foi tarefa fácil conseguir êste estranho amalgama lírico, dele fazendo uma poesia com um tom pessoal e humano—maís foi êste o caso de Romano de Sant'Anna, constituindo flagrante exemplo de uma poesia renovadora.

Deve ser destacado o elemento universal presente muitas vezes em seus poemas—e desta maneira pode ser compreendida sua importância num movimento que por causa da sua complexa variedade não chegou a constituir uma geração no sentido comum. Uma voz levantando-se de um grupo de pesquisadores e de rebeldes, eis talvez a melhor definição da sua poesia.

4 poetas 1960
Canto e palavra 1965
Poesia viva 1969

POEMA ACUMULATIVO

Êste é o homem.
Êste é o homem
e esta é a casa
—que o homem construíu.

Esta é a casa
e êste é o trigo
—que está na casa
que o homem construiu.

Êste é o trigo
e êste é o rato
—que roeu o trigo
que está na casa
que o homem construiu.

Êste é o rato
e êste é o gato
—que arranhou o rato
que roeu o trigo
que está na casa
que o homem construiu.

Êste é o gato
e êste é o cão
—que mordeu o gato
que arranhou o rato
que roeu o trigo
que está na casa
que o homem construiu.

Êste é o cão
e esta é a vaca
—que chifrou o cão
que mordeu o gato
que arranhou o rato
que roeu o trigo
que está na casa

que o homem construiu.

Esta é a vaca
e esta é a môça
—que ordenhou a vaca
que chifrou o cão
que mordeu o gato
que arranhou o rato
que roeu o trigo
que está na casa
que o homem construiu.

Esta é a môça
e êste é o homem
—que beijou a môça
que ordenhou a vaca
que chifrou o cão
que mordeu o gato
que arranhou o rato
que roeu o trigo
que está na casa
que o homem construiu.

Esta é a môça
e êste é o homem
—que beijou a môça
que ordenhou a vaca
que chifrou o cão
que mordeu o gato
que arranhou o rato
que roeu o trigo
que está na casa
que o homem construiu.

Êste é o homem
e êste é o padre
—que casou o homem
que beijou a môça
que ordenhou a vaca
que chifrou o cão

que mordeu o gato
que arranhou o rato
que roeu o trigo
que está na casa
que o homem construiu.

Êste é o padre
e êste é o galo

—que acordou o padre
que casou o homem
que beijou a môça
que ordenhou a vaca
que chifrou o cão
que mordeu o gato
que arranhou o rato
que roeu o trigo
que está na casa
que o homem construiu.

Êste é o galo
e êste é o homem

—que é dono do galo
que acordou o padre
que casou o homem
que beijou a môça
que ordenhou a vaca
que chifrou o cão
que mordeu o gato
que arranhou o rato
que roeu o trigo
que está na casa
que o homem construiu.

Êste é o homem
que é o dono do galo.

Se êsse homem
é dono do galo

—é dono do padre
é dono da môça

é dono da vaca
é dono do cão
é dono do gato
é dono do rato
é dono do trigo
é dono da casa

êsse homem
é dono do homem
e de tudo
que o homem construiu.

Qual o nome do homem
que é dono do homem?

Qual o nome do homem
que rói o osso do homem?

Qual o nome do homem
que arranha o corpo do homem?

Qual o nome do homem
que morde a carne do homem?

Qual o nome do homem
que ordenha o sangue do homem?

Êste homem é o homem
que a avareza construiu.

Êste homem é o homem
que a cobiça consumiu.

Êste homem é o homem
que a inveja seduziu.

Êste homem é o homem
que a preguiça produziu.

Êste homem é o homem
que a soberba recobriu.

Êste homem é o homem
que a gula deglutiu.

Êste homem
não é um homem:

Êste homem é o homem
que no homem sucumbiu.

Se êste é o homem
que é dono do homem,
como há de ser o homem
que tem um dono?

Êste corpo é do homem
que tem um dono:

vejam como êle é dúbio
        como êle é manso
        como êle é escuro.

Esta é a casa do homem
que tem um dono:

vejam como ela é triste
        como ela é pouca
        como ela é opaca.

Esta é a mulher do homem
que tem um dono:
vejam como ela é dura
        como ela é sêca
        como ela é fraca.

Esta é vida do homem
que tem um dono:

vejam como ela é plana
        como ela é curta
        como ela é chata.

        Corpo
        casa
        mulher
        e vida

não são do homem
se o homem tem um dono.

Nada que é seu é seu
e até mesmo do seu corpo

só é seu o seu suor.

Por isto, êste homem
que tem um dono,
como o seu dono
não é também um homem:

é um rato
é um gato
é um cão
é a vaca.

Êste homem, enfim,
não é um homem:
—é o homem
que o homem destruiu.

A PESCA

O anil
o anzol
o azul

o silêncio
o tempo
o peixe

a agulha
  vertical
  mergulha

a água
a linha
a espuma

o tempo
o peixe
o silêncio

a garganta
a âncora
o peixe

a bôca
o arranco
o rasgão

aberta a água
aberta a chaga
aberto o anzol

aquelíneo
ágil-claro
estabanado

o peixe
a areia
o sol.

POEMA PARA MEDGAR EVERS

(líder negro dos E.U.A. assassinado
à bala quando entrava à noite em sua casa)

1

Sound
Our
Soul
        —bell

Sound
Our
Soul
        —bell

Sound
Our
Soul
        —bell

Em algum ponto do mundo é noite
e um homem negro tomba morto.

        KU
        KLUX
        KLAN
            —Alabama

        KU
        KLUX
        KLAN
            —Aleluia.

2

  Negra
  noite
  oculta
a fala.

Negro
corpo
oculta
bala.
Negro
fôrro
é negro
morto.

KU
KLUX
KLAN
—Alabama

KU
KLUX
KLAN
—Aleluia.

O Senhor é meu pastor
HALLELUIA ! HALLELUIA !
Mas um lôbo me atacou
HALLELUIA ! HALLELUIA !
No vale da escura noite
HALLELUIA ! HALLELUIA !
Meu corpo se amortalhou
HALLELUIA ! HALLELUIA !
Sôbre as taças do inimigo
HALLELUIA ! HALLELUIA !
O meu sangue transbordou
HALLELUIA ! HALLELUIA !
O Senhor é meu pastor
HALLELUIA ! HALLELUIA !
Mas um branco me matou
HALLELUIA ! HALLELUIA !

KU
KLUX
KLAN
—Aleluia.
KU
KLUX
KLAN
—Alabama.

4

No Alabama
é onde o homem é menos homem,
é onde o homem quando é branco
—é lôbo e homem
e o homem quando é negro
—é lôdo e lama.

No Alabama
um homem quando é negro
sabe que seu sangue porque é negro
—é drama

e cedo ou tarde pelas pedras
—se derrama.

No Alabama
é onde o homem é menos homem.
Dali é que nos chega
o sangue inscrito em telegrama.
Dali é que nos chega
um nome que era negro e escuro
e que agora se transfunde em pura chama.

KU
KLUX
KLAN
—Aleluia.

KU
KLUX
KLAN
—Alabama.

(Poesia viva)

CHILE

PABLO DE ROKHA

Licantén (1894) - Santiago (1968)

Fue por toda su vida y su obra el pionero del *tremendismo*, posiblemente el más tremendista de todos los poetas o prosistas de esta tendencia. Lo fue sin escribirlo, pero viviéndolo día a día hasta el instante cuando ya muy anciano se mató con un tiro de revólver en la boca: con el mismo revólver con el cual se matara algunos años antes uno de sus hijos.
Fue comerciante y viajero, *buhonero* de sus libros, que vendió por los pueblos y las ciudades de Chile, como se vendían los ejemplares del *Facundo*. Editó revistas, enseñó clases de literatura en la Universidad, fue cantor de Marx, Freud, Jesucristo, Trotski, Mao. Hubo quien dijera que su obra estaba influenciada por el Conde de Lautréamont, pero tal vez sea más exacto decir que tanto la poesía del Conde como la de Pablo de Rokha fueron una permanente lucha con los elementos: el océano, la tempestad, la muerte, la revolución.
Su muerte violenta, su ausencia como hombre de carne y hueso, de peleas y polémicas a veces brutales, debe ser punto de partida para la revaloración de su obra.

Fusiles de sangre 1950
Funeral por los héroes y los mártires de Corea 1950
Fuego negro 1952
Arte grande o ejercicio del realismo 1953
Antología 1953
Idioma del mundo 1958
Genio del pueblo 1960
Acero de invierno 1961
Canto de fuego a China popular 1963
China Roja 1964
Estilo de masas 1965
Epopeya de las comidas y las bebidas de Chile 1965
Canto del macho anciano 1965
Poemas; rimados o asonantados 1966
Mundo a mundo 1967

CANTO DEL MACHO ANCIANO

Sentado a la sombra inmortal de un sepulcro,
o enarbolando el gran anillo matrimonial herido a la
manera de palomas que se deshojan como congojas,
escarbo los últimos atardeceres.

Como quien arroja un libro de botellas tristes a la Mar-
Océano
o una enorme piedra de humo echando sin embargo espanto a los acantilados de la historia
o acaso un pájaro muerto que gotea llanto,
voy lanzando los peñascos inexorables del pretérito
contra la muralla negra.

Y como ya todo es inútil,
como los candados del infinito crujen en goznes mohosos,
su actitud llena la tierra de lamentos.

Escucho el regimiento de esqueletos del gran crepúsculo,
del gran crepúsculo cardíaco o demoníaco, maníaco de los
enfurecidos ancianos, la trompeta acusatoria de la desgracia
acumulada, el arriarse descomunal de todas las banderas, el
ámbito terriblemente pálido
de los fusilamientos, la angustia
del soldado que agoniza entre tizanas y frazadas, a qui-
nientas leguas abiertas
del campo de batalla, y sollozo como un pabellón antiguo.

Hay lágrimas de hierro amontonadas, pero
por adentro del invierno se levanta el hongo infernal del
cataclismo personal, y catástrofes de ciudades
que murieron y son polvo remoto, aúllan.

Ha llegado la hora vestida de pánico
en la cual todas las vidas carecen de sentido, carecen de

destino, carecen de estilo y de espada,
carecen de dirección, de voz, carecen
de todo lo rojo y terrible de las empresas o las epopeyas o las vivencias ecuménicas,
que justificarán la existencia como peligro y como suicidio; un mito enorme,
equivocado, rupreste, de rumiante
fue el existir; y restan las chaquetas solas del ágape inexorable, las risas caídas y el arrepentimiento invernal de los excesos,
en aquel entonces antiquísimo con rasgos de santo y de demonio,
cuando yo era hermoso como un toro negro y tenía las mujeres que quería
y un revólver de hombre a la cintura.

Fallan las glándulas
y el varón genital intimidado por el yo rabioso, se recoge a la medida del abatimiento o atardeciendo
araña la perdida felicidad en los escombros;
el amor nos agarró y nos estrujó como a limones desesperados;
yo ando lamiendo su ternura,
pero ella se diluye en la eternidad, se confunde en la eternidad, se destruye en la eternidad y aunque existo porque batallo y "mi poesía es mi militancia",
todo lo eterno me rodea amenazándome y gritando desde la otra orilla.

Busco los musgos, las cosas usadas y estupefactas
lo postpretérito y difícil, arado de pasado e infinitamente de olvido, polvoso y mohoso como las panoplias de antaño, como las familias de antaño, como las monedas de antaño,
con el resplandor de los ataúdes enfurecidos,
el gigante relincho de los sombreros muertos, o aquello únicamente aquello
que se está cayendo en las formas,

el yo público, la figura atronadora del ser
que se ahoga contradiciéndose.

Ahora la hembra domina, envenenada,
y el vino se burla de nosotros como un cómplice de nosotros, emborrachándonos, cuando nos llevamos la copa a la boca dolorosa,
acorralándonos y aculatándonos contra nosotros mismos como mitos.

Estamos muy cansados de escribir universos sobre universos
y la inmortalidad que otrora tanto amaba el corazón adolescente, se arrastra
como una pobre puta envejeciendo;
sabemos que podemos escalar todas las montañas de la literatura como en la juventud heroica, que nos aguanta el ánimo
el coraje suicida de los temerarios, y sin embargo yo,
definitivamente viudo, definitivamente solo, definitivamente viejo, y apuñalado de padecimientos,
ejecutando la hazaña desesperada de sobrepujarme,
el autorretrato de todo lo heroico de la sociedad y la naturaleza me abruma;
¿qué les sucede a los ancianos con su propia ex-combatiente sombra?
se confunden con ella ardiendo y son fuego rugiendo sueño de sombra hecho de sombra,
lo sombrío definitivo y un ataúd que anda llorando sombra sobre sombra.

Viviendo del recuerdo, amamantándome
del recuerdo, el recuerdo me envuelve y al retornar a la gran soledad de la adolescencia,
padre y abuelo, padre de innumerables familias,
rasguño los rescoldos, y la ceniza helada agranda la desesperación
en la que todos están muertos entre muertos,

y la más amada de las mujeres, retumba en la tumba de truenos y héroes
labrada con palancas universales o como bramando.

¿En qué bosques de fusiles nos esconderemos de aquestos pellejos ardiendo?
porque es terrible el seguirse a sí mismo cuando lo hicimos todo, lo quisimos todo, lo pudimos todo y se nos quebraron las manos,
las manos y los dientes mordiendo hierro con fuego;
y ahora como se desciende terriblemente de lo cuotidiano a lo infinito, ataúd por ataúd,
desbarrancándonos como peñascos o como caballos mundo abajo,
vamos con extraños, paso a paso y tranco a tranco midiendo el derrumbamiento general,
calculándolo, a la sordina,
y de ahí entonces la prudencia que es la derrota de la ancianidad;
vacías restan las botellas,
gastados los zapatos y desaparecidos los amigos más queridos, nuestro viejo tiempo, la época
y tú, Winétt, colosal e inexorable.

Todas las cosas van siguiendo mis pisadas, ladrando desesperadamente,
como un acompañamiento fúnebre, mordiendo el siniestro funeral del mundo como el entierro nacional
de las edades, y yo voy muerto andando.

Infinitamente cansado, desengañado, errado,
con la sensación categórica de haberme equivocado en lo ejecutado o desperdiciado o abandonado o atropellado al avatar del destino
en la inutilidad de existir y su gran carrera despedazada;
comprendo y admiro a los líderes,
pero soy el coordinador de la angustia del universo, el sui-

cida que apostó su destino a la baraja
de la expresionalidad y lo ganó perdiendo el derecho a perderlo,
el hombre que rompe su época y arrasándola, le da categoría y régimen,
pero queda hecho pedazos y a la expectativa;
rompiente de jubilaciones, ariete y símbolo de piedra,
anhelo ya la antigua plaza de provincia
y la discusión con los pájaros, el vagabundaje y la retreta apolillada en los extramuros.

Está lloviendo, está lloviendo, está lloviendo,
¡ojalá siempre esté lloviendo, esté lloviendo siempre y el vendaval desenfrenado que yo soy íntegro, se asocie
a la personalidad popular del huracán!

A la manera de la estación de ferrocarriles,
mi situación está poblada de adioses y de ausencia, una gran lágrima enfurecida
derrama tiempo con sueño y águilas tristes;
cae la tarde en la literatura y no hicimos lo que pudimos,
cuando hicimos lo que quisimos con nuestro pellejo.

El aventurero de los océanos deshabitados,
el descubridor, el conquistador, el gobernador de naciones y el fundador de ciudades tentaculares,
como un gran capitán frustrado,
rememorando lo soñado como errado y vil o trocando en el escarnio celestial del vocabulario
espadas por poemas, entregó la cuchilla rota del canto
al soñador que arrastraría adentro del pecho universal muerto, el cadáver de un conductor de pueblos,
con su bastón de mariscal tronchado y echando llamas.

El "borracho, bestial, lascivo e iconoclasta" como el cíclope de Eurípides
queriendo y muriendo de amor, arrasándola
a la amada en temporal de besos, es ya nada ahora más que

un león herido y mordido de cóndores.

Caduco en "la República asesinada"
y como el dolor nacional es mío, el dolor popular me horada la palabra, desgarrándome,
como si todos los niños hambrientos de Chile fueran mis parientes;
el trágico y el dionisíaco naufragan en este enorme atado de lujuria en angustia, y la acometida agonal
se estrella la cabeza en las murallas enarboladas de sol caído,
trompetas botadas, botellas quebradas, banderas ajadas, ensangrentadas por el martirio del trabajo mal pagado;
escucho la muerte roncando por debajo del mundo
a la manera de las culebras, a la manera de las escopetas apuntándonos a la cabeza, a la manera
de Dios, que no existió nunca.

Hueso de estatua gritando en antiguos panteones, amarillo
y aterido como crucifijo de prostituta,
llorando estoy, botado, con el badajo de la campana del corazón hecho pedazos,
entre cabezas destronadas, trompetas enlutadas y cataclismos,
como carreta de ajusticiamiento, como espada de batallas perdidas en montañas, desiertos y desfiladeros, como zapato loco.

Anduve todos los caminos preguntando por el camino,
e intuyó mi estupor que una sola ruta, la muerte adentro de la muerte edificaba su ámbito adentro de la muerte,
reintegrándose en oleaje oscuro a su epicentro;
he llegado a donde partiera, cansado y sudando sangre como el Jesucristo de los olivos, yo que soy su enemigo;
y sé perfectamente que no va a retornar ninguno
de los actos pasados o antepasados, que son el recuerdo de un recuerdo como lloviendo años difuntos del agonizante ciclópeo,
porque yo siendo el mismo soy distinto, soy lo distinto

mismo y lo mismo distinto;
todo lo mío ya es irreparable;
y la gran euforia alcohólica en la cual naufragaría el varón conyugal de entonces,
conmemorando los desbordamientos felices,
es hoy por hoy un vino terrible despedazando las vasijas o clavo ardiendo.

Tal como esos molos muertos del atardecer, los deseos y la ambición catastrófica,
están rumiando verdad desecha y humo en los sepulcros de los estupendos panteones extranjeros, que son ríos malditos
la orilla del mar de ceniza que llora abriendo su boca ade tromba.

El garañón desenfrenado y atrabiliario, cuyos altos y anchos veinte años meaban las plazas públicas del mundo,
dueño del sexo de las doncellas más hermosas y de los lazos trenzados de doce corriones,
da la lástima humillatoria del cazador de leones decrépito y dramático, al cual la tormenta de las pasiones acumuladas como culebras en un torreón hundido, lo azota;
me repugna la sexualidad pornográfica, y el cadáver de Pan enamorado de la niña morena;
pero el viejo es de intuición y ensoñación e imaginación cínica como el niño o el gran poeta a caballo en el espanto,
tremendamente amoral y desesperado, y como es todo un hombre a esas alturas, anda
levantándoles las polleras a las hembras chilenas e internacionales y cayendo de derrota en derrota en la batalla entre los techos y los sueños es mentira la ancianidad agropecuaria y de égloga, porque el anciano se está vengando, cuando el anciano se está creando su Pirámide;
como aquellos vinos añejos, con alcohol reconcentrado en sus errores y ecos de esos que rugen como sables o como calles llenas de suburbio,

desgarraríamos los toneles si pudiese la dinamita adolorida del espíritu arrasar su condensación épica, y sol caído, su concentración trágica,
pero los abuelos sonríen en equivalentes frustrados, no porque son gangochos enmohecidos, sino rol marchito, pero con fuego adentro del ánimo.

Sabemos que tenemos el coraje de los asesinados y los crucificados por ideas,
dignidad antigua y categórica de los guerreros de religión,
pero los huesos síquicos flaquean, el espanto cruje de doliente y se caen de bruces los riñones, los pulmones, los cojones de las médulas categóricas.

Agarrándonos a la tabla de salvación de la poesía, que es una gran máquina negra,
somos los santos carajos y desocupados de aquella irreligiosidad horrenda que da vergüenza porque desapareció cuando desapareció el último "dios" de la tierra,
y la nacionalidad de la personalidad ilustre, se pudre de
eminente y de formidable como divino oro judío;
todo lo miramos en pasado, y el pasado, el pasado, el pasado es el porvenir de los desengañados y los túmulos;
yo, en este instante, soy como un navío
que avanza mar afuera con todo lo remoto en las bodegas
y acordeones de navegaciones;
querríamos arañar la eternidad y a patadas, abofeteándola, agujerear su acerbo y colosal acero;
olorosos a tinajas y a tonelería o a la esposa fiel, a lágrima deshabitada,
a lo chileno postpretérito o como ruinoso y relampagueante, nuestros viejos sueños de antaño ya ogaño son delirio, nuestros viejos sueños de antaño,
son llanto usado y candelabros de espantajos, valores de orden y categorías sin vivencias.

Envejeciendo con nosotros, la época en desintegración entra en coma, entra en sombra, entra toda

la gran tiniebla de quien rodase periclitando, pero por adentro le sacamos los nuevos estilos contra los viejos estilos arrastrándolos del infierno de los cabellos,
restableciendo lo inaudito de la juventud, el ser rebelde, insurgente, silvestre e iconoclasta.

La idolatrábamos, e idolatrándola, nos revolcábamos
en la clandestinidad de la mujer ajena y retornábamos como sudando lo humano, chorreando lo humano, llorando lo humano, o despavoridos
o acaso más humanos que lo más humano entre lo más humano, más bestias humanas, más error, más dolor, más terror,
porque el hombre es precisamente aquello, lo que deviene sublimidad en la gran caída, flor de victorias–derrotas llamando, gritando, llorando por lo desaparecido, como grandes, tremendos mares–océanos degollándose en oleajes,
criatura de aventura contra el destino, voz de los naufragios en los naufragios resplandeciendo, estrella de tinieblas,
ahora no caemos porque no podemos y como no caemos, a la misma altura, morimos, porque el cuero del cuerpo, como los viejos veleros, se prueba en la tormenta;
del dolor del error salió la poesía, del dolor del error
y el hombre enorme, contradictorio, aforme, acumulado, el hombre es el eslabón perdido de una gran cadena de miserias, el hombre expoliado y azotado por el hombre,
y hoy devuelvo a la especie la angustia individual;
adentro del corazón ardiendo nosotros la amamantamos con fracasos que son batallas completamente ganadas en literatura, contra la literatura;
la amamos y la amábamos con todo lo hondo del espíritu,
furiosos con nosotros, hipnotizados, horrorizados, idiotizados, con el ser montañés que éramos
agrario-oceánicos de Chile, ahora es ceniza,
ceniza y convicción materialista, ceniza y desesperación helada, lo trágico enigmático, paloma del mundo e histo-

ria del mundo; y aquella belleza immensa e idolatrada, Luisa Anabalón.
como una gran águila negra, nos está mordiendo como recuerdo las entrañas
Ruge la muerte con la cabeza ensangrentada y sonríe pateándonos,
y yo estoy solo, terriblemente solo, medio a medio de la multitud que amo y canto, solo y funeral como en la adolescencia, solo, solo entre los grandes murallones de las provincias despavoridas,
solo y vacío, solo y oscuro, solo y remoto, solo y extraño, solo y tremendo
enfrentándome a la certidumbre de hundirme para siempre en las tinieblas sin haberla inmortalizado con barro llorado,
y extraño como un lobo de mar en las lagunas.

Los años náufragos escarban, arañan, espantan,
son demoníacos y ardientes como serpientes de azufre, porque son besos rugiendo, pueblos blandiendo la contradicción, gestos mordiendo,
el pan candeal quemado del presente, esta cosa hueca y siniestra de saberse derrumbándose,
cayendo al abismo abierto por nosotros mismos, adentro de nosotros mismos, con nosotros mismos
que nos fuimos cavando y alimentando de vísceras.

Así se está rígido, en círculo, como en un ataúd redondo y como de ida y vuelta,
aserruchando sombra, hachando sombra, apuñalando sombra,
viajando en un tren desorbitado y amargo que anda tronchado en tres mitades y llora inmóvil,
sin itinerario ni línea, ni conductor, ni brújula,
y es como si todo se hubiese cortado la lengua entera con un pedazo de andrajo.

Muertas las personas, las costumbres, las palabras, las ciudades en las que todas las murallas están caídas, como guitarras de desolación, y las hojas profundas, yertas,
yo ando tronando, desorientado, y en gran cantidad
melancólicamente uncido a antiguas cosas arcaicas que periclitaron, a maneras
de ser que son yerbajos o lagartos de ruinas,
y me parece que las vías públicas son versos añejos y traicionados o cirios llovidos;
la emotividad épica se desgarra universalmente
en el asesinato general del mundo, planificado por los verdugos de los pueblos, a la espalda de los pueblos entre las grandes alcantarillas de dólares,
o cuando miramos al mixtificador, ahito de banquetes episcopales
hartarse de condecoraciones y dinero con pelos, hincharse y doparse enmascarándose en una gran causa humana y refocilándose como un gran demonio y un gran podrido y un gran engendro de Judas, condecorado
de bienestar burgués sobre el hambre gigante de las masas, relajándolas y humillándolas.

Encima de bancos de palo que resuenan como tabernas, como mítines, como iglesias
o como sepulcros, como acordeones de ladrones de mar en las oceanías de las cárceles o como átomos en desintegración,
sentados los ancianos me aguardan desde cinco siglos hace con los brazos cruzados a la espalda,
la espalda de las montañas huracanadas que les golpean los testículos, arrojándolos a la sensualidad de la ancianidad, que es terrible, arrojándolos
a patadas de los hogares y de las ciudades, porque estos viejos lesos son todos trágicos,
arrojándolos, como guiñapos o pingajos, a la nada quebrada de los apátridas a los que nadie quiere, porque nadie teme.

Entiendo el infierno universal, y como no estoy viviendo
en el techo del cielo, me ofende personalmente la agresión arcangélica de la Iglesia y del Estado,
el "nido de ratas", y la clínica metafísica de "el arte por el arte",
la puñalada oscuramente aceitada de flor y la cuchillada con serrucho de los contemporáneos, que son panteón de arañas,
el ojo de lobo del culebrón literario, todo amarillo,
elaborando con desacatos la bomba cargada de versiones horizontales, la manzana y la naranja envenenada;
contemplo los incendios lamiendo los penachos muertos,
apuñalada la montaña en el estómago y el torreón de los extranjeros derrumbándose,
veo como fuegos de gas formeno, veo como vientos huracanados los fenómenos,
y desde adentro de las tinieblas a las que voy entrando por un portalón con intuición de desesperación y costillares de ataúdes,
la antigua vida se me revuelve en las entrañas.

La miseria social me ofende personalmente,
y al resonar en mi corazón las altas y anchas masas humanas, las altas y anchas masas de hoy,
como una gran tormenta me va cruzando, apenas
soy yo mismo íntegro, porque soy mundo humano, soy el retrato bestial de la sociedad partida en clases,
y hoy por hoy trabajo mi estilo arando los descalabros.

Las batallas ganadas son heridas marchitas, pétalos
de una gran rosa sangrienta,
por lo tanto combato de acuerdo con mi condición de insurgente, dando al pueblo voz y estilo,
sabiendo que perderé la guerra eterna,
que como el todo me acosa y soy uno entero, mientras más persona del cosmos asuma,
será más integral la última ruina;
parece que encienden lámparas en otro siglo del siglo, en

otro mundo del mundo ya caído, el olvido
echa violetas muertas en las tumbas y todo lo oscuro
se reúne en torno a mi sombra,
mi sombra, mi sombra a edad remota comparable o.a batea
de aldea en la montaña,
y el porvenir es un sable de sangre.

No atardeciendo paz, sino el sino furioso de los crepúsculos guillotinados,
la batalla campal de los agonizantes,
y la guerra oscura del sol contra sí mismo, la mantanza
que ejecuta la naturaleza inmortal
y asesina, como comadrona de fusilamientos.

Esculpí el mito del mundo en las metáforas,
la imagen de los explotados y los azotados de mi época y
dí vocabulario
al ser coriente sometido al infinito,
multitudes y muchedumbres al reflejar mi voz su poesía, la
poesía se sublimó en expresión de todos los pueblos,
el anónimo y el decrépito y el expósito hablaron su lengua
y emergió desde las bases la mitología general de Chile y el
dolor colonial enarbolando su ametralladora;
militante del lenguaje nuevo, contra el lenguaje viejo enfilo
mi caballlo;
ahora las formas épicas que entraron en conflicto con los
monstruos usados como zapatos de tiburón muerto,
o dieron batalla a los sirvientes de los verdugos de los
sirvientes,
transforman las derrotas en victorias, que son derrotas victoriosas y son victorias derrotosas, el palo de llanto del
fracaso en una rosa negra,
pero yo estoy ansioso a la ribera del suceder dialéctico, que
es instantáneamente pretérito,
sollozando entre vinos viejos, otoños viejos, ritos viejos de
las viejas maletas de la apostasía universal, protestando y
pateando,
y el pabellón de la juventud resplandece de huracanes

despedazados, su canción vecinal y trágica como aquella paloma enferma, como un puñal de león enfurecido, como una sepultura viuda
o un antiguo difunto herido que se pusiera a llorar a gritos.
Ya no se trilla a yeguas ni se traduce a Heráclito, y Demócrito es desconocido del gran artista, nadie ahora lee a Teognis de Mégara, ni topea en la ramada coral, amamantado con la guañaca rural de la República,
el subterráneo familiar es la sub-conciencia o la inconciencia que alumbran pálidas o negras lámparas,
y todos los viajeros de la edad estamos como acuchillados y andamos como ensangrentados de fantasmas y catástrofes,
quemados, chorreados, apaleados del barro con llanto de la vida,
con la muleta de la soledad huracanando las veredas y las escuelas.

Avanza el temporal de los reumatismos
y las arterias endurecidas son látigos que azotan el musgoso y mohoso y lúgubre
caminar del sesentón, su cara de cadáver apaleado,
porque se van haciendo los viejos piedras de sepulcros, tumba y respetuosidad,
es decir: la hoja caída y la lástima,
el sexo del muerto que está boca-arriba adentro de la tierra,
como vasija definitivamente vacía.

Como si fuera otro volveré de las aldeas de la adolescencia,
y besaré la huella difunta de su pie florido y divino como el vuelo de un picaflor o un prendedor de brillantes,
pero su cintura de espiga melancólica ya no estará en mis brazos.

No bajando, sino subiendo al final secular, gravita la senectud despavorida,
son los dientes caídos como antiguos acantilados a la orilla del mar innumerable que deviene un panteón ardiendo,

la calavera erosionada y la pelambrera
como de choclo abandonado en las muertas bodegas, esas
que están heladas y telarañosas
en las que el tiempo aúlla como perro solo, y el velamen
de los barcos sonando a antaño está botado en las alcantarillas del gusano;
es inútil ensillar la cabalgadura
de otrora, y galopar por el camino real llorando y corcoveando con caballo y todo
o disparar un grito de revólver,
los aperos crujen porque sufren como el costillar del jinete
que es la bestia chilena y desenfrenada
con mujeres sentadas al anca, estremeciendo los potreros
de sus capitanías.

La Gran Quimera de la vida humana
como un lobo crucificado o aquella dulce estrella a la cual
mataran todos lo hijos
yace como yacen yaciendo los muertos adentro del universo.
"Caín, Caín, ¿Qué hiciste de tu hermano? ",
dice el héroe de la senectud cavando con ensangrentado
estupor su sepulcro, la historia
le patea la cabeza como una vaca rubia derrumbándolo barranca abajo,
pero es leyenda él, categoría, sueño del viento acariciando
los naranjos atrabiliarios de su juventud,
don melancólico, y la última cana del alma
se le derrama como la última hoja del álamo o la última
gota de luz estremeciendo los desiertos.

Parten los trenes del destino, sin sentido como navío de
fantasmas.

Los victoriosos están muertos, los derrotados están muertos,
cuando la ancianidad apunta la escopeta negra, estupenda,
en los órganos desesperados como caballo de soldado
desertor,
todos, nosotros en lo agonal agonizantes, todos están ago-

nizando, todos
pero el agonizante soy yo, yo soy el agonizante entre batallas, entre congojas, entre banderas y fusiles, solo, completamente solo, y lúgubre, sin editor, plagiado y abandonado en el abismo,
peleando con escombros azotados,
peleando con el pretérito, por el pretérito, adentro del pretérito, en pretensiones horribles,
peleando con el futuro, completamente desnudo
hasta la cintura, peleando y peleando con todos vosotros,
por la grandeza y la certeza de la pelea,
peleando y contrapeleando a la siga maldita de la inmortalidad ajusticiada.

Entre colchones que ladran y buques náufragos con dentadura de prostitutas enfurecidas o sapos borrachos, ladrones y cabrones empapelados con pedazos de escarnio,
agarrándose a una muralla por la cual se arrastran enormes arañas con ojo viscoso
o hermafroditas con cierto talento de caracol haciendo un arte mínimo con pedacitos de atardecer amarillo, nos batimos a espada con el oficio del estilo,
cuando en los andamios de los transatlánticos
como pequeños simios con chaleco despavorido, juegan a la ruleta los grandes poetas de ahora.

Cien puñales de mar me apuñalaron
y la patada estrangulada
de lo imponderable fue la ley provincial del hombre pobre que se opone al pobre hombre y es maldito,
vi morir, refluir a la materia enloquecida, llorando
a la más amada de las mujeres, tronchado, funerario, estupefacto, mordido de abismos,
baleado y pateado por los fusileros del horror, y en todos instantes
espero los acerbos días de la calavera que adviene cruzando

los relámpagos con la cuchilla entre los dientes.

Voy a estallar adentro del sepulcro suicidándome en cadáver.

Como si rugiera desde todo lo hondo de los departamentos y las provincias
de pétalos y jergones de aldea o mediaguas
descomunales, o por debajo de los barrios sobados como látigos de triste jinete, embadurnados con estiércol de ánimas
o siúticos ajusticiados, con sinuosidades y bellaquerías de una gran mala persona,
acomodado a las penumbras y las culebras, clínico, el complejo de inferioridad y resentimiento
se asoma roncando en las amistosidades añejas,
con el gran puñal-amistad chorreado de vino, chorreado de adulaciones, chorreado de sebo comunal,
y al agarrar la misericordia, y azotar con afecto al fantasma sonríe el diente de oro de la envidia, la joroba social,
lo *inhibidísimo, la discordia total, subterránea, en la problemática del fracasado*,
escupiéndonos los zapatos abandonados en las heroicas bravuras antiguas.

Todos los ofidios hacen los estilos disminuídos de las alcobas e invaden la basura de la literatura,
de la literatura universal, que es la pequeña cabeza tremenda del jíbaro de la época, agarrándose del cogote del mundo, agarrándose de los calzoncillos de "Dios", agarrándose de los estropajos de sol, de la literatura del éxito,
el aguardiente pálido y pornográfico de los académicos o formalistas u onanistas o figuristas o asesinos descabezados o pervertidos
sexuales con el vientre rugiente como una catedral o una diagonal entre Sodoma y Gomorra, la cama de baba con las orejas negras como un huevo de difunto

o un veneno letal administrado por carajos eclesiásticos,
y el Arte Grande y Popular les araña la guata de murciélagos del infierno con fierros ardiendo, el abdomen
de rana o de ramera para el día domingo.

Aquestas personas horrendas, revolcándose
en el pantano de los desclasados del idealismo o masturbándose o suicidándose a patadas ellos contra ellos,
mientras el denominador común humano total se muere de hambre
en las cavernas de la civilización, y "la cultura capitalista" desgarra a dentelladas la desgracia de la infancia proletaria con el Imperialismo, o la tuberculosis
es una gran señora que se divierte fotografiando los moribundos
estimulándose las hormonas con la caridad sádico-metafísica, especie de brebaje de degolladores,
y la clase rectora, tan idiota como habilísima e imbécil,
nos alarga un litro de vino envenenado o un gobierno de carabinas...

Medio a medio de este billete con heliotropos agusanados
o demagogos de material plástico o borrachosos antidionysíacos, simoníacos o demoníacos,
nuestra heroicidad vieja de labriegos
se afirma en los estribos huracanados y afila la cuchilla, pero la pelea con la propia, terrible sombra
enfrentándose al cosmopolita
desde todo lo hondo de la nacionalidad a la universalidad lanzada
y estrujándose el corazón, se extrae el lenguaje.

La soledad heroica nos confronta con la ametralladora y el ajenjo del inadaptado
y nos enfrenta a la bohemia del piojo sublime del romanticismo,
entonces, o ejecutamos como ejecutamos, la faena de la

creación oscura y definitiva en el anonimato universal arrinconándonos, o caemos
de rodillas en el éxito por el éxito, aclamados y coronados
por pícaros y escandalosos, vivientes y sirvientes del banquete civil, acomodados a la naipada, comedores en panteones de panoplias y botellas metafísicas,
porque el hombre ama la belleza y la mujer retratándolas
y retratándose como proceso y como complejo, en ese vórtice que sublima lo cuotidiano en lo infinito.

Completamente ahitos como queridos de antiguos monarcas más o menos pelados, desintegrados y rabones,
caminan por encima de la realidad gesticulando,
creyendo que el sueño es el hecho, que disminuyendo se logran síntesis y categorías, que la manea es la grandeza
y aplaudidos por enemigos nos insultan,
como cadáveres de certámenes enloquecidos que se pusiesen de pie de repente, rajando los pesados gangochos en los que estaban forrados y amortajados a la manera de antaño,
llorando y pataleando, gritando y pataleando en mares de sangre inexorable
dopados con salarios robados en expoliaciones milenarias y cavernarias ejecuciones de cómplices.

El aullido general de la miseria imperialista da la tónica a mi rebelión, escribo con cuchillo
y pólvora, a la sombra de las pataguas de Curicó, anchas como vacas
los padecimientos de mi corazón y del corazón de mi pueblo, adentro del pueblo y los pueblos del mundo y el relincho de los caballos desensillados o las bestias chúcaras.

Y como yo ando buscando los pasos perdidos de lo que no existió nunca,
o el origen del hombre en el vocabulario, la raíz animal de la Belleza con estupor y errores labrada, y la tónica de las altas y anchas muchedumbres en las altas y anchas

multitudes del país secular de Chile,
el ser heroico está rugiendo en nuestra épica nueva, condicionado por el espanto nacional del contenido;
como seguramente lloro durmiendo a lágrimas piramidales que estallan, las escrituras que son sueño sujeto a una cadena inexorable e imagen que nadie deshace ni comprendió jamás, arrastran las napas de sangre
que corren por debajo de la Humanidad y al autodegollarse en el lenguaje, organizándolo, el lenguaje mío
me supera, y mi cabeza es un montón de escombros que se incendian, una guitarra muerta, una gran casa de dolor abandonada;
el Junio o Julio helados, me abrigan de sollozos
y aunque estos viejos huesos de acero vegetal se oponen a la invasión de la nada que avanza con su matraca espeluznante,
comprendo que transformo fuerzas por aniquilamiento y devengo otro suceso en la naturaleza.
¡Oh! antiguo esplendor perdido entre monedas y maletas de cementerio, ¡oh! pathos clásico,
¡oh! atrabiliario corazón enamorado de una gran bandera despedazada,
la desgracia total, definitiva está acechándonos con su bandeja de cabezas degolladas en el desfiladero.

Retornan los vacunos del crepúsculo tranco a tranco,
a los establos lugareños, con heno tremendo, porque los asesinarán a la madrugada,
y rumiando se creen felices al aguardar la caricia de la cuchilla,
el hombre, como el toro o como el lobo se derrumba en su lecho que es acaso su sepulcro,
contento como jumento de panadería.

Si todos los muertos se alzasen de adentro de todos los viejos, entre matanzas y campanas,
se embanderaría de luz negra la tierra, e iría
como un ataúd cruzando lo oceánico con las alas que-

bradas de las arboladuras.

A la agonía de la burguesía, le corresponde esta gran protesta social de la poesía revolucionaria, y los ímpetus dionysíacos tronchados o como bramando
por la victoria universal del comunismo,
o relampagueando a la manera de una gran espada o cantando como el pan en la casa modesta
emergen de la sociedad en desintegración que reflejo
en acusaciones públicas, levantadas como barricadas en las encrucijadas del arte;
mis poemas son banderas y ametralladoras,
salen del hambre nacional hacia la entraña de la explotación humana,
y como rebota en Latinoamérica
el impacto mundial de la infinita energía socialista que asoma en las auroras del proletariado rugiente,
saludo desde adentro del anocheciendo la calandria madrugadora;
y aunque me atore de adioses que son espigas y vendimias de otoños muy maduros,
el levantamiento general de las colonias, los azotados y los fusilados de la tierra encima del ocaso de los explotadores y la caída de la esclavitud contra los propios escombros de sus verdugos,
con una gran euforia auroral satura mis padecimientos
y resuena la trompeta de la victoria en los quillayes y los maitenes del sol licantenino.

Parezco un general caído en las trincheras,
ajusticiado y sin embargo acometedor en grande coraje: capaz de matar por la libertad o la justicia,
dolorido y convencido de todo lo heroico del "Arte Grande",
bañando de recuerdos tu sepulcro que se parece a una inmensa religión atea,
a plena conciencia de la inutilidad de todos los lamentos,
porque ya queda apenas de la divina, peregrina, grecolatina

flor, la voz de las generaciones.

Indiscutiblemente soy pueblo ardiendo,
entraña de roto y de huaso, y la masa humana me duele, me arde, me ruge
en la médula envejecida como montura de inquilino del Mataquito,
por eso comprendo al proletariado no como pingajo de oportunidades bárbaras,
sino como hijo y padre de esa gran fuerza concreta de todos los pueblos,
que empuja la historia con sudor heroico y terrible
sacando del arcano universal la felicidad del hombre, sacando del andrajo espigas y panales.

Los demonios enfurecidos con un pedazo de escopeta en el hocico, o el antiguo y eximio
caimán de terror desensillándose, revolcándose, refocilándose
entre escobas de fuego y muelas de piedra y auroras de hierro gasificado
piden que me fusilen,
y mis plagiarios que me ahorquen con un sapo de santo en el cogote.

Luchando con endriagos y profetas
emboscados en grandes verdades, con mártires de títeres
hechos con zapatos viejos
en material peligrosísimo y de pólvora, usados por debajo del cinturón reglamentario,
enfermó mi estupor cordillerano de civilización urbana;
en tristes, terribles sucesos, no siembro trigo como los abuelos, siembro gritos de rebelión en los pueblos hambrientos,
la hospitalidad provincial empina la calabaza y nos emborrachamos
como dioses que devienen pobres, se convierten en atar-

deceres públicos y echan la pena afuera
dramáticamente, caballos de antaño,
y emerge el jinete de la épica social americana todo creando solo;
recuerdo al amigo Rabelais y al compadre
Miguel de Cervantes, tomando mi cacho labrado en los mesones de las tabernas antiquísimas, las bodegas y las chinganas flor de invierno, y agarro
de la solapa de la chaqueta a la retórico-poética del siútico edificado con escupitajos de cadáver,
comparto con proletarios, con marineros, con empleados, con campesinos de "3ª clase", mi causeo y mi botella,
bebo con arrieros y desprecio a la intelectualidad podrida.

A la aldea departamental llegaron los desaforados, y un sigilo de alpargatas
se agarró del caserón de los tatarabuelos,
entre las monturas y las coyundas sacratísimas del polvoso antepasado remoto,
la culebra en muletas del clandestinaje habita,
el tinterillo y el asesino legal hacen sonar sus bastones de ladrones y de camaleones de la gran chancleta
y la mala persona arrojó a las mandibulas del can aventurero,
la heredad desgarradoramente familiar de las montañas de Licantén y las vegas nativas de los costinos en donde impera la lenteja real de Jacob y Esaú y la pregunta blanca de la gaviota.

Como billete sucio en los bolsillos del pantalón del alma
el tiempo inútil va dejando su borra de toneles desocupados y echando
claveles de acaeceres marchitos a la laguna de la amargura;
buscamos lo rancio en las despensas y en la tristeza: el queso viviendo muerto en los múltiplos de las oxidaciones que estallan como palancas, las canciones
arcaicas y la penicilina de los hongos remotos, con sombrero de catástrofes.

El nombre rugiente va botado, encadenado, ardiendo
como revólver rojo a la cintura del olvido, como ramo de llanto, como hueso de viento, como saco de cantos o consigna ineluctable,
como biblioteca sin bibliotecario, como gran botella
oceánica, bandera de quijadas de oro, y dicen las gentes por debajo del poncho:
"renovó con "Los Gemidos" la literatura castellana",
como quien hablara de un muerto ilustre a la orilla del mar desaparecido.

Contra la garra bárbara de Yanquilandia,
que origina la poesía del colonialismo en los esclavos y los cipayos ensangrentados, contra la guerra, contra la bestia imperial, yo levanto
el realismo popular constructivo, la epopeya embanderada de dolor insular, heroica y remota en las generaciones,
sirvo al pueblo en poemas y si mis cantos son amargos y acumulados de horrores ácidos y trágicos o atrabiliarios como océanos en libertad,
yo doy la forma épica al pantano de sangre caliente clamando por debajo en los temarios americanos;
la caída fatal de los imperios económicos refleja en mí su panfleto de cuatrero vil, yo lo escupo transformándolo en imprecación y en acusación poética, que emplaza las masas en la batalla por la liberación humana, y tallando
el escarnio bestial del imperialismo
lo arrojo a la cara de la canalla explotadora, a la cara de la oligarquía mundial, a la cara de la aristocracia feudal de la República
y de los poetas encadenados con hocico de rufianes intelectuales;
gente de fuerte envergadura, opongo la bayoneta de la insurgencia colonial a la retórica capitalista,
el canto del macho anciano, popular y autocrítico
tanto al masturbador artepurista, como al embaucador populachista, que entretiene las muchedumbres y frena

las masas obreras,
y al anunciar la sociedad nueva, al poema enrojecido de dolor nacional, le emergen
por adentro de las rojas pólvoras, grandes guitarras dulces, y la sandía colosal de la alegría.

No ingresaremos al huracán de silencio con huesos
de las jubilaciones públicas, a conquistar criadas y a calumniar los polvorosos ámbitos
jamás, el corazón sabrá rajarse en el instante preciso y definitivo
como la castaña muy madura haciendo retumbar los extramuros, haciendo
rodar, bramando, llorar la tierra inmensa de las sepulturas.

Si no fui más que un gran poeta con los brazos quebrados
y el acordeón del Emperador de los aventureros o el espanto del mar me llamaban al alma,
soy un guerrero del estilo como destino, apenas,
un soñador acongojado de haber soñado y estar soñando, un "expósito" y un "apátrida"
de mi época, y el arrepentimiento
de lo que no hicimos, corazón, nos taladra las entrañas
como polilla del espíritu, aserruchándonos.

A la luz secular de una niña muerta, madre de hombres y mujeres, voy andando y agonizando.

El cadáver del sol y mi cadáver
con la materia horriblemente eterna, me azotan la cara desde todo lo hondo de los siglos, y escucho
aquí, llorando, así, la espantosa clarinada migratoria.

No fui dueño de fundo, ni marino, ni atorrante, ni contrabandista o arriero cordillerano,
mi voluntad no tuvo caballos ni mujeres en la edad madura
y a mi amor lo arrasó la muerte azotándolo con su aldabón tronchado, despedazado e inútil y su huracán oliendo a

manzana asesinada.

Contemplándome o estrellándome
en todos lo espejos rotos de la nada, polvoso
y ultrarremoto desde el origen.

El callejón de los ancianos muere donde mueren las últimas
águilas...

Soy el abuelo y tú una inmensa sombra,
el gran lenguaje de imágenes inexorables, nacional-interna-
cional, inaudito
y extraído del subterráneo universal, engendra
la calumnia, la difamación, la mentira, rodeándome de
chacales ensangretados que me golpean la espalda,
y cuando yo hablo ofendo el rencor anormal del pequeño;
he llegado a esa altura irreparable en la que todos estamos
solos, Luisa Anabalón,
y como yo emerjo acumulando toda la soledad que me dejaste
derrumbándote, destrozándote,desgarrándote contra la nada
en un clamor de horror, me rodea la soledad definitiva;
sé perfectamente que la opinión pública de Chile y todo lo
humano están commigo,
que el pulso del mundo es mi pulso y por adentro de mi
condición fatal galopa el potro del siglo la carretera de la
existencia,
que la desgarrada telaraña literaria
está levantando un monumento a nuestra antigua heroicidad,
pero no puedo superar lo insuperable.

Como los troncos añosos de la vieja alameda muerta, lleno
de nidos y panales,
voy amontonando inviernos sobre inviernos
en las palabras ya cansadas con el peso tremendo de la
eternidad...

Tranqueo los pueblos rugiendo libros, sudando libros,
mordiendo libros y terrores

contra un régimen que asesina niños, mujeres, viejos con
  macabro trabajo esclavo, arrinconando en su ataúd
a la pequeña madre obrera en la flor de su ternura,
ando y hablo entre mártires tristes y héroes de la espoliación
  sacando mi clarinada a la vanguardia de las épocas, oscura
  e imprecatoria
de adentro del espanto local que levanta su muralla de
  puñales y de fusiles.

El Díaz y el Loyola de los arcaicos genes iberovascos están
  muriendo en mí como murieron cuando agonizaba tu
  perfil colosal, marino, grecolatino, vikingo,
las antiguas diosas mediterráneas de los Anabalones del
Egeo y las Walkirias de Winétt-hidromiel,
¡adiós! ...cae la noche herida en todo lo eterno por los
  balazos del sol decapitado que se derrumba gritando
  cielo abajo...

Epopeya de las comidas y las bebidas de Chile;
Canto del macho anciano

PABLO NERUDA

Parral (1904) – Santiago (1973)

A pesar de su celebridad mundial, no es tarea fácil escribir sobre la poesía de Neruda, puesto que juzgada objetivamente hay dos poesías de Neruda, como también hay varios Nerudas. Pero cuando se trata de presentar su poesía escrita y públicada en abundancia después de 1950, a nadie se le ocurrirá seleccionar los himnos dedicados a Stalin— que él mismo ha retirado más tarde de las ediciones de sus libros.

Lo más importante que el poeta de los *Veinte poemas de amor y una canción desesperada* (uno de sus mejores libros) ha producido en la segunda mitad del siglo XX, es su poesía de raíces chilenas, la poesía de las piedras, de las rocas, de las hierbas de su tierra, de carácter autobiográfico en el panorama de *Memorial de Isla Negra* y de manera muy especial en *Las piedras de Chile,* obras capaces de mostrar a cualquier lector de poesía y a cualquier crítico, que a pesar de su accidentada carrera poética Neruda siempre puede ser el poeta de una tierra y de un mundo que muy pocos han conocido como él. Hay que llamar también la atención hacia su poesía de amor nacida en los ultimos años de la década de los 60: nunca el joven Neruda supo escribir con tanta sencillez y tanta virilidad humilde y altiva al mismo tiempo, poemas para su amada, como el hombre que se acerca a los 70.

De las definiciones que los críticos e historiadores literarios trataron de dar a su obra, aquella de Manuel Bandeira nos parece una de las mejores: "Romántica pelo sentimento tumultuoso, expressionista em seu modo eruptivo de manifestar-se, a poesia de Neruda parece escapar-lhe de coração como aqueles sonhos de que fala num dos seus mais belos poemas."

Canto general 1950
Poesías completas 1951
Poemas 1952

Cuando de Chile 1952
Los versos del capitán 1952
Poesía política 1953
Todo el amor 1953
Odas elementales 1954
Las uvas y el viento 1954
Regresó la sirena 1954
Alturas de Macchu Picchu 1954
Viajes 1955
Nuevas odas elementales 1955
Los mejores versos de Pablo Neruda 1956
Oda a la tipografía 1956
Obras completas 1956
Tercer libro de odas 1957
Estravagario 1958
Algunas odas 1959
Odas *1959*
Cien sonetos de amor 1959
Navegaciones y regresos 1959
Todo lleva tu nombre 1959
Canciones de gesta 1960
Las piedras de Chile 1961
Cantos ceremoniales 1961
Los primeros versos de amor 1961
Oceana 1962
Poema 1962
La insepulta de Paita 1962
Plenos poderes 1962
Nuevas odas elementales 1963
Tentativa del hombre infinito 1964
Nuevas odas elementales 1964
Memorial de Isla Negra 1964
I Donde nace la lluvia
II La luna en el laberinto
III El fuego cruel
IV El cazador de raíces
V Sonata crítica

Poesías 1965
La barcarola 1967
Una casa en la arena 1967

ODA AL DICCIONARIO

Lomo de buey, pesado
cargador, sistemático
libro espeso:
de joven
te ignoré, me vistió
la suficiencia
y me creí repleto,
y orondo como un
melancólico sapo
dictaminé. "Recibo
las palabras
directamente
del Sinaí bramante.
Reduciré
las formas a la alquimia.
Soy mago".

El gran mago callaba.

El Diccionario,
viejo y pesado, con su chaquetón
de pellejo gastado,
se quedó silencioso
sin mostrar sus probetas.

Pero un día,
después de haberlo usado
y desusado,
después
de declararlo
inútil y anacrónico camello,
cuando los largos meses, sin protesta,
me sirvió de sillón
y de almohada,
se rebeló y plantándose

en mi puerta
creció, movió sus hojas
y sus nidos,
movió la elevación de su follaje:
árbol
era,
natural,
generoso
manzano, manzanar o manzanero,
y las palabras
brillaban en su copa inagotable,
opacas o sonoras,
fecundas en la fronda del lenguaje,
cargadas de verdad y de sonido.

Aparto una
sola de
sus
páginas:
Caporal
Capuchón
qué maravilla
pronunciar estas sílabas
con aire,
y más abajo
Cápsula
hueca, esperando aceite o ambrosía,
y junto a ellas
Captura Capucete Capuchina
Capracio Captatorio
palábras
que se deslizan como suaves uvas
o que a la luz estallan
como gérmenes ciegos que esperaron
en las bodegas del vocabulario
y viven otra vez y dan la vida:
una vez más el corazón las quema.

Diccionario, no eres
tumba, sepulcro, féretro,
túmulo, mausoleo,
sino preservación,
fuego escondido,

plantación de rubíes,
perpetuidad viviente
de la esencia,
granero del idioma.
Y es hermoso
recoger en tus filas
la palabra
de estirpe,
la severa
y olvidada
sentencia,
hija de España,
endurecida
como reja de arado,
fija en su límite
de anticuada herramienta,
preservada
con su hermosura exacta
y su dureza de medalla.
O la otra
palabra
que allí vimos perdida
entre renglones
y que de pronto
se hizo sabrosa y lisa en nuestra boca
como una almendra
o tierna como un higo.

Diccionario, una mano
de tus mil manos, una
de tus mil esmeraldas,

una
sola
gota
de tus vertientes virginales,
un grano
de
tus
magnánimos graneros
en el momento
justo
a mis labios conduce,
al hilo de mi pluma,
a mi tintero.

De tu espesa y sonora
profundidad de selva,
dame,
cuando lo necesite,
un solo trino, el lujo
de una abeja,
un fragmento caído
de tu antigua madera perfumada
por una eternidad de jazmineros,
una
sílaba,
un temblor, un sonido
una semilla:
de tierra soy y con palabras canto.

ODA A LA FARMACIA

Qué olor a bosque
tiene
la farmacia!

De cada
raíz salió la esencia
a perfumar
la paz
del boticario,
se machacaron
sales
que producen
prodigiosos ungüentos,
la seca solfatara
molió, molió, molió
en su molino
y aquí está
junto
con la resina
del copal fabuloso:
todo
se hizo cápsula,
polvo,
partícula
impalpable,
preservador
principio.
El mortero
machacó diminutos
asteriscos,
aromas,
pétalos de bismuto,
esponjas secas,
cales.

En el fondo
de su farmacia
vive
el alquimista
antiguo,
sus anteojos
encima
de una multiplicada
nariz,
su prestigio
en los frascos,
rodeado
por nombres
misteriosos:
la nuez vómica
el álcali,
el sulfato,
la goma
de las islas,
el almizcle,
el ruibarbo,
la infernal belladona
y el arcangelical bicarbonato.
Luego las vitaminas
invadieron
con sus abecedarios
sabios anaqueles.
De la tierra,
del humus,
brotaron
los bastones
de la penicilina.
De cada
víscera
fallecida
volaron
como abejas
las hormonas

y ocuparon
su sitio en la farmacia.

A medida
que en el laboratorio
combatiendo
la muerte
avanza
la bandera
de la vida,
se registra
un movimiento
en el aroma
de la vieja farmacia:
los lentos
bálsamos
del pasado
dejan
sitio
a la instantánea caja
de inyecciones
y concentra una cápsula la nueva
velocidad
en la carrera
del hombre con la muerte.

Farmacia, qué sagrado
olor a bosque
y a conocimiento
sale de tus
estanterías,
qué diversa
profundidad de aromas
y regiones:
la miel
de una madera,
el purísimo polvo
de una rosa

o el luto
de un veneno.
Todo
en tu ámbito claro,
en tu universidad
de frascos y cajones,
espera
la hora de la batalla en nuestro cuerpo.

Farmacia, iglesia
de los desesperados,
con un pequeño
dios
en cada píldora:
A menudo eres
demasiado cara,
el precio
de un remedio
cierra tus claras puertas
y los pobres
con la boca apretada
vuelven al cuarto oscuro del enfermo,
que llegue un día
gratis
de farmacia,
que no sigas
vendiendo
la esperanza,
y que sean
victorias
de la vida,
de toda
vida
humana
contra
la poderosa
muerte,
tus victorias

Y así serán mejores
tus laureles
serán más olorosos los sulfatos,
más azul el azul de metileno
y más dulce la paz de la quinina.

ODA AL HÍGADO

Modesto,
organizado
amigo,
trabajador
profundo,
déjame darte el ala
de mi canto,
el golpe
de aire,
el salto
de mi oda:
ella nace
de tu invisible
máquina,
ella vuela
desde tu infatigable
y encerrado molino,
entraña
delicada
y poderosa,
siempre
viva y oscura.
Mientras
el corazón suena y atrae
la partitura de la mandolina,
allí adentro
tú filtras
y repartes,
separas
y divides,
multiplicas
y engrasas,
subes
y recoges

los hilos y los gramos
de la vida, los últimos
licores,
las íntimas esencias.

Víscera
submarina,
medidor
de la sangre,
vives
lleno de manos
y de ojos,
midiendo y trasvasando
en tu escondida
cámara
de alquimista.
Amarillo
es tu sistema
de hidrografía roja,
buzo
de la más peligrosa
profundidad del hombre,
allí escondido
siempre,
sempiterno,
en la usina,
silencioso.
Y todo
sentimiento
o estímulo
creció en tu maquinaria,
recibió alguna gota
de tu elaboración
infatigable,
al amor agregaste
fuego o melancolía,
una pequeña
célula equivocada

o una fibra
gastada en tu trabajo
y el aviador se equivoca de cielo,
el tenor se derrumba en un silbido,
al astrónomo se le pierde un planeta.

Cómo brillan arriba
los hechiceros ojos
de la rosa,
los labios
del clavel
matutino!
Cómo ríe
en el río
la doncella!
Y abajo
el filtro y la balanza,
la delicada química
del hígado,
la bodega
de los cambios sutiles:
nadie
lo ve o lo canta,
pero,
cuando
envejece
o desgasta su mortero,
los ojos de la rosa se acabaron,
el clavel marchitó su dentadura
y la doncella no cantó en el río.

Austera parte
o todo
de mí mismo,
abuelo
del corazón,
molino
de energía:

te canto
y temo
como si fueras juez,
metro,
fiel implacable,
y si no puedo
entregarme amarrado a la pureza,
si el excesivo
manjar
o el vino hereditario de mi patria
pretendieron
perturbar mi salud
o el equilibrio de mi poesía,
de ti,
monarca oscuro,
distribuidor de mieles y venenos,
regulador de sales,
de ti espero justicia:
Amo la vida: Cúmpleme! Trabaja!
No detengas mi canto.

Nuevas odas elementales

EL TREN NOCTURNO

Oh largo Tren Nocturno,
muchas veces
desde el Sur hacia el Norte,
entre ponchos mojados,
cereales,
botas tiesas de barro,
en Tercera,
fuiste desenrollando geografía.
Tal vez comencé entonces
la página terrestre,
aprendí los kilómetros
del humo,
la extensión del silencio.

Pasábamos Lautaro,
robles, trigales, tierra
de luz sonora y agua
victoriosa:
los largos rieles continuaban lejos,
más lejos los caballos de la patria
iban atravesando
praderas
plateadas,
de pronto
el alto puente del Malleco,
fino
como un violín
de hierro claro,
después la noche y luego
sigue, sigue
el Tren Nocturno entre las viñas.

Otros eran los nombres
después de San Rosendo
en donde se juntaban

a dormir todas las locomotoras,
las del Este y Oeste,
las que venían desde el Bío Bío,
desde los arrabales,
desde el destartalado puerto de Talcahuano
hasta las que traían envuelto en vapor verde
las guitarras y el vino patricio de Rancagua.
Allí dormían
trenes
en el nudo
ferruginoso y gris de San Rosendo.

Ay, pequeño estudiante.
ibas cambiando
de tren y de planeta,
entrabas
en poblaciones pálidas de adobes,
polvo amarillo y uvas.
A la llegada ferroviaria, caras
en el sitio de los centauros,
no amarraban caballos sino coches,
primeros automóviles.
Se suavizaba el mundo
y cuando
miré hacia atrás,
llovía,
se perdía mi infancia.
Entró el Tren fragoroso
en Santiago de Chile, capital,
y ya perdí los árboles,
bajaban las valijas
rostros pálidos, y vi por vez primera
las manos del cinismo:
entré en la multitud que ganaba o perdía,
me acosté en una cama que no aprendió esperarme,
fatigado dormí como la leña,
y cuando desperté
sentí un dolor de lluvia:

algo me separaba de mi sangre
y al salir asustado por
la calle
supe, porque sangraba,
que me habían cortado las raíces.

Memorial de Isla Negra: (I) Donde nace la lluvia

"RATÓN AGUDO"

Entonces, tabernario y espumante,
maestro de nuevos vinos y blasfemia,
compañero Raúl *Ratón Agudo*
llegaste para enseñarme la hombría.
Y hombreando fuimos desafiantes, puros,
contra la espesa multitud del hampa
y fue tu corazón centelleante
conmigo como una buena linterna:
no hay caminos oscuros
con un buen camarada de camino
y era como contar con una espada
contar con una mano pequeñita
como la tuya, frágil
y decidido hermano,
y era terrible tu respuesta, el ácido
resplandor de tu eléctrico lenguaje,
de la verba del barro,
de la chispa indeleble
que te brotaba
como
si fueras una fuente
cervantina:
la risotada antigua de los pícaros,
el idioma inventor de los cuchillos,
y no aprendiste en libros tu relámpago,
sino de defenderte a pura luz:
de terrenal sabías lo celeste:
de iletrado tu sal resplandecía:
eras el fruto antiguo de las calles,
uva de los racimos de mi pueblo.

Memorial de Isla Negra: (II) La luna en el laberinto

AY! MI CIUDAD PERDIDA

Me gustaba Madrid y ya no puedo
verlo, no más, ya nunca más, amarga
es la desesperada certidumbre
como de haberse muerto uno también al tiempo
que morían los míos, como si se me hubiera
ido a la tumba la mitad del alma,
y allí yaciere entre llanuras secas,
prisiones y presidios,
aquel tiempo anterior cuando aún no tenía
sangre la flor, coágulos la luna.
Me gustaba Madrid por arrabales,
por calles que caían a Castilla
como pequeños ríos de ojos negros:
era el final de un día:
calles de cordeleros y toneles,
trenzas de esparto como cabelleras,
duelas arqueadas desde
donde
algún día
iba a volar el vino a un ronco reino,
calles de los carbones,
de las madererías,
calles de las tabernas anegadas
por el caudal
del duro Valdepeñas
y calles solas, secas, de silencio
compacto como adobe,
e ir y saltar los pies sin alfabeto,
sin guía, ni buscar, ni hallar, viviendo
aquello que vivía
callando con aquellos
terrones, ardiendo
con las piedras
y al fin callado el grito de una ventana, el canto

de un pozo, el sello
de una gran carcajada
que rompía
con vidrios
el crepúsculo, y aún
más acá,
en la garganta
de la ciudad tardía,
caballos polvorientos,
carros de ruedas rojas,
y el aroma
de las panaderías al cerrarse
la corola nocturna
mientras enderezaba mi vaga dirección
hacia Cuatro Caminos, al número
3
de la calle Wellingtonia
en donde me esperaba
bajo dos ojos con chispas azules
la sonrisa que nunca he vuelto a ver
en el rostro
—plenilunio rosado—
de Vicente Aleixandre
que dejé allí a vivir con sus ausentes.

REVOLUCIONES

Cayeron dignatarios
envueltos en sus togas
de lodo agusanado,
pueblos sin nombre levantaron lanzas,
derribaron los muros,
clavaron al tirano contra sus puertas de oro
o simplemente en mangas de camisa
acudieron
a una pequeña reunión
de fábrica, de mina o de oficio.
Fueron estos
los años
intermedios:
caía Trujillo con sus muelas de oro,
y en Nicaragua
un Somoza acribillado
a tiros
se desangró en su acequia pantanosa
para que sobre aquella rata muerta
subiese aún como un escalofrío
otro Somoza o rata
que no durará tanto.
Honor y deshonor, vientos contrarios
de los días terribles!
De un sitio aún escondido llevaron al poeta
algún laurel oscuro
y lo reconocieron:
las aldeas pasó
con su tambor de cuero claro,
con su clarín de piedra.
Campesinos de entrecerrados ojos
que aprendieron a oscuros en la sombra
y aprendieron el hambre como un texto sagrado
miraron al poeta que cruzaba

volcanes, aguas, pueblos y llanuras,
y supieron quién era:
lo resguardaron
bajo
sus follajes.
El poeta
allí estaba con su lira
y su bastón cortado en la montaña
de un árbol oloroso
y mientras más sufría
más sabía
más cantaba aquel hombre:
había encontrado
a la familia humana
a sus madres perdidas,
a sus padres,
al infinito número
de abuelos, a sus hijos:
y así se acostumbró
a tener mil hermanos.
Un hombre así no se sentía solo.
Y además con su lira
y su bastón del bosque
a la orilla
del río innumerable
se mojaba los pies
entre las piedras.
Nada pasaba o nada parecía
pasar:
tal vez el agua que iba
resbalando en sí misma,
cantando
desde la transparencia:
la selva lo rodeaba
con su color de hierro:
allí era el punto puro
el grado más azul, el centro inmóvil
del planeta

y él allí con su lira,
entre las peñas
y el agua
rumorosa,
y nada transcurría
sino el ancho silencio,
el pulso, el poderío
de la naturaleza
y sin embargo
a un grave amor estaba destinado,
a un honor iracundo.
Emergió de los bosques
y las aguas:
iba con él con claridad de espada
el fuego de su canto.

ME SIENTO TRISTE

Tal vez yo protesté, o protestaron,
dije, tal vez, dijeron: tengo miedo,
me voy, nos vamos, yo no soy de aquí,
no nací condenado al ostracismo,
pido disculpas a la concurrencia,
vuelvo a buscar las plumas de mi traje,
déjenme regresar a mi alegría,
a la salvaje sombra, a los caballos,
al negro olor de invierno de los bosques,
grité, gritamos, y a pesar de todo
no se abrieron las puertas
y me quedé, quedamos
indecisos,
sin vivir ni morir aniquilados
por la perversidad y el poderío,
indignos ya, expulsados
de la pureza y de la agricultura.

Memorial de Isla Negra: (III) El fuego cruel

A LOS DESAVENIDOS

Estos matrimonios peleados
estas discordantes uniones,
por qué no rompen de una vez
y se terminan las historias,
las quejas de Juan y Juana,
los gritos entre Pedro y Pedra,
los palos entre Roso y Rosa?

A nadie le gusta pasear
con pez espadas conyugales
armados de razones duras
o disolviéndose en salmuera.

Por favor, pónganse de acuerdo
para no ponerse de acuerdo,
no salgan a mostrar cuchillos,
tenedores ni dentaduras.

En el estuario del amor
caben aún todas las lágrimas
y toda la tierra no puede
llenar la tumba del amor,
pero para morder y herir
no se pone el sol en las camas,
sino la sombra en los caminos.

ATENCIÓN AL MERCADO

Atención al Mercado,
que es mi vida!

Atención al Mercado,
compañeros!

Cuidado con herir
a los pescados!
Ya a plena luna, entre las traiciones
de la red invisible, del anzuelo,
por mano de pescante pescador
fallecieron, creían
en la inmortalidad
y aquí los tienes
con escamas y vísceras, la plata con la sangre
en la balanza.

Cuidado con las aves!
No toques esas plumas
que anhelaron el vuelo,
el vuelo
que tú también, tu propio
pequeño corazón se proponía.
Ahora son sagradas:
pertenecen
al polvo de la muerte y al dinero:
en esta dura paz ferruginosa
se encontrarán de nuevo con tu vida
alguna vez, pero no vendrá nadie
a verte muerto, a pesar de tus virtudes,
no pondrán atención en tu esqueleto.

Atención al color de las naranjas,
al esencial aroma de la menta,

a la pobre patata en su envoltorio,
atención
a la verde
lechuga presurosa,
al afilado ají con su venganza,
a la testicularia berenjena,
al rábano escarlata, pero frío,
al apio que en la música se enrosca.

Cuidado con el queso!
No vino aquí sólo para venderse:
vino a mostrar el don de su materia,
su inocencia compacta,
el espesor materno
de su geología.

Cuidado cuando llegan las castañas,
enmaderadas lunas del estuche
que fabricó el otoño a la castaña,
a la flor de la harina que aprisiona
en cofres de caoba invulnerable.

Atención al cuchillo de Mercado
que no es el mismo de la ferretería:
antes estaba ahogado
como el pez, detenido en su paquete,
en la centena de igualdad tremenda:
aquí en la feria brilla y canta y corta,
vive otra vez en la salud del agua.

Pero si los frejoles
fueron bruñidos por la madre suave
y la naturaleza
los suavizó como a uñas de sus dedos,
luego los desgranó y a la abundancia
le dio multiplicada identidad.

Porque si las gallinas
de mano a mano cruzan y aletean
no es sólo cruel la petición humana
que en el degüello afirmará su ley,
también en los cepillos espinosos
se agruparán las zarzas vengativas
y como espinas picarán los clavos
buscando a quien pudieran coronar
con martirio execrable y religioso.

Pero ríe el tomate a todo labio.
Se abunda, se desmaya la delicia
de su carne gozosa
y la luz vertical entra a puñales
en la desnuda prole tomatera,
mientras la palidez de las manzanas
compite con el río de la aurora
de donde sale el día a su galope,
a su guerra, a su amor, a sus cucharas.

No olvido los embudos,
ellos son el olvido del guerrero,
son los cascos del vino,
siempre beligerante, ronco y rojo,
nunca por enemigos desarmado,
sin que olvide jamás el primer paso
que diera descendiendo
la pequeña montaña del embudo.
Aún recuerda el corazón purpúreo
el vino que baja del tonel
como desde un volcán el suave fuego.

El Mercado, en la calle,
en el Valparaíso serpentino,
se desarrolla como un cuerpo verde
que corre un solo día, resplandece,
y se traga la noche

el vegetal relámpago
de las mercaderías,
la torpe y limpia ropa
de los trabajadores,
los intrincados puestos
de incomprensibles hierros:
todo a la luz de un día:
todo en la rapidez desarrollado,
desgranado, vendido, transmitido
y desaparecido como el humo.

Parecían eternos los repollos,
sentados en el ruedo de su espuma
y las peludas balas
de las indecorosas zanahorias
defendían tal vez el absoluto.

Vino una vieja, un hombre pequeñito,
una muchacha loca con un perro,
un mecánico de la refinería,
la textil Micaela, Juan Ramírez,
y con innumerables Rafaeles,
con Marías y Pedros y Matildes,
con Franciscos, Armandos y Rosarios,
Ramones, Belarminos,
con los brazos del mar y con las olas,
con la crepitación, con el estímulo
y con el hambre de Valparaíso
no quedaron repollos ni merluzas:
todo se fue, se lo llevó el gentío,
todo fue boca a boca descendido
como si un gran tonel se derramara
y cayó en la garganta de la vida
a convertirse en sueño y movimiento.

Termino aquí, Mercado. Hasta mañana.
Me llevo esta lechuga.

EL FUTURO ES ESPACIO

El futuro es espacio,
espacio color de tierra,
color de nube,
color de agua, de aire,
espacio negro para muchos sueños,
espacio blanco para toda la nieve,
para toda la música.

Atrás quedó el amor desesperado
que no tenía sitio para un beso,
hay lugar para todos en el bosque,
en la calle, en la casa,
hay sitio subterráneo y submarino,
qué placer es hallar por fin,
subiendo
un planeta vacío,
grandes estrellas claras como el vodka
tan transparentes y deshabitadas,
y allí llegar con el primer teléfono
para que hablen más tarde tantos hombres
de sus enfermedades.

Lo importante es apenas divisarse,
gritar desde una dura cordillera
y ver en la otra punta
los pies de una mujer recién llegada.

Adelante, salgamos
del río sofocante
en que con otros peces navegamos
desde el alba a la noche migratoria
y ahora en este espacio descubierto
volemos a la pura soledad.

Memorial de Isla Negra: (V) Sonata crítica

ANTONIO DE UNDURRAGA

Santiago (1911)

Diplomático, trotamundos, es uno de los chilenos que en un ambiente a veces hostil ha mantenido la batalla por la libertad poética y humana.

Autor de antologías, ensayista y crítico de Vicente Huidobro, cuentista y polemista, es un hombre múltiple y agitado, pero en su poesía, publicada un poco en todas partes del mundo, hay un deseo de comprensión cordial y universal.

Su revista y la colección de poesía *Caballo de Fuego* han presentado durante varios años a poetas de todas partes de América, tratando de establecer un clima de intercambio que en los años de la década de los 60 se ha transformado en realidad a través de gran número de revistas y hojas de poesía.

Fábulas adolescentes y epitafios para el hombre de Indias 1957
Ocho poemas 1959
Hay levadura en las columnas 1960
Doce poemas 1967

EN MI SOMBRERO CRECE LA LLUVIA

Yo sé que es mi ajuar más elocuente
viajar en una camilla de lujo
tirada por moscas imperiales.

Pero la vecina escudriña el apocalipsis,
corta una rosa escuálida,
y hace pasar al día y a su amante
por el ojo de una aguja.

Entonces presiento que las medias negras
han asfixiado una marca impúdica
y que al mediodía lo sitian los fusiles.

"En los amantes gimen muchas copas desnudas"
—me dice la portera con cola de codorniz.
Escucho sus palabras, puro de llagas absolutas
y en mi sombrero crece la lluvia.

Pero, las lombrices ecuestres
me susurran héroes con cabezas de gárgolas,
ciudades con suculentas estrellas a caballo.

Entonces, yo protejo mi sangre con grandes fosos de abejas
e invito a las prostitutas y a los vagabundos a derribar la luz.

SINFONÍA A DEL TRAJE ÚNICO

Sé que soy el saltimbanqui, el abogado, el papista y el
gendarme de la luz infinita;
y yo valoro el sol negro y los lustrosos relámpagos del
traje único;
yo valoro el acto puro, el suceso puro de llevar sobre la piel
un casimir crepuscular, metafísico,
estrictamente gastado por la lluvia, las sillas y las Su-
plicantes.

El traje único es el más homérico y puro carruaje de nuestra
sangre;
porque el traje único es como una planta y codicioso
y franciscano como el yuyo;
el traje único se multiplica de púa, estaca, mugrón e injerto
y por su geografía de gamas taciturnas
a veces circulan, azulmente, nuestras venas;
en los bolsillos del traje único, a menudo, se hallan monedas de oro con la efigie de Zenón, El Estoico.

Yo siempre pedí que dieran a mi traje único flechas de
hierbas ingrávidas,
hilos, agujas en éxtasis y cuidé de sus costillas,
como cuida el terrateniente de sus toros dinásticos.

Yo sé que el traje único es una escultura en fuga y que las
grandes mareas
del Océano Pacífico causan algunos deterioros a su red
fibrátil,
pero sólo a él le crecen en Primavera,
flores angélicas, tempestades multicelulares.

Hurra y un minuto de luz y de silencio por el traje,
por el traje único que en la ciudad de Nueva York
tendió al infinito el ondulante y sancristobalmarino puente
de Brooklin!

Hurra y un minuto de luz y de eternidad
por el traje único, por la muerte única de los hombres que tripularon
los tempestuosos "hurricanes" en la Segunda Guerra Mundial !

Yo que he sido cesante, empleado público, periodista, diplomático, poeta
y conductor de pollinos el día Domingo de Ramos,
conozco la trama filosófica y ejemplar del traje único,
conozco su sangre coagulada y cosmogónica,
conozco, además, su delicadísima coquetería otoñal.
Yo conozco su dignidad de girasol dionisíaco,
yo conozco el estupor de los pantalones iluminados
con sus invictos soles gestatorios;
pero yo conozco también el gesto glacial, el pútrido gesto de mármol de Afrodita,
ante Ulises, desnutrido y vagabundo, viajando a Itaca
con unas cuantas lágrimas, sediento, desnudo en su traje único ...

EL CIUDADANO HONORABLE

Oídme: se trata del ciudadano honorable,
que lleva en el bolsillo un costosísimo
adoquín sediento.

Oídme: se trata del ciudadano ambulatorio
a cuyo ombligo van anudados todos
los trolley-buses del mundo
y que escribe en las alas de las moscas:
yo fuí diplomático.

Oídme: se trata del ciudadano ceremonioso
que lleva en el estómago un sabrosísimo
frac embalsamado
y que castiga a su amante con una fusta
de azules pétalos de rosas.

Oídme: se trata del ciudadano armonioso
que alimenta a su canario
con polvo de nenúfares desnudos
y fríos trozos de infinito.

Oídme: se trata del ciudadano putrefacto
que con el hilo de sus gusanos
se sostiene los huesos como si fueran
títeres metafísicos.

MEMORIAL A BOLÍVAR

Yo que soy tan vitalmente América y nadie, que no he servido a la partera de Agripa, a Edipo rey
ni a la tortuga multicéfalo dinámica
y que a diario le pregunto a Carlos Marx por qué reposa tan a sus anchas
junto al pastito inglés, criatura verde, tan libre y ecuménica de un cementerio de Londres,
a él, gran apóstol dormido sobre águilas talladas en ferry-boats para uso
de dictadores fastuosos como la agonía de treinta mil fortalezas volantes
y que no hallo respuesta, y que solo veo demagogos, plátanos de poderosos testículos, poetas
aferrados como simios a las verdes hojas de la oda libre,
he apelado a ti, hombre delgado y pequeño, he leído otra vez tu carta de Jamaica,
incluso el trozo donde dices:
"Si alguna república subsiste largo tiempo en América
será Chile; allí nunca se ha extinguido el espíritu de libertad",
(y que en ciertos países cuando yo lo escribo, cierta marea oscura que sube del foso, lo borra),
he apelado a ti, Gran Ciudadano, a ti, cara a cara junto al Océano Pacífico
y los embravecidos pies azules de Vasco Núñez de Balboa
para hablar, cara a cara, contigo, de veinte nacionalismos blanqueados con cal, funestos,
de un geográfico y mísero tablero de damas, en que son negras trece o más casillas de nuestros pueblos,
de la jesuítica ortopedia a que han sido sometidas las alas de las águilas,
de la necesidad de salvar al hombre de la calle que aun lleva en su pulso
párpados de libertad y un duro fuego de galaxias;

de quitar al indio su camisa de intemperie absoluta,
de hacer, oh Gran Ciudadano, justicia, siempre justicia y más justicia,
pero la justicia de los hombres libres, libres de temor como el día
cuando baja a beber infinito en la copa cósmica e incesante del gran Amazonas !

Hoy clamo a ti, Gran Ciudadano, a ti, cara a cara junto a las bocas del Orinoco,
hoy que hay tanto papel mojado, tanta hormiga naufragando en sus tratados
y tan poca levadura en las columnas . . .
Porque ¡ay! del ciudadano de los Estados Desunidos de la América del Sur,
miradlo, es solo un cadáver sometido a autopsia en las aduanas;
en las tripas registradas y desinfladas de sus escuálidos enseres,
y ved cómo en sus trapos revueltos crece una levadura tuya que grita, no se resigna, y protesta: levadura de dios guillotinado
que no se resigna de tantos pasaportes, cambios diferenciales, preferenciales, demenciales,
de la clámide y la cláusula de la nación más aborrecida;
que protesta por la disputa del farol y el escarabajo en traje de Pierrot más astuto y más grande del mundo;
por la sempiterna pugna de sus hombres desnudos que solo aceptan negociar entre sí sus almas en dólares;
por el chorro de la ola nocturna, por las gigantescas columnas de petróleo
por Venezuela y su partenón negro, quizá por su destino de la rica heredera!

Por eso, hoy he tenido la irreverencia de hablarte, oh Gran Ciudadano,
yo que soy un hombre sin mando y sin cátedra, desvalido y verídico,

con sus zapatos sollamados por las cenizas
que la eternidad resta al Cotopaxi
y a la serena y vegetal compostura de las araucarias:
verdes indias siempre en armas.

Y lo demás, tu ya bien lo sabes... A veces la sangre se
coagula en dólares, tenemos dólares, muchos dólares...
el bacilo de Koch disputa los más rojos clarinetes al hot
jazz,
y el más pobre de nuestros poetas, un día, en América,
puede conducir un Packard hydramatic!

Mas, nada de esto es válido, ni aclara el oscuro y caliente
paraguas que desvía nuestra sed y nuestras lágrimas . . .

Oh, Gran Ciudadano, por las equilibradas hembras que te
amaron,
libres de todo complejo de Electra,
por el inca Atahualpa que yace en su litera de nieves
eternas sobre los Andes,
por Carlos III el civilizador incesante,
dadnos de nuevo la luz irreversible,
el tempestuoso coche, la huracanada canoa unida y libre
capaz de zarpar por entre el derrumbe y la agonía de los
dioses!

Hay levadura en las columnas

BRAULIO ARENAS

Serena (1913)

Con Enrique Gómez-Correa fue uno de los promotores del grupo surrealista *Mandrágora* del cual también hacían parte Fernando Onfray, Eugenio Vidaurrázaga, Mariano Medina, Teófilo Cid y Jorge Cáceres, muerto en 1949, quien a los 15 años de edad ya tenía papel destacado en la formación de la nueva poesía chilena.
Terminada la actividad formal del grupo *Mandrágora,* hacia 1941 Arenas publica la revista *Leitmotiv* en la cual prosiguió con bases más amplias el mismo movimiento. Junto con Cáceres, participa en varias exposiciones de pintura y hace ilustraciones para libros. La muestra de 1948, en la *Galería Dédalo* de Santiago tiene notable importancia, a través de la participación de artistas como Arp, Brauner, Breton, Hérold, Lam, Magritte y Toyen.
Durante los últimos años, sin abandonar los caminos de su juventud, Braulio Arenas escribe una poesía de gran sencillez, en la cual busca lo profundo en una expresión depurada y sencilla.
Ha traducido al español varios libros, entre estos, textos de Sade y de la "Religiosa Portuguesa".

Luz adjunta 1950
La simple vista 1951
La gran vida 1952
El pensamiento transmitido 1952
Discurso del gran poder 1952
Versión definitiva 1956
Poemas 1959
La casa fantasma 1962
Ancud, Castro y Achao 1963
Pequeña meditación al atardecer en un cementerio junto al mar 1966
En el mejor de los mundos 1970

DESPEDIDA A PÉRET

Yo viajaba hacia el Sur, cuando la muerte
de Benjamin Péret vino callada:
cuatro líneas absurdas de un periódico
(y una niñita que comía pasas).

Cuatro líneas absurdas, y el paisaje,
todo de oro y de luz, de verde y grana,
se convirtió de pronto en torbellino
feroz, y era yo el centro de la nada.

Era yo el centro, y sobre el mismo centro
estaba detenido como un ancla,
ancla inservible porque se movía
con la misma violencia de las aguas.

Yo nada detenía. Mi torpeza
de saber muerto a Benjamin me ataba:
la juventud se fue, pobre ancla rota,
se fue el barco del muerto por el agua.

Murió este amigo, yo me repetía
y las ruedas del tren me confirmaban
su muerte, y mientras yo me repetía
su muerte, el tren del Sur, veloz lloraba.

Se fue este barco libre, el más lujoso,
el más joven que océanos surcara,
su estela de palabras no la borre
ni el olvido, o la noche huracanada.

(Al ver que yo sufría, la niñita
del tren del Sur, que a Concepción viajaba,
me ofreció sonriente su cariño,
su vida, su tesoro de las pasas.

Y ambos comimos juntos, como niños,
y al contarle porqué cayeron lágrimas
de mis ojos, convine en relatarle
la pérdida de un libro que yo amaba.

Ella, docta y gentil; buena y prudente,
aunque no más de siete años contaba,
me dijo que los libros no se pierden,
que se ocultan no más, como por chanza.

Que un día volverá, si no es que ha vuelto,
así es que no te aflijas. La mirada
tan pura y honda de la buena niña
hizo que a mí tornaran cuerpo y alma).

Se fue la juventud, se fue este barco,
yo no sé en qué arrecife naufragara,
se fue Péret llevando en su silencio
todo un cortejo de oro de palabras.

(Y ella propuso que buscara el libro,
buscamos por doquier: en la ordenada
maleta, y en los últimos rincones,
y sin poder hallar nada de nada.

Ella se fue de pronto hacia sus padres,
y trájome en su mano alborozada
un infolio infantil, de cantos rotos,
pero de gran ternura entre sus páginas.

Oh mundo del ensueño, tu lectura
volvió a darme el perfume de la infancia,
torné a sentir el fuerte imperativo
de los ojos magnéticos del hada).

Ah Péret, tú de Nantes, tú de México,
tú de París, tú del Brasil, del alba,

tú del amor, del grito, de la noche,
tú fuiste, en fin, del mundo la mirada.

Yo viajaba hacia el Sur, cuando la muerte
de Benjamin Péret vino callada,
yo lloraba hacia adentro (y sonreía
a una niñita que comía pasas.

Pronto esta docta compañera mía,
pronto me olvidará, nunca en su casa
volverá a recordarme, sin saber
que un día consiguió secar mis lágrimas).

Y este, Péret, es el término del viaje,
allá la juventud quedó tronchada,
pronto el silencio oxidará la luz,
pronto la luz se quebrará, gastada.

Pero un instante más, un solo instante:
deja que escuche en esta acompasada
canción trivial del tren que al Sur me lleva,
en postrer despedida, una llamada.

El tren lleva tu nombre en cada rueda,
el Sur se abre en luciérnaga encantada,
y de ese fuego de paisajes brota,
siempre joven y nueva, tu palabra.

CONCEPCIÓN

Oh Concepción viviente,
ciudad mía,
que el amor permanente
sea tu guía.

Con el gentil desenfado
del niño que al mundo llega,
llega Concepción a Chile
para hacer la vida nueva.

De su arbolada colina
desciende, de cielos llena,
llena de risas la cara
y el cuerpo de amores plena,
para entregar su regalo
de amor a los hombres, buena,
como quien dona la vida:
pues concepción es su lema.

Hombres, recibid amores,
recibid la vida entera,
saludad con alegría
la concepción que nos llega:
Bío Bío inmaculado
por los pinos de la vera,
cruza lento y miralá,
y si algún pesar te queda
lo cambiarás al saber
que es Concepción quien te aquieta.

Desciende la concepción,
en sus manos la madeja,
como quien propone enigmas,
como quien enigmas deja,

y si crea el laberinto
también la salida crea.

Sobre la noche del mundo
Concepción arde su tea,
orgullosa de ser madre
y de saberse maestra:
madre de un mundo fabril,
maestra de sabia escuela,
si da acero por un lado
por el otro da conciencia.

Que de día y noche arda
su tea de estar despierta,
sobre la noche del mundo
su luz esté siempre alerta:

para vigilar la noche
su acero de acero sea,
para acabar con la noche
buena cosa es la conciencia.

Toquemos pues la ciudad
llevando la vida en pena,
y a poco de estar tocando
que en luz la pena convierta
(luz de amor, luz de alegría)
la concepción que contesta;
para entrar en Concepción
que el amor abra las puertas:
seremos de aquí adelante,
bajo materna tutela,
seremos almas dichosas,
nunca más almas en pena.

Oh Concepción viviente,
ciudad mía,

que el amor permanente
sea tu guía.

RECUERDO DE INFANCIA

Para Enrique Gómez - Correa

Ojos azules en la teoría del error.
El mar, en mangas de camisa,
recorta revistas ilustradas
para un collage de todo encanto.

Tú recuerdas el paraíso,
ese colegio de sirenas,
esa caminata por la calle,
acompañada del ave roc.

¡Qué sirena sin esperanza!
¡Disolver mar, franquear recuerdo!
Una armadura sin instinto
se arrojaba a la batalla.

Panteras de alcurnia feérica,
diletantes de toda vida,
se incrustaban en la selva
para encontrar al ave roc.

Mar en la tierra, como uña.
Mar vivido como placer.
El mar jugaba su tesoro
por un puñado de sal.

Galeones en la avenida
con pasajeras de sirenas,
con un colegial rumbo al sueño.
¡Corred, tranvías, al naufragio!

Unas flores desarraigadas
y el calendario del año 13
ya devorado por el mar.

¡Corred, tranvías, a mi infancia!

POEMA DE MEMORIA

Para embellecer al cerezo
con un papiro nigromántico
esta mañana se ha vestido
una silente alondra roja.

Yo llevé esta alondra un día,
entre mis manos enguantadas,
hasta un Café en el que solía
reunirme con mis amigos.

Lejano tiempo...Ya el cerezo
se tumbó al ímpetu del hacha.
La alondra roja es un recuerdo
en mi vida de un solo día.

Una silente alondra roja
esta mañana se ha vestido
con un papiro nigromántico
para embellecer al cerezo.

LA CASA FANTASMA

Casa para vivir.
Casa que el hombre busca
desde que el mundo es mundo,
desde que el hombre es hombre,
desde que el techo es cielo.

¿Es la casa esta noche?
¿Es esta viga
que sale afuera como un hueso puro?
¿Es la ventana
para guardar el tiempo de su vidrio?

¿Es la casa este día?
¿Es el ave que trina la trinidad del vidrio?
¿Es el jardín de la caverna loca?
¿Es la huella del niño
que siembra la aventura a cada paso?

Desde que el mundo es canto: la aventura.
Desde que el hombre es viaje: la morada.
Desde que solo estoy: la compañía.
Puesto que el hombre está, como transido,
siempre entre la intemperie y la muralla.

LA AVENIDA EN INVIERNO

Para Benito Milla

Vuela un avión de guerra.
¿O es una golondrina?
¿O es un avión de guerra?

Múltiplo de sí mismo,
el tiempo se escabulle
entre las olas.

Una mujer de hace ya treinta años
me entregó esta mañana
un manojo de cartas de amor, un calendario.

Reconocible espejo
con el nombre de alma
nunca trizado en nombre de la muerte.

Monda ella una naranja
como un loco arquitecto
que demuele un palacio.

La avenida en invierno.
Luciente. Ardiente. Noche.
Paladeamos la luz por un instante.

Sí, buscamos el oro,
¿qué encontramos?
Sólo una puerta de oro, cerrada, misteriosa.

Gaviotas por doquier,
¿eso no indica el mar?
¿Esta mujer no indica a la gaviota?

Esta pregunta por siempre formulada,
esta sed, este amor, esta muchacha,
esta agua, esta respuesta, este presente.

La bahía famosa
no tuvo al arribar sino la misma
ventana inescrutable de la infancia.

Hoy por ayer,
el tiempo, el tiempo, el tiempo,
el tiempo, ayer por hoy,
el tiempo, el tiempo,
sin coartadas, sin luz, sin cicatrices.

Una ecuación de niñas junto al ciervo,
después se van riendo con su carga,
se van al río con su triste carga
para arrojar al pobre animal muerto.

Noche, ¿por qué te azotas?
¿Por qué gritas?
¿Por qué quieres morir por ser aurora?

Las aves han pasado, y en seguida
vino el invierno en seguimiento suyo,
y después: otra vez las aves tensas.

La puerta abierta sobre un desfiladero
se asomaba, curiosa, hacia la muerte,
y fue la muerte quien la cerró de golpe.

Una mujer ausente. Otra, presente,
Después las dos se vienen a mi encuentro
y se funden las dos en una noche.

AHORA, APENAS AYER, HACE POCOS MOMENTOS, EN LA QUINTA VERGARA

Volví a pensarme océano.
Tú pasabas. Reías.
Eras más que la estela del velero.
Mucho más que el sigilo de la nube.
Eras casi naufragio.

Tus ojos en el parque.
Todo el parque en tus ojos.
Todo el corpiño y toda la verdad.
Y yo, todo el océano.

Nadaba yo por dentro de mí mismo
(cuando pienso que era yo mismo el mar)
hasta llegar al punto
en que la ola y mi muerte se juntaban,
diciéndome la aurora para siempre.

Diciéndome el silencio.
¿Qué decías?
¿Qué susurraba el viento en el follaje?
¡Cuánto recuerdo en este breve espacio!
¡Cuánto recuerdo entre esta realidad
y la tarde de ayer!

(Y entre esta tarde y esta realidad
han pasado los años.)

Tú, ¿qué decías?
Tanto recuerdo ya.
¿Por qué tanto recuerdo?
Tanto olvido olvidar para encontrarte.

Tú, ¿qué decías?
Una palabra–amor–, una palabra.
El idioma filtrado en esta sola

palabra que pronuncio.
La palabra mujer que se hace cuerpo,
que se hace estela del velero raudo
surcando la bahía.
Que se hace cielo de la nube insomne.
Se hace presente apenas pronunciada.

En este viejo parque se hace nido.
La tierra entera se transforma en nido.
El cielo, el mar, son nidos cotidianos.

Volví a sentirme océano.
Tú pasabas. Reías.
¿Cuándo pasaste?
¿Cuándo volviste el rostro hacia mi olvido?
¿Cuándo reíste en plena oscuridad?
¿Cuándo te hiciste aurora?
¿Cuándo ausencia?
¿Cuándo la memoria?

No sé. Yo pienso. Salgo de mi olvido.
Rememoro este parque.
Este silencio juntos. El naufragio.
El blancor de un corpiño.
¿O era un beso?
¿Eras tú quién volvía
más rauda que la vida o el olvido?

Vuelves ahora,
Paso por paso vuelves.
Naces de este silencio. De este parque.
Naces y vuelves: matinalmente pura,
vuelves sonriente,
sonriente y exacta.
¿Vuelves? ¿Qué dices? Nada puedo escuchar.
Tanto olvido ha pasado por mi vida
que apenas te comparo a mi memoria.

VISTO DESDE EL CIELO, EL ESTRECHO DE MAGALLANES SEMEJA UNA HERIDA

Para Mariano Latorre

Vi la gaviota más austral del mundo.
Ella me antecedía.
Abría nubes, puertas.
A veces se fingía vuelo absoluto, puro.
Un vuelo sin gaviota
que en el hondor del cielo se volara.

Después volvía a transformarse en ave.
Bajaba la gaviota a ras del agua.
Ponía por testigo de su vuelo
a las olas más jóvenes
de un mar apenas cierto.

Subía para advertir a los viajeros
que ya el diluvio había terminado.
Y para que la creyeran
portaba una corona de arco iris.

Pronto fue mensajera la gaviota
de una ranura de agua.

Esta ranura, desde arriba vista,
parecía una herida muda, eterna,
atravesando el flanco de la tierra.

Una herida de luz, un cruel axioma
de estar muriendo para estar más vivo,
y el palpitar eterno, mudo, grave,
de las olas del mar,
ponía en la quietud blanca del día
un no sé qué de amor,
de cosa viva,
de increíble suspiro
de humanidad esclava de la herida.

Era el Estrecho.

—Torna—me decía—,
torna a mirarlo tú que lo soñaste,
tú que de tantos días con sus noches
has pensado el instante del encuentro.

"Tú que en tu infancia,
con tu dedo torpe,
lo recorriste de un extremo al otro
sobre el mapa escolar ya tan lejano.

"Torna a mirarlo, tú que lo pensaste.
Estás volando sobre el sueño tuyo
y ahora es la realidad.
Por tu mirar se escurre lento, grave,
tormentoso, sutil,
favorable, contrario,

lleno de vida y muerte,
de ciencia y de ignorancia,
ese hilo de agua pura,
ese líquido amniótico,
esa feroz necesidad de vida
oculta hasta en el fondo de la muerte.

Es el Estrecho.

Magallanes lo abrió como una herida
y como un nacimiento.
Por él cruzó su embarcación intrépida,
sin saber otra cosa que era el agua
la que abría su proa.
Una agua misteriosa, toda llena de encanto,
llena de asechanza.

—¿Hacia dónde navegas, Magallanes?

—Yo no lo sé.
Voy como un dios sin término
camino de mi ocaso.
Voy a morir por esta herida abierta,
por este mar incógnito del sur,
pues para tanta sed es mi destino
surcar el agua inédita.

Ha caído la noche.

Una noche de julio con la nieve,
con el silencio yerto del invierno,
con el polo magnético apuntando
directamente al corazón del hombre.

He abierto la ventana en plena noche.
Estoy junto al Estrecho. Yo recuerdo
las veces que en mi infancia me dormía,
poblada la cabeza de naufragios
por este mismo mar embravecido.

He abierto la ventana. Y he escuchado
voces del siglo XVI heridas,
los gritos de socorro, las bocinas
de barcos en peligro.
Allá lejos las luces resplandecen,
las almas se levantan. Cataratas
precipitan los barcos al abismo,
el mar se apresta a reclamar su presa.

Esta herida está en fiebre.

Esta herida en el flanco de la tierra
permitirá nacer al hombre mismo.

Hombre de Magallanes,
tú has nacido
justo en el sitio donde
la vida se entrechoca con la muerte.

(En el mejor de los mundos)

TEÓFILO CID

Cautin-Temuco (1914) - Santiago (1964)

Fue periodista militante y trabajó en los más importantes diarios de Santiago. Viajó por los Estados Unidos y obtuvo el premio de *teatro* en el *Concurso Gabriela Mistral* con una obra escrita en colaboración con Armando Menedín. Fue uno de los principales integrantes del grupo *Mandrágora* y su nombre está estrechamente vinculado a la aventura surrealista. En un saludo en ocasión de su muerte, su compañero Enrique Gómez-Correa lo llamó "príncipe de la noche", y estas palabras son una definición de su poesía, en la cual se unen los graves acentos de Lautréamont y Gérard de Nerval. Como ellos, Teófilo Cid fue un visionario y un desesperado, sabiendo hacer de su infortunio y de su angustia una de las poesías más representativas de las nuevas corrientes chilenas. Si muchos le deben algo a través de su poesía, pocos lo han dicho. La permanencia de Cid está garantizada en las antologías.

El camino del Ñielol 1954
Niños en el Río 1954
Nostálgicas mansiones 1962

EL BAR DE LOS POBRES

Hoy he ido a comer donde comen los pobres,
Donde el pútrido hastío los umbrales inunda
Y en los muros dibuja caracteres etruscos,
Pues nada une tanto como el frío,
Ni la palabra amor, surgida de los ojos,
Como la flor del eco en la cúpula perfecta.

Los pobres se aproximan en silencio.
Monedas son sus sueños
Hasta que el propio sol airado los dispersa
Para sembrarlos sobre el hondo pavimento.
En tanto, cada uno es para el otro
Claro indicio, fervor de siembra constelada.

Y en la pesada niebla de los hábitos
Que en ráfagas a veces se convierten
De una muda erupción
De alcóholica armonía,
Yo siento que el destino nos aplasta,
Como contra una piedra prehistórica.

Pues somos los que pasan
Cuando los más abren los ojos claros
Al amplio firmamento
Que adunan los crepúsculos antiguos.

El mundo es sólo el sol para nosotros,
Un sol que ha comenzado por besar las terrazas
De los barrios abstractos...

Masticamos sus migajas,
Sintiendo que un espasmo egoísta nos mantiene
Pues somos individuos, por más que a ciencia cierta
El nombre individual es sólo un signo etrusco.

En los que aquí mastican su pan de desventura
Un viejo gladiador vencido existe
Que puede aún llorar la lejanía,
Los menús elegir de la tristeza
Y darse a la ilusión de que, con todo,
Es un sobreviviente de la locura atómica.

Sentados en podridos taburetes
Ellos gastan los últimos billetes
Vertidos por la Casa de Moneda.

Los billetes son diáfanos, decimos,
Carne de nuestra carne,
Espuma de la sangre.

Con billetes el mundo
Congrega sus rincones

Y parece mostrar una estrella accesible.
Sin ellos, el paisaje es sólo el sol
Y cada cual resbala sobre su propia sombra.

Pero la Casa de Moneda piensa por todos
Y los billetes; ¡oh encanto del bar miserable!
Nos suministra sueños congelados,
Menús soñados el día desnudo de fama.
Al levantar los vasos se produce el granito
Del brindis que nos une en un pozo invisible.

Alguien nos dice que el sol ha salido
Y que en el barrio alto
La luz es servidora de los ricos.
¡La misma luz que fue manantial de semejanza!

Hoy he ido a comer donde comen los pobres
Y he sentido que la sombra es común
Que el dolor semejante es un lenguaje
Por encima del sol y de las Madres.

LAS MADRES

Las madres miran hacia el norte
Miran hacia el sur
Hacia todos los puntos del viejo horizonte
Y sufren las madres,
Sabiendo que el mundo tiene tantas direcciones.

Me he cansado de llorar pensando en ellas
Al herir la piedra con mis cóleras a veces,
Porque sé que en cada piedra
En cada convulsión de átomos crecientes
Las madres miran con sus ojos claros.

En cada punto del paisaje
Sea el sur o sea el norte
Sus miradas ondulan la orientación terrestre.

Las madres están allí donde estuviste,
Pensando en tu muerte.
Bajo los pensamientos estériles
Sus presencias eran mieses
Y bajo tus plantas heridas
Sembraban cereales de vida.

Las miradas de las madres forman
La bruma que a eso de la tarde
Nos penetra en la sangre.

Ellas lo saben muy bien
Por eso miran hacia todas las direcciones,
Pensando que somos tan jóvenes
Tan dados a ser víctimas del sur o del norte.

EURÍDICE

Los árboles frutales estaban a distancia
diluídos en la aroma transparente
Y a merced de sus lágrimas de miel
Las abejas eran breves.

Recuerdo que era mía toda entera
La primavera que daba a luz en sus ojos
el dorado solar de sus cabellos
y la emoción materna de sus pasos hondos.

Recuerdo que tan pura como el fuego
Su mirada podía mantenerse
abriendo un táctil paso a los deseos
¡Tan pura y sin embargo tan doliente!

¡Oh rubia mía! Bajo el césped tienes
como Eurídice un imperio
ahí donde nunca llegaré
estremecido por cruel conocimiento.

¡Oh rubia mía! Al evocarte existo
Porque eras yo soy y me establezco
No tengo otra razón. Más aún, no quiero otra
Que servir de intermediario a tu misterio.

Quiero seguir siendo lo que tú te imaginabas
de mi mando aún había júbilo en las puertas
y las persianas eran hondas
y eran blandas las cadenas.

Seguir siendo eso es para mí vivir de nuevo
la quietud del instante. Revivir el color
que quedó en los nervios de los ojos ciegos,
poner un nido en el árbol del sopor.

Nostálgicas mansiones

ENRIQUE GÓMEZ - CORREA

Talca (1915)

En colaboración con Braulio Arenas, fundó en Santiago hacia 1937 el grupo *Mandrágora,* que también publicó una revista del mismo nombre, y una serie de libros que hicieron historia en el movimiento poético de Chile. Gómez-Correa es uno de los responsables por lo que él mismo llama la "cristalización del pensamiento surrealista" en Chile, y con una fidelidad sin igual sigue el camino de la poesía revolucionaria en el auténtico y puro sentido de la palabra. Fuego, violencia y terror son los elementos fundamentales de su poesía, de su alucinado cosmos.
Incansable, diplomático de carrera, ha viajado mucho, recorriendo prácticamente toda Europa, América, Africa, el Oriente Medio. Ha vivido en la India y la China.
Su ideario se puede sintetizar en estas palabras: "Todo pensamiento puro necesariamente debe ser desinteresado, tanto como el sol que nos alumbra o, al menos, como su reflejo. Afirmo: quiero ser puro pensamiento; quiero ser puro acto, puesto que todo principio de pensamiento está en la violencia. En síntesis: *en un comienzo fue la violencia." ("La carte d'après nature",* Bruselas).
Traductor al español de Guillaume Apollinaire.

Carta-elegía a Jorge Cáceres 1952
Lo desconocido liberado seguido de las tres y media etapas del vacío 1952
Reencuentro y pérdida de la Mandrágora 1955

LO DESCONOCIDO LIBERADO

I

Yo he aprendido a manejar el tiempo como un mariscal de campo
Tal vez en un lugar donde la alegría y la amargura se disputaban la eternidad
Yo he hablado a la cabeza, insultado el sol, he reído muchas veces al calor de las tinieblas
Me desesperaba a ciencia cierta de no hablar sino el lenguaje de los iniciados en el misterio
Comprometía mi corazón.

Qué otra palabra qué otro sentido dar a los sentidos
Qué otro pájaro dar al vuelo o dárselo al abismo
O condenarse a perpetuo al fastidio
A la ola que nos cubre el rostro como una máscara repentina
Allegada a mí con un cielo a punto de ser bola de fuego
O simplemente el perfil de la obsidiana.

Es que el silencio nos va aprisionando con su mano descarnada
A la hora en que el pez se disloca en la profundidad del mar.
Y el alma se estira al igual que una espiral tocada por la luz
Por la fiebre de la memoria que nos arrastra al naufragio.

Yo quisiera despojar mi espíritu de esas pesadillas que nos pintan el rostro de negro
Que nos pasan un objeto extraño preguntándonos a quema ropa *"¿Qué tal? ¿Cómo está usted?"*
Y uno inclina la cabeza sin saber que el labio nos acecha en la más olvidada de las encrucijadas.

Conozco el misterio y los silencios que hacen crecer el cerebro

Conozco los placeres del olvido y la desvergüenza de los cínicos *"que marcan el paso"*
Conozco la lujuria de los plebeyos
Y a menudo los hilos invisibles de lo desconocido se deslizan por entre mis dedos.

Yo he aprendido a manejar el tiempo como un mariscal de campo
A hundirme en la esencia de las cosas torturándolas con toda clase de espejos

Yo he amado y quizás no he amado lo suficiente para reconocer el rostro fugaz de la bella desconocida
Para entregarme a la sinrazón de los espacios que nos seducen
Que nos marean la frente con la copa que se desborda.

Muchas veces
Apenas si puedo sostener el peso de mi espíritu
Una lucha horrenda se desencadena entre la transparencia de la vida y la transparencia de la muerte
Yo me hago el desentendido a expensas de la sonrisa
Pero es la crueldad que rompe sus propios límites.

Algo nos arrastra a una isla solamente golpeada por los oleajes del sueño
Una isla dedicada a los desconocidos a los olvidados
A los que se aman desde la edad de los peces
A los que sueñan a pleno sol
Y aun a la temperatura en que el cero se pierde como un pájaro en el horizonte.

Yo quisiera distribuir esta parte de lo desconocido
Entregar a los hombres esta hoja del misterio que se arrastra por el suelo como una lágrima
Quisiera desplegar mi alma al igual que un abanico que se lanza al mar
A sabiendas que de él va a nacer una gaviota

Pero me detengo
Me detengo ante mis ojos escapados de sus órbitas
Ante el ruido horrible de mi sangre.

Yo he aprendido a manejar el tiempo como un mariscal de campo.

Y sólo una mano en exceso purificada
Será capaz de descifrar el enigma que cae sobre nuestras cabezas

Capaz de romper la cáscara que envuelve el mundo de la poesía
El mundo que en su punto central se traduce en la palabra jamás pronunciada
Tal vez la más adorable la más peligrosa la más invisible de las palabras.

Yo he preferido siempre el astro que estalla de repente en el cielo
A la estrella que cuenta cada uno de sus pasos
He preferido la raíz al sonido de la raíz
El cristal a la bola de cristal
La imagen a la semejanza de su imagen
Todo eso nos cae como una lluvia que nos enfurece
Que hace crecer malignos pensamientos en el fondo del corazón.

Advierto a los que me lean
A los que aun no me han dado con las puertas del silencio en las narices
Lo siguiente:
"Toda estructura deviene ser a expensas de la sangre de uno mismo
"Puede correr volar hacernos proposiciones deshonestas
"Tenderse sobre las arenas de una playa encantadora
"Emitir sonidos capaces de arrastrarnos a la locura

"Se vuelven contra nosotros torturándonos hasta la muerte".

Tal es el flujo y el reflujo de un conocimiento que nos triza los labios
Que nos hace avanzar embriagados con el sabor de nuestra propia sangre
Que nos hace aparecer una nube que termina por devorar el cielo
Y nos lanza una mirada que es un insulto
O en términos exactos
Como la visión de la noche devorando el día.

Lo desconocido liberado

LAS TRES Y MEDIA ETAPAS DEL VACÍO

I

EL CIELO

Y es que la soledad siempre se avalanza sobre su frente
Ella cuida a su ser preferido
Tal cual el bosque a su ruiseñor.

Él comprende que es necesario ausentarse del mundo,
ausentar el mundo
Su mano tiene la virtud de disolver los objetos
Sumirlos en la nada
Por eso crea mundos
Y destruyéndoles se destruye a sí mismo.

Quiere volver a su caverna
Porque toda luz siente nostalgia de las tinieblas
Y el mundo desconocido es sólo visible en las sombras
En sus labios palpita la augustia
Como esas fuentes irradiantes que rasgan la corteza de la
tierra
Nada puede sustraerle al llamado, a la voz que le ordena
marchar al borde del abismo
Al ojo devorante que existe en la profundidad de todas las
cosas.

El cielo empieza su enfriamiento absoluto
El cielo se evapora, vuelve a su estado de tiniebla
Todo se retira, se disuelve, mientras él avanza
Y ya no se sabe si la angustia es un enfriamiento de la
soledad
Pero comprende que es preciso que el cielo se aniquile a sí
mismo.

No deseamos sino la mano que nos pone en evidencia la
eternidad
El mar que se retira, la estrella que apura el paso hasta
quedar pura estela

El cielo que se eleva hasta perderse en el vacío.

Y nos perderemos a sabiendas
A sabiendas de que su sed de mundos desconocidos
Es la eternidad
En el beso absoluto.

II

EL SOL

Cualquiera que sean las formas de realizarse
El sol absorbe siempre los cristales de la noche
En su mundo interno fermentan las tinieblas
Atravesar ese tejido de algas resplandecientes
Es también una manera de sobrevivir.

Uno se concibe levantándose todos los días con el alba
Desgastando su ser en los sueños que le atraviesan el alma
Perturbado por la embriaguez de disolverse en los espacios
celestes
Su deseo es un ojo que le tortura más que la gota de agua
en la frente.

Hablar con las estrellas a la hora en que los parques son
oprimidos por la bruma
Comprender el lenguaje de las plantas
De las piedras en donde se esconden los ángeles
Eso podría ser el mundo perdido
El mundo olvidado de los hombres
Pero en él forman lo compacto de su sueño.

Así lo quiere su deseo, su embriaguez de los espacios
Confundirse con las cosas amadas
Que él devora y que a su vez le devoran
Todos los días él entrega sus labios, sus miradas nostálgicas
Se extermina por generosidad.

Que los animales, las plantas, las piedras, aun los ángeles
Sientan el goce de la mano que les despierta
Después de largas pesadillas
En que la transfiguración sube al plano superior del cerebro
Que se cante en sus oídos la más encantadora de las
canciones.

Las tres y media etapas del vacío

REENCUENTRO Y PÉRDIDA DE LA MANDRÁGORA

En la alameda donde crece el guineo
Y éste lanza la hojita por entre la zona radiante
Ahí va a deslizarse justamente el amor
Hasta confundirse consigo mismo.

Adquirimos una respiración agitada de por sí
Ella nos transforma, nos arrastra al movimiento de las estrellas
Y estamos solos cuidando la lágrima
La más terrible lágrima
Esa misma que hace crepitar el fuego espiritual
Y estamos solos cumpliendo el designio
No por llorar
Sino por dar espacio a la mirada que se maravilla.

Todo designio se cumple
En el amor hay que elegir
Entre lo que se debiera ser y el rostro amado siempre cambiante,
Para permanecer
No hay mejor camino que el fuego
El fuego que nos lleva derecho al cautiverio.

Yo sólo podría entregaros mi manera de mantenerme en libertad
Mi ojo alquímico
Mi sangre alimentada en la angustia
Creédmelo, yo estaré partiendo siempre a lo desconocido.

Si yo he llegado a esta selva donde el cocuyo
Todo lo transforma en maravilloso
Y hace de la parte obscura del alma
Un castillo de luz
Es, te lo digo, para mantenerme en tu risa espiritual.

Y nos gozaremos
Tu ojo en mi ojo
Mi mano en tu mano

Porque el amado y la amada
Desconocidos de sí mismos
Se deleitan en el misterio.

EL REENCUENTRO

Yo confiaba en la ola que de repente salta del fondo del
azar
Vivía por ese azar que nos exalta los sentidos
Que me acerca a tu belleza
Que hace que yo te desee en esta tarde
En que el sol apunta al centro del corazón
Para que sienta el calor de tu risa
Tu risa más seductora que un abismo.

Yo amaba las ciudades, los puentes
¿Sabéis lo que son los puentes?
¿Acaso no sabéis que yo vivo en este puente que une la
vigilia con el sueño?
Exactamente
La mirada lanzada a los espacios que separan tus ojos de
los míos.

Exactamente
Yo sabía de la angustia que crecía más rápido que tu
mismo amor
No preguntabas por la angustia
Exactamente
Buscándonos el uno al otro por caminos paralelos.

Pero el azar junta las paralelas
Y te amo y te seguiré amando

Porque mi conocimiento de las cosas te hará siempre la desconocida
Y sabrás que este amor llevado en el rigorismo del vacío
Te hará más resplandeciente que mi deseo.

Para construir tu eterna belleza
Estoy para darte mi palabra.

MANDRÁGORA - HOMBRE

Me avergüenzo sólo de pensar que alguna vez tuve menos de treinta años
De permanecer prisionero en una tierra que no era luz ni tiniebla
De haber conducido tu voz por el laberinto de los sonidos
Me avergüenzo del tiempo la lepra y el espacio.

Yo te presentía—tú lo sabes—
Viniste a mi conocimiento con el azar
Y ahí nos quedamos junto al árbol que se hizo fuego
Tú le das a este árbol el fuego.

Yo leí mi destino en las líneas de tu mano
Penetré en los elementos con la seguridad
Del que sueña las veinticuatro horas del día
Supe de la lascivia, la muerte, la noche y el amor
Y aquí permanecimos—tú sabes—
Todo amor es substancia y elemento de la misma noche.

Tendremos que saltar la pared de luz—tú lo sabes—
La terrible pared de luz
Ni el día ni la noche nos acompañan
Y hay que ser luminosos
Yo te exijo tu mano en mi mano
Tu sonrisa en mi sonrisa
Tu recuerdo en mi recuerdo
Tu nostalgia en mi nostalgia
Te exijo la fuerza del silencio.

MANDRÁGORA–MUJER

Basta de hablar de edades
Yo me avergüenzo de sólo pensar que alguna vez no co-
    rresponda a tu deseo
De que algún día lo que resplandece para tí
Deje de maravillarte
Me avergüenzo como tú del tiempo la lepra y el espacio.

Mi memoria en tu memoria
Tu voz es mi voz
Tu amor es mi amor
Yo te exijo:
Interroga noche tras noche tu corazón
Interroga tu mirada
Interroga tu nostalgia
Interroga tus pasos
Interrógame a mí misma.

MANDRÁGORA–HOMBRE

Se permanece con tal de maravillarse eternamente
Todo camino importa un desplazamiento
Es hora de partir–tú lo sabes–
Yo violentaré mi espiritu y tu corazón

Rebelémonos contra nosotros mismos
Eleva tu mirada antes de que sea demasiado tarde
Es hora de partir–tú lo sabes–
Aquí estoy para darte mi palabra.

MANDRÁGORA–MUJER

Una palabra antes de partir
Rebélate contra las trampas del lenguaje

Rebélate contra las alturas, contra los abismos, contra los colores, contra la noche y el día
Rebélate en contra de mí misma.

Llevaré tu nostalgia en mi frente como una marca de fuego —tú lo sabes—
Toda nostalgia es errante
Es hora de partir—tú lo sabes—
Pero escuchad mis últimas exigencias
Rebélate contra la nostalgia
Violenta tu memoria y por fin
Niégate a ti mismo.

LA PÉRDIDA DE LA MANDRÁGORA

El pájaro azul de la angustia
Estira sus alas y se prepara a la más singular de sus aventuras
Seguramente su conocimiento de las cosas le hiere más que la quemadura de la luz
Porque el amor en él fué carne y espíritu
El tú y el mí que se habían hecho uno en la planta mágica.

El pájaro azul te ha mirado
Y tú eres una extraña
Un singular vacío
Eres más extraña que su recuerdo
Que su misma nostalgia.

Las paralelas deben seguir su camino
El azar existe gracias a lo imprevisto de tu belleza
Y tú has dicho partir
Entonces vientos de soledad llenan las alcobas.

El pájaro azul te ha herido
Y tú bien sabes
Que toda melancolía es infinita.

Te había encontrado con el azar
Y te he perdido con el azar
Juntos nos sumimos en lo desconocido
Hasta ser desconocidos el uno del otro.

Dijiste:
"Todo designio se cumple
"Todo azar junta las paralelas
"Toda luz se reintegra a la tiniebla
"Y tú habiendo alcanzado lo desconocido
"Eres un extraño
"Has vendido tu alma a lo desconocido".

Ya no te pertenezco
Soy el que parte con el azar
Con la noche que precipita los elementos
Soy el pájaro azul de la soledad.

EL ADIÓS

Después de todo debemos contentarnos tan sólo con nuestros presentimientos
Aferrarnos a la luz que despiden los insultos
Ser apenas el destello o el eco de nuestros propios deseos
La ola sangrante que toma cuerpo en los declives del corazón.

Yo sostuve tu rostro en mi pensamiento hasta en lo indecible
Acusé a la memoria en la plenitud de tu belleza
Nadie pudo alcanzar a mayor altura en mi corazón
Que tú en esa metamorfosis que depara al amor.

Pero hay un destino que se oculta más allá de cada palabra
De cada gesto, de cada sonrisa, de cada rostro con que tú te presentas en cada amanecer
Y entonces un viento extraño empieza a borrarnos la imagen proyectada en el mismo espejo
Y no sabemos hasta qué punto nuestro amor es un reencuentro o una fuga.

Debemos separarnos antes que dejes de ser lo que fuiste en mi pensamiento
Antes que el transcurso del día nos precipite a la infinitud del espacio
Antes que la nostalgia con su espuma desborde la copa de la eternidad
Antes que tú seas el después de mi pensamiento.

Si algún día yo te encontré amenazada por el azar
Y puse mi mano sobre ti identificándome con el azar
Fué—te lo digo—para mantener en el cielo la más extraña constelación
Acaso tu estrella y la mía lanzadas a los precipieios celestes
He llegado a la isla que te he creado en mi angustia
Para decirte que mi amor era una forma de libertad
Un estilo de caer de abismo en abismo
Un deseo de ser desconocido y de mantenerte desconocida.

Repetirás mi adiós hasta que en tus palabras no quede más la palabra adiós
Me recordarás en el punto justo que separa la luz de la tiniebla
Pero yo—sangrando en tu última palabra—sabré que mi amor
Era este adiós que nace y muere con el día

Y que yo repetiré como tú adiós, adiós
Hasta la eternidad.

Santiago de Chile, Noviembre de 1953.

Reencuentro y pérdida de la Mandrágora

CANCIÓN DE LA FUENTE DE LO DESCONOCIDO

1

Las lágrimas ya no van con los ojos
Los crímenes ya no existen
Todos corren hacia el Oriente
La luz también salta de pozo en pozo
Sólo nuestra princesa permanece encadenada
A las frías losas de un castillo.

2

Los gitanos somos *hijos del viento*
Amamos reír y llorar
Cuando entramos y salimos de las ciudades.

Ahora decimos es eso
El borsque se ha hecho para el pájaro
Pero el pájaro ama los cielos que cambian.

Todo se transforma, toma el color de la fuga
Y sin embargo, sin embargo
Sólo nuestra princesa permanece encadenada
A las frías losas de un castillo.

3

Los crímenes ya no existen
La boca de lo desconocido nos besa
Ya es hora de partir
Y nuestra princesa nos abandona
¡No!
Las cadenas se desprenden de las losas del castillo
Las cadenas se rompen
Y nuestra princesa está con sus hermanos.

POEMA-SORTILEGIO

Estrella errante que cortas el mundo invisible ve por
mi amado
Búscale en la noche, búscale en el día
Sujétale con ligaduras de eternidad
Haz que su corazón se contamine con mi ardiente deseo
Que su lágrima sea mi lágrima
Que su luz sea mi luz
Cautívale, solitaria de la noche, en el círculo ígneo
Yo os conjuro, mi estrellita errante, que vayas en busca
de mi amado
Me lo traigas y lo pongas, lo pongas
En este círculo que soy yo misma.

(Mandrágora rei de gitanos)

CARLOS DE ROKHA

Santiago (1920 - 1962)

Hijo de los poetas Pablo y Winétt de Rokha. Vivío en el ambiente agitado y militante de su casa paterna, quitándose trágicamente la vida, como lo harían más tarde otro de sus hermanos y su padre.

Autor de una poesía misteriosa, vinculado hasta cierto punto al grupo surrealista *Mandrágora,* fue uno de los jóvenes poetas chilenos más importantes y menos conocidos, especialmente en el extranjero. Su compañero Enrique Lihn escribió lo siguiente sobre el conjunto de su obra inacabada: "La poesía de Carlos de Rokha es de las que saldrán ganancíosas si se historiara, verdaderamente, el total de nuestra literatura." Su padre, al ganar en 1965 el *Premio Nacional de Literatura* lo llamó, "grande entre los poetas jóvenes de Chile".

En el extraño clan de los de Rokha, este Carlos es mezcla de Rimbaud tropical y de *roto* aristócrata; será la suya posiblemente la voz más duradera por su pasión y belleza.

El orden visible 1956
Memorial y llaves 1964
Pavana del gallo y el arlequín 1967

MEMORIAL Y LLAVES

¡Dadme un sueño de ojos abiertos,
un muro donde caer arrodillado!

Mi sangre está llena de islas,
mis párpados de anunciaciones y agonías.
¡Pero en mi corazón no cabe un dolor más!

Mi piel está llagada por dentro.
Me han cercado los fantasmas del terror y del sueño.
¡Ay, crueles vigías, liberadme
y tú, río del amor dóname ya la pura
quietud de tus anillos!
¡A mí, que nada poseo
sino las mortajas que nos deja el sueño,
los silicios del hambre y del asombro!

Pues atravesé la noche en busca de otros mundos,
Y no encontré nada sino bestias degolladas
   ensangrentando los caminos,
Nada sino pájaros heridos en los mudos tejados
Y niños que morían sin alcanzar el velero
   de sus sueños,
Apostados frente a tierras baldías.
   que desde los pies los devoraban

Y contra ellos lanzaban los lobos del silencio
Y los puñales del abismo que una mano
   invisible blandía.
Cada vez que sus cantos llenaban la mañana
con corales de júbilo y espera.

¡Ven, dulce muerte de ropaje benigno
   y ardientes instrumentos!
Porque no encontré nada sino a Ti
en la víspera de cada viaje.

Y en el error de todo tumulto.

Tú llenabas el paisaje de la sierra y las vastas
  columnas de los ríos.
¡Tú, gran deliberadora y tu ojo de piedra
  clavado en las ventanas!
¡Ven! Quiero que veas a tu huésped
  desnudo de recursos.
Voy a tender hacia ti las mismas manos
  que tu santa ceniza recibieron.
Voy a darte mi sed y mi agonía
y los libros de mi redención y mi locura
y las palabras con que nombré tu retino
  para alcanzar los límites
que el hombre siempre anhela sin lograr
  sus esencias.
! Ven, leve viajera y quédate
en tu ligero corcel de plata volando en mis jardines!

Voy a darte mi vida a cambio de los sellos
  que me cubran el alma.
Y del postrer licor que me moje los labios.
Voy a darte este cuerpo y estos huesos
que hondas hachas hirieron negándome el reposo.

LETANÍA

He de morir, collares de los cielos.
Quien me sostiene
¿sostendría la copa en que devuelvo
mi vida al gran mar de los orígenes?

He de caer, collares de las aguas.
Si tú vienes, mi canto se alzará
a un coro de ángeles,
si tú vienes, yo seré el límite dichoso
que a sí mismo se ciega en puros ecos.
¡Oh, eco del límite, sostenme!
¡Coros de ángeles, veladme
en la noche alta de lámparas!

No sé si soy un temblor antiguo en la clepsidra
o un espacio de viento en los helechos.
He de volver, palomas de los vidrios.
He de ir, violines de la espuma,
gallos del diamante, gaviotas de la lluvia.

CONTRAPUNTO

Pueblo de muertes mi espejo de dos hielos
y una rosa clavada en sus agujas
multiplica un halcón entre las aguas.

¡Qué sangre de lagarto entinta los acantilados!
¡Qué luna hiere una gaviota en el diamante!

Todo es dos rosas desde ayer
y el mar es tres espumas.

Dadme el collar de la tiniebla
(geografía de puñales en la sombra)
su destello de piedra entre las hojas,
su resplandor de cesto que reparte los choclos
a la tierna avidez de las ranas del pozo.

¡Dónde muere ahora la noche sino en los ojos
del gallo que vigila la piedra de la nada!
¡Dónde se inclina la muerte sobre un violín
de sándalo!
¡Ay, celeste centinela, dime
dónde el arcoiris se diluye en espuma
y la espuma en una sombra azul!

Este júbilo mío ¿quién lo obtiene,
y quién da palmas de adiós a los enanos
que la rosa sostienen en sus dientes
con un suave temblor de niños ciegos
por corolas de vino sollozando?

¡Adorad la tierra calcinada de gallos y legumbres!
¡Adorad la inocencia del trébol, la esperanza
del choclo!

TRANSITO SOLO

Quiero decir que grito y me sale un sollozo.
Me sale un corcel muerto por la espiga
y por la estrella me abundan dinosaurios.
Me da miedo la lluvia cuando pienso
que habré de entrar desnudo entre sus arcos.
Me duele el abedul de hoja egipcia
y el grito de mi mar por ser espuma.
Me duele tanto todo y siempre digo
que he de volver, pero me acalla un eco.
Quiero decir que grito y me sale un sollozo.

RELIGIÓN

Yo estaba lejano como un Dios que recién hubiere
  creado el mundo
Hacia mí todo acudía. Las bestias y las flores
El vino del salvaje quemaba mi deseo
Entonces tú nombraste ese silencio
Pero yo no sabía
qué soledad de viento crecía entre tus dedos.
Yo no sabía
que mi crueldad era igual a tu amor
y que la muerte
crece en las ciudades como un grito
Pero aún no habían sido asesinadas las últimas palomas.
Espérame.

Memorial y llaves

MIGUEL ARTECHE

(1929)

Bibliotecario del periódico *El Mercurio* de Santiago, miembro de la Academia a pesar de su juventud, Arteche es una de las extrañas figuras del muy rico mundo poético chileno. Convertido al catolicismo en 1953, es uno de los más fuertes poetas espirituales, según Enrique Anderson-Imbert "poeta formalista, de gran pureza e intensidad en la expresión del sentimiento religioso... que recuerda los siglos áureos de la literatura española". El hecho se debe posiblemente a su residencia en España, donde ha escrito algunos de sus poemas más notables.

En los últimos años de la década de los 60 su poesía ha ganado un acento muy humano—penetrando en un mundo en el cual el hombre es el elemento esencial, la presencia de todos los días y de todos los instantes. Es esta una evolución bastante normal, puesto que Arteche fue en su comienzo un poeta del olvido y de la soledad, llegando más tarde a encontrar *otro continente,* que es el mundo del hombre poblado por el dolor.

Además de poesía, también ha publicado ensayo, crítica y notas de viaje.

El sur dormido 1950
Solitario, mira hacia la ausencia 1953
Destierros y tinieblas 1963
La otra orilla 1964
De la ausencia a la noche 1965

MELANCOLÍAS DE UN MILLONARIO

¿A quién gritar si en el espejo
el frío azogue tiene sangre? ¿A quién
llamar? ¿A quién buscar
si el ascensor es otro túnel,
un saco oscuro que respira
cuando desciendo acompañado a solas?
¿A quién llorar
si a la ventana del hotel "No hay nada"
me asomo sin saber que voy cayendo
al nueve,
al ocho,
cinco, al tres, al uno,
al cero asfalto de la muerte? ¿A quién
llegar? ¿A quién gritar? ¿Por qué sólo me buscan
la Compañía Anónima del Tiempo,
el Banco de las Furias, los billetes
de la mortaja con que me levanto?
¿A quién de aquellos prójimos
que bajo el barro se vivían de hambre
voy a pedir si tasco entre mis dientes
hambres de muerto?
¿A quién?

GOLF

El gallo trae la espina.
La espina trae el ladrón
El ladrón la bofetada.
Hora de sexta en el sol.

Y el caballero hipnotiza
una pelota de golf.

Tiembla el huerto con la espada.
A sangre tienen sabor
las aguas que da el olivo.
El gallo otra vez cantó.

Y el caballero golpea
una pelota de golf.

Traen túnica de grana.
Visten de azote al perdón.
Y el salivazo corroe
del uno al tres del amor.

Y el caballero que corre
tras la pelota de golf.

Duda el clavo y el vinagre,
y duda el procurador,
y a las tinieblas se llevan
huesos desiertos de Dios.

Y el caballero recoge
una pelota de golf.

Negro volumen de hieles.
La lluvia del estertor.
Ojos vacíos de esponja
negra para su voz.

Relámpago que el costado
penetró.
Cordillera del martillo
que clavó

Vestiduras divididas
por el puño del temblor.

Se arrodilló el caballero
por su pelota de golf.

ANTES

Golpeaste muros: te enviaron ojos.
Antes del viento oscuro fuiste sueño.
Golpeaste noches: te entregaron años,
  tiempo.

Trazaste manos: te otorgaron llaves.
Antes del viento oscuro fuiste sueño.
Buscaste vuelo: te dejaron vientre,
  hueso.

Formaste venas: se encendió tu paso.
Antes del sueño fuiste nacimiento.
Rompiste puertas, pero ya tenías
  sello.

Soplaste cunas, vendas de mortaja,
y te empujaron desde algún desierto
girando a ciegas, sin saber girando
  al puerto,
  al hueso,
  al tiempo,
  al cuerpo.

Destierros y tinieblas

EL CAFÉ

Sentado en el café cuentas el día
el año, no sé qué; cuentas la taza
que bebes yerto; y en tu adiós, la casa
del ojo, muerta, sin color, vacía.

Sentado en el ayer la taza fría
se mueve y mueve, y en la luz escasa
la muerte en traje de francesa pasa
royendo, a solas, la melancolía.

Sentado en el café oyes el río
correr, correr, y el aletazo frío
de no sé qué; tal vez de ese momento.

Y en medio del café queda la taza
vacía, sola, y a través del asa
temblando el viento, nada más, el viento.

JORGE TEILLIER

Lautaro (1935)

Escribe una poesía de las cosas pequeñas y en apariencia sin importancia, que son parte del cotidiano gris de los hombres de nuestra época. Sabe hacerlo sin alarde, sin lamentaciones, casi como en un silencio que viene del cielo y del vaso de vino en las manos de los vecinos que llenan las cantinas de los pueblos perdidos en el mapa.
Es una poesía sin brillo, pero de fuerza: la fuerza de los días que se repiten hasta el cansancio, para resultar en lo que se acostumbra a llamar *vida.* Un poeta de lo cotidiano, de los objetos polvorientos, de la magia sin nombre de los grandes silencios y de la realidad inmediata. Ha ganado el primer premio en el *Concurso Gabriela Mistral* con *El árbol de la memoria,* uno de sus libros más representativos. Es también ensayista, autor de un estudio sobre los poetas chilenos de la generación del año 20.

Para ángeles y gorriones 1956
El cielo cae con las hojas 1958
El árbol de la memoria 1963
Poemas del país de nunca jamás 1968
La canción del forastero 1968

UN AÑO, OTRO AÑO

I

En el confuso caserío
la luna escarcha los tejados.
El río echa espumas
de caballo enfurecido.
Se extingue una nube rojiza
que es el último resplandor de la fragua.

Nadie mira hacia las ventanas
después que el día huye
como chirriante carruaje
entre las humaredas de los álamos.
Ha huído este día que siempre es el mismo
como historia de ancianos que pierden la memoria.

Termina el trabajo. Y todos: miedosos avaros
que alguna vez disparan contra las sombras del patio,
carpinteros ebrios con las ropas aún llenas de virutas,
ferroviarios enhollinados, pescadores furtivos,
esperan en silencio—sin saber para qué—
la hora del sueño pronunciada por relojes invisibles.

Nadie mira hacia las ventanas.
Nadie se atreve a abrir una puerta.

Los perros saludan a sus difuntos amos
que entran a los salones
a contemplar el retrato que se sacaron un domingo
en la plaza.
El pueblo duerme en la palma de la noche
como un trompo en la mano de un niño enfermo.

El pueblo se refugia en la noche
como una liebre en una fosa abandonada.

II

Bebo un vaso de vino
con los amigos de todos los días.
Gruñe desganada la estufa.
El dueño del hotel cuenta las moscas.

Los desteñidos calendarios
dicen que no se debe hablar.
"No se debe hablar", repite
el viento, repiten las moscas, la mesa
donde nos agrupamos como náufragos.
Pero bebemos mal vino
y hablamos de cosas sin asunto.

III

El viento silba entre los alambres del telégrafo.
Malas señales: aullidos frente a una puerta que nadie abre.
Me sigue la sombra retorcida de un árbol.
Y tras la máscara del sueño
me espera el día que ahora creo abandonar.

ANDENES

A León Ocqueteaux.

Te gusta llegar a la estación del pueblo
cuando el reloj de pared tictaquea,
tictaquea en la oficina del jefe-estación.
Cuando la tarde cierra sus párpados
de viajera fatigada
y los rieles ya se pierden
bajo el hollín de la oscuridad.

Te gusta quedarte en la estación desierta
cuando no puedes abolir la memoria,
como las nubes de vapor
los contornos de las locomotoras,
y te gusta ver pasar al viento
que silba como un vagabundo
aburrido de caminar sobre los rieles.

Tictaqueo del reloj. Ves de nuevo
los pueblos cuyos nombres nunca aprendiste,
el pueblo donde querías llegar
como el niño al día de su cumpleaños
y los viajes de vuelta de vacaciones
cuando eras—para los parientes que te esperaban—
sólo un alumno fracasado con olor a cerveza.

Tictaqueo del reloj. El jefe-estación
juega un solitario. El reloj sigue diciendo
que la noche es el único tren
que puede llegar a este pueblo,
y a tí te gusta estar inmóvil escuchándolo
mientras el hollín de la oscuridad
hace desaparecer los durmientes de la vía.

CUANDO TODOS SE VAYAN

A Eduardo Molina.

Cuando todos se vayan a otros planetas
yo quedaré en la ciudad abandonada
bebiendo un último vaso de cerveza,
y luego volveré al pueblo donde siempre regreso
como el borracho a la taberna
y el niño a cabalgar
en el balancín roto.
Y en el pueblo no tendré nada qué hacer,
sino echarme luciérnagas a los bolsillos
o caminar a orillas de rieles oxidados
o sentarme en el roído mostrador de un almacén
para hablar con antiguos compañeros de escuela.

Como una araña que recorre
los mismos hilos de su red
caminaré sin prisa por las calles
invadidas de malezas
mirando los palomares
que se vienen abajo,
hasta llegar a mi casa
donde me encerraré a escuchar
discos de un cantante de 1930
sin cuidarme jamás de mirar
los caminos infinitos
trazados por los cohetes en el espacio

El árbol de memoria

COLOMBIA

ALFONSO BONILLA NAAR

Cartagena (1917)

Médico y cirujano, ha publicado gran número de trabajos de especialidad, desarrollando varias técnicas quirúrgicas originales. Ha realizado primero, fuera de Rusia, el transplante de cabezas de perros. Ha viajado por el mundo entero dando conferencias relacionadas con su especialidad.

Su poesía es una permanente defensa del hombre, una búsqueda de los valores que todavía valen como presencia del individuo ante la técnica y los métodos de aniquilamiento del hombre. Ha organizado antologías y colabora en revistas literarias de su país y del extranjero.

Cuarzo 1963
Y tu muerte intacta 1963
Campana y nombre 1965
Angustia de la luz 1965
Canciones para asumir tu vuelo 1966

MENDIGO

Qué sorpresa la del Notario
cuando sepa;
"acaba de morir un hombre
con el testamento puesto! "

Y la del Juez Permanente
cuando certifiquen:
"Murió de muerte,
lo mató la vida".

Las esquinas que lo conocieron
fijarán sus cartelones:
"Acaba de morir Don N. N.,
en paz descanse;
un hombre que se cansó de tocar
todas las puertas".

"Ha muerto Juan, mi viejo amigo,
un hombre que estrenaba
de segunda mano. Todo lo llevó
usado, hasta la vida."

"Ha muerto uno que se quedó
dormido ingiriendo formol
en el anfiteatro"...

"Ha muerto un hombre
que en el Juicio Final
pasará,
del bolsillo del estudiante
a las manos de Dios".

"Acaba de morir alguien
a quien le queda grande
hasta el olvido".

"Ha muerto Juan
con su miseria puesta".

'Ha muerto un hombre
cuyo testamento dice:
¡todo lo mío se lo dejo
al viento! "

PORTAPOBREZA

Los que me fabrican
y mis vendedores, me ignoran.

¿Portacomidas?
¡Portapobreza, mi nombre!

Cuando asciendo en la obra
son los propios pies del arroz
y el duro pan los que traen,
su cansancio y su frío,
desde el barrio obrero
a la boca lejana.

¿Portacomidas?
¡Portapobreza, mi nombre!

CUELGO MI ROSTRO

¡Colgar,
con mano propia
el rostro de un muro!
es algo que sólo el muro lo sabe.

Es fijar a un clavo
el alma decapitada...

¡Cuarenta y cinco años navegando
la misma cara!
Toda la vida madurando rasgos
en una rama del alma,
para caer en las redes del pincel,
vertical,
con mi rostro de árbol bien peinado.

Desde mis pupilas de aceite
veo el torso aún palpitante...

Ahora comprendo
que mi mirada
es un largo camino de ojos
que hoy termina en la tela
donde el azul es un atleta
que no deja caer el rostro
hacia el olvido.

¡Cuánto valor, amigos,
desangrarse en azules
y que el perfil siga su naufragio
entre los verdes!

Mi paisaje de barro
lo enterrarán un día...
y en las paredes de la muerte

se desharán mis gestos.
Mas, hoy, siento al óleo
ahondar los cauces del tiempo
donde amanece el recuerdo abriéndole
avenidas a mi nombre.

Y, dentro de cien años, ¿qué?
¿Cómo era?, se preguntarán las nubes.
En la memoria de la sangre
ya no habrá un espacio para mi rostro.
Seré, simplemente, un retrato.
Un ademán desteñido
como un abrigo viejo,
y una firma ronca de invocar a su dueño.

¡Has pintado, Guayasamín,
el rostro del tiempo
en la pared de un hombre!

EL RELOJ

Sobre los pulsos
sobre los tedios;
en los campanarios,
en los talleres,
en los tribunales,
en el ansia de todos.
En vano las horas...

Las mías son largas
cortas, interminables,
o no importan
(dependen del hombre)
En vano las horas...

Llegan atrasados
adelantados o exactos.
En vano las horas...

El té de las cinco en Londres,
es la píldora para dormir en Bombay.
En vano las horas...

Me detengo en la noche
y todos siguen andando.
En vano las horas...

Abril y las lluvias,
agosto y los fuegos.
En vano las horas...

La noche sin término del Polo,
el equilibrio de los Equinoccios.
En vano las horas...

En las rondas del júbilo,
las horas no cuentan.
En vano las horas...

Sólo en la última
todos están de acuerdo,
tarde o temprano,
con el reloj

dormido o en marcha.
¡No en vano las horas!

Cuarzo

OSCAR ECHEVERRI MEJÍA
Ibagué (1918)

Ha sido redactor de periódicos, conferenciante y diplomático y en todas partes, tanto en Latinoamérica como en Europa, ha mantenido una intensa actividad de divulgación poética. Es también co-autor, con Alfonso Bonilla Naar, de una antología de la poesía colombiana.
Su poesía ha crecido en un ambiente donde los ecos del modernismo a lo Guillermo Valencia duraron hasta muy tarde, interrumpidos por voces tan personales como aquellas de Luis Carlos López y León de Greiff, poetas totalmente anti-modernistas, pero cuya poesía no puede imaginarse sin la existencia del modernismo, especialmente del posmodernismo, como una necesaria y violenta reacción. Resultado lógico de estas expresiones fue más tarde el *nadaísmo.* Entre todas estas corrientes y voces, la poesía de Echeverri Mejía ha seguido un camino personal. No se trata de un poeta de *escuela* o de *grupo,* si no de un cantor fiel a su vocación.

La rosa sobre el muro 1952
Cielo de poesía 1952
La llama y el espejo 1956
Viaje a la niebla 1958
Mar de fondo 1961
España vertebrada 1963
Humo del tiempo 1965

ERES COMO LA OLA

Te invento cada día
para que el corazón no se envejezca.

Te pierdo y te retengo
como al agua de un pozo.

Vienes a mí, y te alejas
inasible a mi mente,
igual a esa palabra que nunca pronunciamos.

Eres como la ola que rocé unos instantes:
su corazón de espuma se escapó de mis manos
pero tuve en mis dedos todo el rumor del mar.

Viaje a la niebla

NIÑO VENDEDOR DE PERIÓDICOS

(A Roberto García Peña)

Con un puñado de hambre entre las manos,
una pena ahogada entre los ojos
y quella sed de náufrago que te abrasa los labios,
pregonas en la tarde los periódicos
desde el único predio que posees
en el mundo: Tu esquina.

Estás allí en la acera que es de todos
y de nadie, perdido entre la lluvia
igual a frágil barco de papel.
Millonario de letras y palabras
que no sabes leer,
las entregas a cambio de unas pocas monedas
que otros han de guardar.

Sembrador de noticias, las echas ciegamente
al surco de la calle
sin que te importen nada
la guerra nuclear, los astronautas,
los cohetes a Venus o a la Luna,
o los inaprehensibles valores monetarios.

(Sólo una cosa tienes segura en tu destino:
tu miseria sin fondo).

Hambriento y roto, das el alimento
a la ciudad sedienta de sucesos
que al pasar por tu lado te abre nuevas heridas.
Y en tu humilde comercio de ideas, sin saberlo,
¡cuántos negocios brindas con tus manos
inocentes, pequeñas y vacías!
¡cuánta ciencia prodigas, sabio de la ignorancia!

Tu soledad, a veces, cubres con algún diario

y la derramas—árbol sin raíces—
sobre el inmóvil río de la acera.
Y mientras te refugias en tu desnudo sueño,
germina entre tu alma la sórdida cosecha
que han sembrado los hombres.

EL ASESINADO EN LA SOMBRA

Soy el que asesinaron en la sombra.
La muerte se ha tendido
a lo largo y lo ancho de mi cuerpo.
Soy más oscuro que la noche. Peso
cada vez menos, y en la tierra ocupo
un espacio ignorado,
más ignorado que mi propia muerte.

Soy el que asesinaron en la sombra.
Nadie sabe mi nombre: Hasta yo lo he olvidado.
Nunca tendré una flor sobre mi tumba
porque no tengo tierra
ni siquiera la mínima para albergar mis huesos.
Nadia llora mi muerte
porque a nadie le importa si he vivido.

Soy el que asesinaron en la sombra.
Las campanas no doblan por mi muerte
pues la ignoran. No he sido ni soy nadie
y no tengo una lápida
ni un nombre en ella escrito
porque si un nombre tuve, se ha borrado.

Soy el que asesinaron en la sombra.
Mi muerte ha sido anónima al igual que mi vida.
Nadie me llama, pues no oigo. Nadie
me busca entre los pliegues de la tierra
pues a nadie intereso. (Sólo Dios me conoce).

Y en tanto mis cenizas se reintegran al campo
y me convierto en savia,
me olvido de mí mismo y olvido que he vivido
porque en el mundo fuí tan solamente
uno que asesinaron en la sombra.

Humo del tiempo

JORGE GAITÁN DURÁN

Pamplona (1924) - Point à Pitre (1962)

Fue, durante su corta vida, un poeta que llevó la poesía hasta las más remotas regiones de su conciencia, esto es, uno de aquellos para los cuales la poesía no es sólo expresión verbal, sino modo de vivir y de existir. Cargada de emoción, su obra es una de las primeras expresiones de las nuevas corrientes, de modo que se puede decir que fue escrita y vivida por un artista y un participante.
Hay siempre en los versos de Gaitán Durán la presencia del hombre de carne y hueso detrás del artista, puesto que él fue también artista de la palabra. Casi siempre presente en sus poemas, la muerte es como vecina viviendo en un departamento cercano, del otro lado de la pared. Se puede decir que la buscó, después de vivirla. Y la encontró en un accidente de aviación, cuando su trágico fin fue el comienzo de la permanencia de su poesía.
Pocos poetas han escrito una obra de madurez y de pasión más fuerte en sus años de juventud y rebeldía.

Insistencia en la tristeza
Presencia del hombre
Asombro
El libertino
Los amantes
Si mañana despierto 1961
Poemas de la muerte 1965

HACIA EL CADALSO

Tú no has conseguido nada, me dice el tiempo,
Todo lo has perdido en tu lid imbécil
Contra los dioses. Sólo te quedan palabras.
Tú no has sido nada: ni padre ni guerrero;
Ni súbdito ni príncipe—ni Diógenes el perro;
Y ahora la muerte—cáncer y silencio en tu garganta—
Te hace besar las ruinas que escupiste.

Mas yo he sido: vilano, un día; otro, vulnerable
Titán contra su sombra. Yo he vivido:
Árbol de incendios, semen de amo
Que por un instante tiene el mundo con su cuerpo.

El idiota repite estas palabras hasta el cadalso
Interminablemente: ¡He vivido!

CADA PALABRA

Cuando la muerte es inminente, la palabra
—cada palabra—se llena de sentido. La sentimos nacer al fin grávida, indispensable. Esplende lo que por años había sido nuestra duda: su
fasto, conquista del mundo. Nombramos la cen-
tella que nos mata: *el mundo es una palabra.*
No hay tiempo entonces que perder y esta experiencia última, única nos resarce de toda patria.

FUENTE EN CÚCUTA

El rumor de fuente bajo el cielo
Habla como la infancia.

Alrededor
Todo convida a la tórrida calma
De la casa: el mismo patio blanco
Entre los árboles, la misma siesta
Con la oculta cigarra de los días.

Nubes que no veía desde entonces
Como la muerte pasan por el agua.

Poemas de la muerte

EDUARDO ESCOBAR

Envigado (1945)

Uno de los más jóvenes poetas *nadaístas,* Eduardo Escobar fue seminarista y luego recluso en una cárcel de menores porque su padre quería que trabajara en un banco. Sin aceptar la imposición paterna, el joven siguió escribiendo poemas y como de esto no se podía vivir, se ganaba la vida vendiendo postales en un almacén de Medellín.

Una existencia típicamente anti-burguesa, desembocando en la corriente *nadaísta* como la cosa más normal. "Papa pue" (Papá hiede)–uno de los lemas de los rebeldes de la Sorbona en los meses de mayo y junio de 1968 ya era realidad para Escobar algunos años antes. De aquí su protesta, de aquí su poesía: fuerte, pero con algo muy tierno, como un joven potrecillo que no sabe que se puede hacer con su libertad. De su bohemia "atorrante, suicida y estupefaciente" ha sacado una poesía en la cual la rebeldía le da la mano, casi imperceptiblemente, a la santa bondad humana.

Invención de la uva 1966
Monólogos de Noé 1967

ORACIÓN

Señor,
tú que no te afeitas con Gillette,
que no te lavas la cara
ni los dientes,
que no usas vestido
ni zapatos,
que no te dejas ver a los ateos,
déjate ver de mí,
ven,
y juguemos;
acariciemos juntos
las serpientes que tocan su cascabel;
leamos juntos
la vida de Tarzán
sus inquietudes.

Déjate ver de mí,
ven,
y juguemos.
Te pido hace dos años,
no has venido.

Señor,
mejor no vengas que te escupo.

LA VUELTA AL MUNDO

Estuve caminando.
Pasé por Alemania.
Algo importante es el eterno entierro de Hitler.
Nunca se ha podido enterrar su memoria.
Pasé por Rusia.
Ya están fabricando sputniks
para juego "común" de los niños.
La calva de Kruschev es impresionante.
En Francia están fabricando repúblicas en serie.
Pasé por la "patria del capitalismo".
Estaban enterrando fracasos siderales.
Estuve en el trópico.
Aquí todo es malo y dictatorial.
Creo que aquí no hay nada más bello
que acostarse sin ver
esos atardeceres de chaqueta roja.
Visité el mundo
En el mundo
no hay sino una cosa común:
la noche tuerta.
La noche llena de lunares.
Yo la he visto.
A mí me gusta la noche tuerta y la orino.

LA SONRISA DEL SIGLO

Vivían en una barata caja
de goma y de cartón
Ahora, como caballeros que se han aburrido
de vivir, vienen a mí a refrescarme.
Caminan en mi boca
que no es guarida,
ni de astros desprendidos del cielo
ni es montaña que soporta ríos en su seno.
Caminan en mi lengua
porque en la maravillosa pausa entre sur y oriente
han comprendido que es hora de dormir
ante el ocaso
y me quitan el sabor viejo que me ha dejado
en la sonrisa el siglo.
Se dejan amar blandamente
por mis muelas asombradas
y dejan que su sangre de menta o de canela
se entierre en todas las letras
de un abecedario griego
anterior a mi existencia
y a la de los antílopes.
Gastan su ser en mi boca vacía.
Me gasto.
Es igual terminar hoy que no terminar nunca.
Todo es igual siempre como los ojos de las tortugas,
como el aire que hace madurar los frutos.
La noche crece.
Como una mancha de tinta
en el cuaderno.
Donde no hay uvas en ninguna vid.
El mundo gira ahora en un charquito menos
profundo que el mar.
Junto a él me he sentado a terminar
el asesinato de las hormigas

y a ver sus cadáveres livianos
del color de oro
de las arenas del desierto
del Sahara.

EL PEZ S. O. S.

Han encontrado,
seco y lloroso
sobre la playa,
a un extraño pez negro
de forma de óvalo.
Y junto a él,
una palabra:
s. o. s.
que escribió, con aleta secándose,
y letra por letra,
hasta quedarse muerto.
Y si piensan los peces,
éste dijo;
"El agua huye,
se escapa,
se aleja,
es inútil que yo desee
que reaparezca".
Y dijo; "inútil",
chorreando convencimiento,
como si se tratara de la voz del hombre:
Trás los acantilados,
aparecen los excursionistas
con la merienda envuelta en servilletas blancas;
con los ojos envueltos en humo;
con el cuerpo envuelto en cansancio.
Con ellos,
venía una mujer
que dijo,
era un pez raro,
el más raro que había visto en su vida.
(Por lo demás,
era el primero que veía
desde sus ojos de aluminio).
El pez,

dormía sueño escamado,
y será depositado en el museo,
y tendrá olor, quizá de flor,
tal vez de cofre antiguo.
Había escrito,
s. o. s.
y la palabra se está borrando en la arena.

(Invención de la uva)

COSTA RICA

FRANCISCO AMIGHETTI

San José (1907)

Comenzó a publicar grabados en madera en el *Repertorio Americano* de Joaquín García Monge, acompañando a veces sus trabajos con textos en prosa y poemas de una sencilla belleza. Viajó a través de muchos países de Latinoamérica, Europa y los Estados Unidos, siempre haciendo en sus cuadernos apuntes de hombres, paisajes y silencios. En último análisis, su poesía es esto: la geografía de un viajero solitario, impregnada de sensibilidad poética apurada.

Sus libros de recuerdos ilustrados con grabados en madera contienen una gran variedad de poemas en prosa—y de poesía que vive en las palabras, de la misma manera como los grabados viven en la madera de un árbol.

Varios edificios de San José tienen en sus paredes murales al fresco, donde el artista reproduce la vida de los hombres "ticos" en la naturaleza, en su hogar, en su trabajo.

Francisco en Costa Rica 1966

LILLIAN EDWARDS

Hoy recuerdo los versos que te hacía, Lillian Edwards
Te fuiste un día, con tu violín y tus cabellos
y tu figura dorada
para el Sur de los Estados Unidos.
Yo te escribía muchas cartas que iban por los vapores
remontando aquel río
cuyas riberas están florecidas por el canto de los negros.
Yo comencé a quererte cuando salía de la infancia
y tocabas el órgano,
mientras tu padre, un Pastor metodista
nos hablaba de Dios.
Yo te recuerdo siempre, Lillian Edwards,
porque de todas las tempestades
no conservo una carta, ni un retrato,
sino tu claro recuerdo que el tiempo ha dibujado
con el oro marchito de todos los ponientes.
Eres una mujer que casi no ha existido,
y no hubo entre nosotros el contacto de un beso.
Por eso, Lillian Edwards, eres eternamente joven,
y no envejeces nunca, como las obras de arte.
Yo sé que te he perdido, pero estás en el viento,
en el grito de las locomotoras y el dolor de los trenes
y en todas las canciones de amor que sigo oyendo.

LOS ZOPILOTES

FRENTE A MI CASA pasaba todos los días "el carretón de la basura" ornamentado con la móvil decoración de los zopilotes; saltaban a la calle dando brincos, temerosos de robar lo que les correspondía. Cuando no viajaban sobre los carretones de la basura, ni estaban en el cielo, se instalaban tranquilamente sobre los techos. Los asocio a la muerte, porque la conocí en los perros y los caballos picoteados por los buitres. Iban siempre de luto como los enterradores, en una eterna condolencia por las víctimas cuya muerte los favorecía. Esta vil manera de vivir a la que biológicamente estaban condenados, se sublimaba al contemplarlos planear en la altura en inmensos círculos en donde se convertían en ala, un ala firme como hoz de acero que segaba el viento. Viéndolos en el espacio, se olvidaba su fisonomía grotesca, su ridículo caminar y su historia de hambre; eran sólo vuelo.

Durante mi infancia, estas aves se concentraban en el matadero municipal y en los suburbios; se secaban al sol sobre los techos, y eran un escudo heráldico contra el poniente sobre las casas pobres donde vivían mis compañeros de escuela.

HAY CALLES

HAY CALLES por las que sigo pasando en mi recuerdo y que transito a veces, pero las casas son otras y otras las gentes y otras las cosas que suceden.

Voy a hacer mandados con mi trompo en el bolsillo, a traer pan, comprar clavos de olor y mantequilla que necesita mi abuela, pero esas diligencias que podrían tomar normalmente diez minutos, se prolongan a una hora al toparme con los amigos del barrio y jugar trompos o bolitas de vidrio.

Puedo identificar el lugar de la esquina de mi casa en donde perdí jugando a los trompos y presencié el cruel castigo que, según las convenciones del juego, le infligieron a mi trompo de cedro. Veía a mis compañeros como turba que se reía de gozo maléfico amontonados sobre mi trompo dándole con la punta metálica de los suyos. Permanecía de pie todo el tiempo que duraba la acometida; lloraba con el corazón porque las lágrimas sólo hubieran servido para completarles su fiesta demoníaca. Una vez terminada su obra, entre burlas me entregaron un pedazo informe de lo que había sido mi trompo de madera pulimentado. Yo me lo eché al bolsillo inmediatamente y cuando entré a mi casa y estuve solo, lo saqué y lo limpié acariciándolo como a un perro herido y lloré por él. Después lo arrojé por la ventana sepultándolo en el aire.

Francisco on Costa Rica

ISAAC FELIPE AZOFEIFA

Santo Domingo de Heredia (1909)

Estudió en su país y en Chile, donde se graduó en la Facultad de Filosofía y Ciencias. Fue maestro y diplomático. Es catedrático de Literatura y Pedagogía de la Universidad de Costa Rica, participando también en las luchas de renovación democrática en su país.
Su residencia en Chile ha tenido impacto en su poesía, a través de la lectura y seguramente por la convivencia con poetas como Rosamel del Valle, Gabriela Mistral, Pablo de Rokha y Pablo Neruda. Sin hablar de influencias, las voces de estos poetas, su mensaje, su presencia aparecen a veces en la poesía de Azofeifa, una poesía cargada de humanismo y religión, pero también de luz y de paisaje. Es este paisaje inconfundible de su tierra lo que hace su poesía una presencia diferente en la lírica del Istmo Centroamericano, donde Azofeifa es el más meridional de los poetas de su generación, de su país y de su tiempo.

Trunca unidad 1958
Vigilia en pie de muerte 1961
Canción 1964

LAMENTACIÓN POR EL HOMBRE DE BIEN ASESINADO

Canto por la muerte del Dr. Moreno Cañas

Ahora que están volviendo a despuntar
estrellas y canciones; ahora que ya hemos vuelto a encontrar-
nos
sin hacer la pregunta de su muerte;
rota y lejos en el río cotidiano su imagen,
su corazón lleno de balas, en el fondo,
entre fechas vencidas, periódicos, canciones de otro tiempo,
y niños naciendo el mismo día
que el hombre de bien fue asesinado;
ahora que todo ha sido abandonado de su sombra,
amiga voz y destrozadas manos,
mi deber de canción y mi tarea celeste,
hermanos en alarido y en gemido.

La hora con su penacho de sirenas; con sus niños
rezando al acostarse; con sus fieles tranvías;
llena de adolescentes guardando las estrellas;
la hora familiar, en traje de día entre semana;
y de pronto,
partida en dos la noche. De pronto,
despedazado el viento por las calles.

De pronto,
el frío golpe de su muerte.
Su firme voz fue destruída,
su mano dulce destruída,
su ancho corazón destruído.
Oh sobresalto del niño, oh abandonada estrella, oh
sirenas
de pánico, oh familiar reposo sin reposo.
Partida en dos la noche.
Despedazado el viento por las calles.
En el tranquilo aire de las ocho seguirá manando
eternamente,
el lento río de su sangre derramada.

Qué reptiles oscuros, qué cavernas se abrieron,
por qué caminos nocturnos las cóleras,
los impulsos, lo inferior derrotado,
sobre rotunda luz precipitándose,
rompiendo el corazón civil,
su desvelado material de campana,
desatando la rosa escondida de su sangre,
cortando su voz y su camino,
como espadas quebrándose, como barcos o caballos
destruídos, como trigos inundados
o casas, o veredas definitivamente abandonadas.

Sus manos de trabajo como armoniosos bueyes,
y sus dedos obreros y uñas sin avaricia,
su corazón sin oro generoso,
su voz política,
—oh matriz de pureza y cauces tercos—
su madurez del árbol, ciudadano del fruto,
su profesión de lucha, de bálsamo y miel,
su artesanía del hueso, la sangre y el cartílago,
su milicia vital, victoriosa, su guerra a la muerte,
su fe campeadora,
y ahora,
su casa de incendio y huracán y angustia,
su laboriosa estatua destrozada,
y gemidos.

Oh soledad su muerte.
(Qué reptiles oscuros, qué cavernas abiertas,
por qué oscuros caminos...)
Hoguera asesinada, crimen de su recta llama.
He aquí sus manos de bandera, ahora sosteniendo
sombras,
He aquí su corazón que a todos saludaba,
diurno sol en silencio, rota lámpara,
su conducta de arado detenida de pronto, y dónde,
dónde aquel dolor sin clases, dónde aquella

procesión de sollozos y el espanto indignado?

Un alga pertinaz corrompe su sustancia
sencilla, sube en marea, en ola de naufragio,
y cae profundamente herido su nombre de ceniza.

SU NOMBRE IMPURO DIGO

Su nombre impuro digo
y la dulce vaca de la luz
y el manso buey del aire
su tierno sueño espantan
de colibríes y mariposas.

Denso, silencioso, oscuro,
pasa el río de sangre que comienza en Managua.
Qué racimos de manos cercenadas,
tronchadas yugulares,
lenguas de frío acero, ya tan quietas,
qué montañas de ojos ya tan duros, tan inmóviles.
Su tinta cubre el mundo
va llenando las calles y asciende a las colinas
como una tierna mano ciega;
su sal rebelde entra en los alimentos y moja los vestidos
y penetra buscando mis raíces profundas,
el árbol de mis nervios, mi voz de timbre alerta,
la estrella entristecida de mi alma.

Su nombre sucio digo
y se suicida el alelí del gozo.

Capitán de traidores,
mercader del abrazo,
cocodrilo del llanto,
rojo escorpión funesto,
sangre de cobarde alimaña,
baba azul de su herencia y su pantano.

Armado estoy de mis mortales armas.
He aquí la luz celeste, el prado verde,
los claros rostros de los niños,
las triunfales doncellas, y los viejos

dormidos en el sol como monedas de oro;
el aire sin espías ni cuarteles,
para el clarín del gallo desvelado
y el único estallido de la rosa y la aurora.

Pero digo su nombre,
y la amapola de la luz se apaga.

Roe las raíces puras de Managua
gruesa rata voraz, condecorada
de latrocinios y amarillos crímenes.
Pero viene rodando
un tierno corazón agujereado
de estudiante rebelde, por las calles
de León,
de Granada,
de Masaya y Managua,
y su llaga en las puertas,
y en el reloj de las torres,
es un ojo en espera,
un detenido grito en la garganta del aire,
y el silencio está lleno de silencios sonoros;
y la noche está llena de gritos inauditos;
y las hormigas de la muerte están reuniéndose
para limpiar la tierra de su nombre.

Yo,
que sé lo que digo,
aquí os lo digo:
Porque la luz es inmortal.
El aire es inmortal.
Ni el hombre libre muere.

Trunca unidad

GIRO EN DERREDOR DE UN MISMO PUNTO

Hace cincuenta años derivo sobre la costra de la tierra.
Giro en derredor de un mismo punto que amo, es cierto.
Me persigue mi nombre.
Sobre mí, conmigo, recibe los insultos,
los aplausos, las cartas;
sufre la inquisición de las aduanas;
cuelga, número vil, del deshumanizado ciudadano;
responde presente en la lista
de los apenas estudiantes;
se impacienta extraviado en la fila infinita
de los que viajan sin nombre ni hacia donde;
finalmente,
me recibe en la puerta de mi casa
y en cierto modo sonríe delante de los papeles
desde donde se asoman a llamarme
los poemas que alguien escribe con el nombre que llevo.

Pero qué poco soy,
qué bestia tímida soy cuando anochece.

Hablo conmigo sin testigos.
Entro y salgo de mí como en mi casa.

Oh, fatiga de ser y caminar
sin ser y sin camino!

Como funda vacía cuelgo el ánimo,
la sonrisa, las heladas palabras, los saludos iguales,
el saber sin objeto que la estación convierte en humo,
y entro en mi mirada, en mi océano particular,
en mi habitual abismo.

Oh, sagrado terror!

Por dentro de mí mismo me salgo al universo,

al ser,
al sótano del ser, donde ya no eres más que tiempo puro,
sin límites,
sin descanso.

SIN SUEÑO VELO, ACECHO

Me hundo en el pantano del sueño del bien comido
y de pronto, una víctima, otra más, sangra riéndose
de mí, dentro de mí, en la sombra.

¿Quién asesina a quién? Una vez más la muerte.
Sólo el casco del caballo en que huye en silencio se oye.
Lo oigo, lo persigo, lo hallo, lo destruyo
comprometiéndolo en el crimen,
en el presente, en el pasado, en el futuro crimen.
¿Quién existe, quién es, dónde está el inocente?
Al reo, ¿dónde hallarlo?
El escorpión angélico, de su garfio,
de su propio garfio cuelga, gimiendo y volando en la som-
bra.

Quiero escribir algo que me señale a mí mismo
con el dedo,
acusándome,
diciéndome la verdad,
pero la luz me ahuyenta hacia el lugar donde sin sueño velo,
acecho
hace años, miles de años, pobre ser rechazado
por mí mismo.

Vivo el terror creciente de ser hombre.
Dentro de mí acurrucado existo.
No he llegado a comprender lo inverosímil del alma.
Me sobrecoge el terror de encontrarme sin mí
en un recodo de mí mismo.

Sin luz, a tientas, en medio de la noche
escribo.
A tientas, grito, vivo.

A tientas, como todos.
Venga el iluminado y diga si es mentira.

Una campana anuncia alguna hora.
Pero toda hora en esta noche es la del juicio.
Y este juicio es final.
Y el cuerpo quizá es
un innoble esqueleto en busca de su carne;
y el alma sólo puede ser una vaga sombra anhelante
hace miles de años muerta del miedo de la misma muerte.

SE OYE VENIR LA LLUVIA

La casa de mi infancia es de barro del suelo a la teja,
y de maderas apenas descuajadas, que en otro tiempo obede-
cieron
hachas y azuelas en los cercanos bosques.
El gran filtro de piedra vierte en ella, tan grande,
su agua de fresca sombra.
Yo amo su silencio, que el fiel reloj del comedor vigila.
Me escondo en los muebles inmensos.
Abro la despensa para asustarme un poco
del tragaluz, que hace oscuros los rincones.
Corro aventuras inauditas cuando entro
en el huerto cerrado que me está prohibido.
En la penumbra de la tarde, que va cayendo lenta
sobre el mundo, el grillo del hogar canta de pronto,
y su estribillo triste riega en el aire quieto,
paz y sueño sabrosos.

Cuando venían las lluvias miraba los largos aguaceros
desde el ancho cajón de las ventanas.
Nunca huele a tierra tanto como esa tarde.
Se oye la lluvia primero en el aire venir como un gigante
que se demora, lento, se detiene y no llega,
y luego, están ahí sus pies sobre las hojas, tamborileando,
rápidos, mojando,
y lavando sus manos de prisa, tan de prisa, los árboles,
el césped, los arroyos,
los alambres, los techos, las canoas.

Pero también su llanto desolado,
su sin razón de ser triste, su acabarse de pronto,
sin objeto ni adiós,
para siempre en mi infancia, para siempre.

Llueve en mi alma ahora, como entonces.

LECCIÓN

Consolación me ofrece el libro sólo, me dijiste.
Con mis cinco sentidos entré en el libro. Expuse.
Argumenté. Tenté discursos. Di lecciones.
Certifiqué verdades. Pensé morir por los principios
que eran como cristales, puros, donde el mundo
definitivamente se explicaba a sí mismo.

Ciego, conduje un rebaño.
Mea culpa.

LUGAR COMÚN

La vida,
la vida aquí, la vida ahora, es fea y triste.
Aquí la ley, la regla y el horario.
La señal, el reloj y la campana.
El tiempo es para comer, para dormir o trabajar.
Se pierde el tiempo si se sueña
aquí y ahora.

Que no corran las gentes, que no corran.
Siempre habrá quien alcance primero la sima de la muerte.

Quiero todo el lugar común en estas líneas;
la prosa pedestre que define la muchedumbre,
el tumulto de las ciudades,
el hormiguero municipal de las gentes
que se atropellan en las puertas de los cines vulgares,
de las vacías iglesias, de las tristes estaciones,
de los estadios estúpidos, de las frías universidades,
y seguramente en las puertas del fácil cielo que se espera.

La vida aquí y ahora es fea,
y duele.

Vigilia en pie de muerte

ALFREDO CARDONA PEÑA

San José (1917)

Es bastante insólito el caso de este poeta: vive hace muchos años fuera de su país, en la Ciudad de México, donde la provincia hoy sólo puede ser encontrada tal vez en uno u otro barrio de las afueras, adonde la marimba suena por la tarde y el organillo se hace oír como una cosa de otra época, Cardona Peña ha conseguido sin esfuerzo permanecer dentro del mundo de la provincia costarricense haciéndola más universal.

Poeta del amor y de la tierra, del hogar y de la amistad, de la familia y de las plazas tranquilas, ha escrito muchos libros pero los temas son casi los mismos; lo que sí cambia, en una espiral evolutiva que marca notable progreso, es la forma poética cada vez más depurada. En realidad este poeta pertenece al grupo *josefino* (así se llaman los ciudadanos de la capital), en el cual se destacan Asdrúbal Villalobos, Francisco Amighetti y Alfredo Sancho, y su poesía gana fuerza y belleza cada vez que vuelve, en el recuerdo o en la realidad, a su mundo del Istmo. Hay también poemas construídos intelectualmente, dedicados a libros y autores, pero estos temas son accidentales, apareciendo como de una manera marginal. Cardona Peña supo hacer de su tierra costarricense un gran jardín melancólico, en el cual a veces cantan pájaros extraños o soplan vientos desconocidos. Lo demás, lo esencial, es lo mismo que hubiera escrito en su cuarto en San José. Con estas visiones y con su devoción, ha construído una obra.

Poemas numerales 1950
Bodas de tierra y mar 1950
Los jardines amantes 1952
Recreo sobre las barbas 1953
Zapata 1954
Semblanzas mexicanas 1955

Alfonso Méndez Plancarte 1955
Crónica de México 1955
Poema nuevo 1955
Primer paraíso 1955
Poesía de pie 1959
Poema a la juventud 1960
Poema del retorno 1962
La muerte cae en un vaso 1962
Lectura de mi noche 1963
Cosecha mayor 1964

AUSENCIA

No estaba don Joaquín. Se había ido
a imprimir bajo el sol su Repertorio,
y a reflejar, de espaldas al olvido,

su eternidad, como un varón ustorio.
Le puso un cable el alma. Todo en vano,
yo comprendía que eso era ilusorio.

No estaba don Joaquín, sabio hortelano
experto en recoger la buena fruta
y abandonar la enferma de gusano.

No vi su corazón, aquella gruta
donde la estalactita era el consejo
y la verdad ardió que no se inmuta.

Me hirió la ausencia, como un cardo viejo,
al ver subir la hiedra de su manto,
y este laurel sobre la noche dejo
hecho de luna y sumergido en canto.

ENVÍO

A los escritores y artistas de Costa Rica

Organizando libros, dando clases os vi,
oh compañeros en el fervor de las letras,
herederos de la cultura que sembraron nuestros abuelos

en el corazón de la República,
ejercitada por ellos al lado de las mieses
como en tiempos insignes su arado Cincinato.

Pero también os vi trabajando en labores
ajenas al arte,
sujetos a la circunstancia del límite,
preocupados por un ambiente hostil
a la armoniosa persuasión de las horas.

" ¡Esto es un hueco, un hueco! "
me decía el vehemente Manuel de la Cruz.

Sí, un hueco que hay que horadar a golpes de silencio
hasta dar con la luz que todos esperamos,
hecha de entendimiento y sacrificio,
hasta adueñaros del país
con la inteligencia en las manos,
y hacer de nuestra tierra lo que ha sido
por destino y origen: un país de maestros,
una porción de afanes tallando la mañana.

Yo vi algo moviéndose y ardiendo
en la Universidad de dorados augurios,
y una reunión de espíritus en pleno
discutiendo volúmenes. Creo cerca
el día justo y claro de las afirmaciones,
pero si algo os pido—si algo puedo pediros
desde mi condición de mojada nostalgia—,

es no participar
en la venta continental de las ideas.

Preferiría una patria pobre,
una quieta cabaña
elevando a los cielos su dignidad de humo,
y no un Estado enriquecido por las concesiones
y la habilidad del extraño.
Perdonad lo que os digo, y hasta pronto,
que al buen entendedor basta un abrazo.

LECTURA DE LAUTRÉAMONT

La noche lo llenaba de bujías de gato.
El alba lo desvanecía como a las yeguas de Mefistófeles.
En su canto lloraba una copa de uñas.
Se ganaba la vida dando clases de espectro
y vendiendo a los sueños sus caballos salvajes.

Cuando el pudor se viste de rinoceronte,
cuando la luna rasca la frente del murciélago,
sale en pena citando paraguas y hospitales,
sale en pena y con él un aroma de hongos.
Vivió en un gran palacio de vinagre.
Su collar estaba hecho de glándulas cortadas.
Maldoror, viento negro, sopla sobre su alma
como sobre un estanque de lotos asustados.
Habló con una herida en la garganta
y escribió con agujas mojadas en martirio,
y este fue Lautréamont de mirada de araña
y violenta sonrisa de conde condenado.

¡Oh Lautréamont, príncipe de la blasfemia piadosa,
bello como el temblor de las manos del alcoholizado!

LECTURA DE CÉSAR VALLEJO

En silencio, por los rincones de la noche,
suele llegarme la poesía dolorosa y desnuda
de Vallejo, el peruano que se murió de frío.
Suele llegar y la acaricio como a un perro mojado
que desde sus negros ojos profundos
me quemara con su terrible inocencia de fuego,
acusándome de participar en la alegría de la escritura
cuando hay tantos golpes de Dios que no admiten silencio.

¡Vallejo es para mí tantas cosas!
Es mi tristeza y un poco de mis verdes matas viciosas,
es el hermano que me golpearon por luminoso,
es la palabra con una sandalia de rencores
imprimiendo su huella en la soledad de las playas.
Versos como los golpes de la noche en las ventanas,
versos rodando espíritu abajo como lámparas tristes,
versos para hacer fuego en la choza del hombre:

"Todos mis huesos son ajenos"...
"Ya nos hemos sentado
mucho a la mesa, con la amargura de un niño
que a medianoche llorara de hambre, desvelado"...

" ¡Perdóname, Señor: hoy he muerto tan poco! "

Esto dice Vallejo tocando su carrizo
de barro y viento,
como un pastor inquieto por las luces que tardan,
mientras se van muriendo los ecos de otras fuentes
y crece la congoja de su grito sin tumba.

REZO POR YOLANDA OREAMUNO

Ayer decíamos Yolanda
y nos cansábamos de sol;
ora pronunciamos su nombre
como quien pronuncia oquedad.

Ayer era el ala de fuego
que nos produce resplandor;
ahora es la novia del viento
y la desposada del mar.

El viento que la levantó
como hoja recién bruñida,
y el mar que en su manto verde
bordó su música nupcial.

Yo la vi en la noche funesta
beber una larga cicuta
y golpearse con cirio ardiente
como un ángel fuera de sí.

Con su llama de inteligencia
hecha pasión, volcada al ser,
nos dejó en unos cuantos libros
su sombra, su genio, su fe.

Costa Rica no fue por ella
indiferente a su laurel,
como en Chabela y otros árboles
dolorosos que yo me sé.

Paradoja la de mi pueblo
que a ciertas almas deja ir:
cuando estaban no las quería...
y luego llora que no están.

CARDONA PEÑA

PULPERÍAS

Como las sillas viejas, como los armarios,
como los objetos untados de pueblo,
son pequeños festejos de tradición y ornato.
Las amo por sus aromas inefables,
por la alegría pobre que les sale del alma,
y porque en ellas—como en los mercados—
derrama el habla popular sus oros.
Visité, pues, las pulperías,
y con Arturo me tomé unos tragos
que me supieron a conchería (1) de Aquileo.
Por los campos de México las hay polvorientas,
con calaveras de Hamlet
y almanaques de 1920.
Pero éstas son tan fieles
que podríamos llamarlas espejos nacionales
y madrinas del *huipipía.* (2)
La que más me impresionó fue una de Escazú,
vagabunda de neblinas y ofrendas,
propicia a la conversación mágica,
sabrosona como una viuda.

Cosecha Mayor

(1) Poema nativista creado por Aquileo Echeverría, cuyo héroe es el *concho* (campesino).
(2) Grito campesino de alegría.

EUNICE ODIO
San José (1922)

Vive fuera de su país: primero en Guatemala, luego en México, donde trabaja en la actualidad. El poema *El tránsito de fuego* la impuso como una de las expresiones definitivas en el panorama lírico de nuestros días.
Su escasa producción literaria, en una época de prisa y de *publicidad* valoriza el mensaje de su obra. Al correr de los años se ha dedicado especialmente a escribir lo que se acostumbra llamar *poema largo,* integrándose de este modo en el reducido grupo de poetas cuyas figuras notables son Enrique Gómez-Correa, Rosamel del Valle y Homero Aridjis. No se puede olvidar el hecho que ya en la generación anterior, Salomón de la Selva y Pablo de Rokha han utilizado esta forma con éxito—y que estos nombres representan—exactamente por su heterogeneidad—una corriente poética de innegable fuerza profética en la poesía americana.

El tránsito de fuego 1957

PRÓLOGO DEL TIEMPO QUE NO ESTÁ EN SÍ

I

Nada estaba previsto.
Todo era inminente.

II

Un día después de un tiempo inmemorial,
mientras el cielo se movía de pie,
de un ojo a otro;

y se pensaba de un corazón a otro
en las ciudades,

el orden del vacío preparaba
una palabra que no sabía su nombre.

(La palabra, aquella, del tamaño del aire).

III

También, potencia descansada, el viento,
alzado tumbador de estrellas,
desde el trueno que escucho sin memoria
esclarecer para contar sus ángeles,
rasgaba los templos ardorosos.

IV

También un toro, sí, también un toro pálido
tenía la cara terrenal
y con su grande uña cardial golpeaba el mundo.

V

Los ríos conjugándose, ordenándose en sílabas de agua,
trasoían su límite de peces y de fuego.

VI

Apenas se escribían los frutos y los niños,
con el palote antiguo que reunía los verbos

antes en libertad, acéfalos, sin vías
en la ruta de una mañana eterna.

VII

La noche se soñaba su figura de mayo.
¿Cómo sería su verde partiendo de las hojas?
¿Cómo sería su verde ya cercano
a tan claro designio de laureles
y razonado en pétalo profundo?

Quería una palabra para escuchar su color en la noche.

VIII

Los ángeles buscaban un cuerpo para el llanto,
con el sexo menor posado en una lámpara,
y su peinado, apenas pronombre de las olas.

IX

Las islas navegaban rumbo un pueblo de cobre,
madurando en peceras su sol de porcelana,
mas noche y día las encontró la arena,
con el oído al pie de la colmena,
y con sus musgos dando su lámpara ordenada.

X

Más allá de su arrullo, a un año de sus vísceras amadas,
el arpa desataba su sonrisa, sus tálamos nacientes.

Era ya necesario organizarle la cuerda

y la estatura que crecían a la altura del álamo;
pronto entraría

en sus obligaciones de armonía.

XI

Allá en su edad,
—seca, sin fin memoria de la nieve—
el frío creaba su niñez.
Nadie sabía si era un quelonio mortal,
o el corazón sin fecha de un anillo perenne.

Todos lo amaban y lo confundían
con su asonancia de oro sembrado en el desierto.

Ya lo anunciaba la ciudad llena de cosas jóvenes.
Un día vendría el relámpago a soplarle los hombros,
un huracán liviano lo llevaría consigo;

desde entonces el frío resonaría
con los que lo olvidaron hace siglos,
hace nueve sollozos de abejas insepultas.

XII

El océano sólo era una larga presencia de caballo
alrededor del mundo,

y el caballo era, apenas, un labio descifrado
y perdido de súbito,

sal,

víspera del agua,
ingrávida y solemne.

XIII

Los cristales designaban unánimes costumbres y gestiones:
el humilde epídoto trepaba por el cuarzo
con gecónida pata;

y el cristal de roca en su perímetro oscilante,
rehuía los contactos con el hierro,
y al pasar por coléricos destellos,

se afirmaba sin mancha.

XIV

Corderillos adentro, mariposas adentro,
dándole honor al polvo,
colmándolo de azules convenciones y seres imprevistos,
se fundaba la gracia carnal de las ciudades.

XV

La abeja resumía en su seno de virgen prematura,
la abreviada dulzura de un padre inagotable.

XVI

Era la paz primera que nadie repetía.

Andaba ya un gran hueso buscándose al oído,
de la mañana al bronce, de la noche a los ciervos.

XVII

Era en la infancia de Dios,
cuando hablaba con una sola sílaba,

y seguía

creciendo en secreto.

SÍNTESIS DEL PRIMER DESTERRADO

I

Su músico temblor prepárase.

De súbito, mañana, entre los nimbos cojo,
preso en su eco tonal y los sagrados líquidos,
le ha nacido un sonido cardial,
un estremecimiento iluminado.

II

Polvo es en silencio de soledad primera,
entre los nimbos cojo,
por entre los sagrados líquidos pastando.

III

¡Silencio!

Toda cosa resúmase:

Modere su espesura el agua leve
y su figura el vino;

la nieve sea la edad de la blancura,
y serénese el álamo encendido de rama en rama pura.

Toda cosa conténgase y retorne a sonido la alegría.

¡Silencio!

El polvo clama, celeste y oprimido por la luz,
íntimo y despuntando, su ámbito cercado por el alba.

Polvo es en silencio de primeros sonidos.

Lo grande sueñe en piedra

y lo pequeño, claramente yaciendo en sílabas de alondra.

Corra el tiempo soplando hacia su última presencia duradera,

porque el aprisionado,

apoyado en inciertas vastedades,
en invisibles pozos de tormenta,

mas poderosamente armado de sueño y tenebrosa levadura,
recogiendo su voz y su presencia ingénita,
con el aire, sin pie que lo encamine,
ha pasado por un Ojo de Dios.

Está presente.

ALELUYAS DEL PRIMER APÁTRIDA

I

¡Salud, Oh polvo,
oh desterrado primordial,
oh apátrida celeste!

II

Todo sea por la gracia celeste del apátrida,
todo sea por su alianza virginal,

con el polen no abierto a la gracia del polen.

III

Desde que te aposentas con el vientre hacia el cielo,

una gota de carne,

un edificio alzado hasta la frente,

pone su pie liviano a dar un paso.

¡Oh vientre, oh soledad estremecida,
oh destierro iracundo de sonrosado golpe!

A la ciudad

van desfilando cuerpos
con ruido de cereal.

INTEGRACIÓN DE LOS PADRES

I

Y el cereal se confunde con la gota de carne,
alta dispensadora del tacto y el oído,
a cuyo albo contacto se ejercitan las sales,
y el fósforo reanuda su física alegría.

Todos los vecinos de la carne
—la forma, los trigos, el vacío—
se agrupan en sus inmediaciones;

para nutrir el tiempo del verbo que exige la materia,
el verbo de la honda criatura innumerable,
que encamínase al éxtasis del primer movimiento.

II

En el primer movimiento,
un ruido de coloides perduró hasta girar inmóvil;
y el aliento corrió junto a los nimbos,
con pie de Trono interminable y fijo.

El crespo nácar onduló de frente,
y los serenos padres infantiles,
presintiéndose el tacto esplendoroso,
tocaron sus amorosas vísceras predilectas.

III

Entonces

se abrió el espacio y se quedó desierto.

Parpadeó una semilla
y transcurrió un ojo eterno.

IV

El hueso declinó a blancura
y se encontró a sí mismo líquido,
anegando sus propias cavidades futuras,
y sus agrios aromas venideros;

pero un verano lleno de ríos y pesebres
cambió lo que era apenas vestidura, en sólida presencia,
y un gran ciclo de carne paterna se cumplió.

El tránsito de fuego

ALFREDO SANCHO

San José (1924)

La vida de este poeta es una serie de muy variadas actividades, desde albañil y director de teatro experimental, hasta aprendiz de sastre, agente viajero y bibliotecario. Sus poemas han sido traducidos y premiados en varios concursos, pero no han sido los premios los que le han dado valor, sino su calidad poética, su capacidad humana de transformar Costa Rica, la *patria chica,* en un mundo inconfundible, enteramente suyo.

Yolanda Oreamuno, malograda poeta y visionaria, dijo en una carta: "Al fin, de súbito, sin que nadie lo esperara, Costa Rica ha decidido tener *poeta...*" Pero alguien sí lo esperaba: el universal costarricense Joaquín García Monge, en cuyo *Repertorio Americano* transitó tanta poesía de América—y toda la poesía de Costa Rica. Entre los poetas *locales* hay que mencionar los nombres de Asdrúbal Villalobos, poeta de un solo libro y de una sola cuerda, presente en algunas viejas antologías, y a Francisco Amighetti, aquí presente. La poesía de Alfredo Sancho, con medios muy personales, sigue la línea poética de estos autores, consiguiendo construir su propio mundo.

Tapiz vibrante 1950
Interhumano polvo 1950
La búsqueda 1952
Rosados 36 1955
Cereal de los martirios 1955
Lenguaje de las galaxias 1956
Vitrina de necedades 1958
Calvario del azúcar 1960
8 milímetros de patria 1963
Un día para estarse en la casa 1965
Cantera bruta 1965

UN DÍA PARA ESTARSE EN LA CASA

Un día para estarse en la casa
y no hacer nada,
lejos de la oficina y de la fábrica.
Un día dedicado para uno:
a principios del cuerpo
o a finales del alma,
o a mediados tal vez de la semana.

La vacación del pobre
que se queda en la casa que le falta,
sin salir a la intriga de la calle.

Un día para estarse en la cama,
oyendo como crece punzándonos la barba.

Un día sin fornicar, ni comer,
sin ganarse la vida a costa de morir y padecer.
Tal vez sí blasfemar,
no escribir ni leer.

No descender de loros a pericos:
que todas las blasfemias de los pobres
están más cerca de Dios que tantas oraciones de los ricos.

Que me crezca la barba barbarísima,
para estarme en mi cama comodísima.

DESDE EL PAÍS DE LA INFANCIA

Yo que nací en un barrio de los de San José de Costa Rica,
cerca del Hospital y el Municipio.

Un barrio acostumbrado a sus vecinos,
a sus muchas congojas, a sus vicios.

Es el único sitio de la tierra
donde soy un experto en geografía.

Conozco sus aceras, sus declives,
los rincones de todas sus familias.
Lo he llegado a querer como a la novia
que me tuvo parado en sus esquinas.

En el mundo jamás habrá otro sitio
que pueda recordar con más cariño.

Cuantas veces me pongo a revivirlo
toda la infancia se me viene encima
y encuentro a Pikín y a Porfirio
jugando en nuestro parque a las canicas,
o bien, a Chalo Umaña,
el peluquero que murió de tisis,
compatriota del guaro y la morfina.

Barrio de la discordia y El Asilo,
con su acidez de tango en las cantinas,
barrio de los coleópteros caminos,
de la Guaria Morada y de mi lira
con tanto pétalo hasta hoy enmudecido.

No pienses que te he vuelto las espaldas,
salí a buscarte por otros vecindarios,
a enseñarme a sentirte tan distante,
a recordarte siempre tan distinto.

Cuando el niño me trajo el velocípedo
se me olvidó la muela dolorida
y el pantalón azul de los domingos,
y anduve como loco en mi vehículo,
por todos tus rincones, noche y día,
como hoy ando hasta el fondo de la infancia
por las calles remotas de mi vida,
pidiendo que me devuelvan a mi barrio
cuando todos estábamos chiquillos,
en mi casa vivían mis abuelitos
y no faltaba nadie en la familia.

Punta Blanca, Cahuita, Punta Mona,
Punta Mala, Descartes, Santa Elena,
Punta Gorda, Castilla, Cabo Velas,
Cabo Blanco, Herradura, Punta Quepos,
Punta Guiones, Llorona, Cabo Verde,
Venado, Punta Migas, Cocotero,
Playa Hermosa, Parrita, Parrital,
Caldera, Manzanillo, Mata Palo,
Carbonal, Iguanita, Culebrera,
Puerto Viejo, Marbella, Guacimal,
Puerto Thiel, Puerto Pocho, Corozal,
Las Agujas, Cabuya, Campanula,
Cambalache, Pitahaya, Punta Buena,
Burica, Punta Judas, Puntarenas.

Amo tus pueblecitos congregados
en la foránea paz de la mañana
Tibás, Escazú, Desamparados,
Puriscal, Tarrazú, dulce Moravia,
Tejar, Aguacaliente, Tierra Blanca,
Goicoechea, Montes de Oca, Coronado.
Aserrí con su nombre de dulzaina,
Acosta, Alajuelita, Turrubares,
Curridabat, Santa María, Santa Ana,
Cot, Paraíso, San Rafael y Taras.

8 MILÍMETROS DE PATRIA

XI

8 milímetros de patria quiero.
Lo suficiente para enterrar los labios de mi alma,
la sombra y el polvo de mi espíritu.

Bienaventurada, Señor, la Eternidad,
retratada en el tiempo con instantes,
siempre tan fisonómica y fugaz.

Bienaventurado lo simple y lo sencillo.

El tiempo y el espacio trascendiendo las altas matemáticas.
La madera purísima en el árbol, sin el barniz suntuario
ni afeites de pinturas comerciales.

El reconstruído paisaje de la tarde,
tan superior al hormigón armado,
y el aire sereno y saludable,
más fuerte que la viga pretensada.

Apártame Señor de la barbarie,
de este siglo insolente y hechizado.

Un solo ser humano vale más que la ciencia
y todo el poderío de una batalla.

Un solo ser humano,
baste ya de contarlo,
un solo ser humano,
en la tierra, en el vientre o en otro sistema planetario,
un solo ser humano
en tu misma aventura de Calvario.

XIII

Estos no son poemas socialistas,

ni tienen etiqueta democrática,
no son comunismo o imperialismo,
católicos o protestantes.

Yo no escribo poemas con recetas.
No soy cocinero de versos,
ni camarero del Arte.
Mi dominio feudal es la poesía
y defiendo y reafirmo sus derechos.

Ella dice: el que tiene se olvida de los desvalidos.
Es el auxilio del huérfano,
el tribunal implacable de los explotadores,
la exterminadora de los falsarios y de los políticos.

La gran ladrona de belleza y de espíritu,
el paredón de fusilamiento de los ricos,
la bomba más explosiva contra los canallas y los tontos.
En las escuelas y en los colegios
creen enseñarlo todo,
pero no pueden enseñar la poesía,
porque ésta no se aprende, es sorprendida
y permanece más allá de las generaciones y la historia.

Señor, tú estás en la poesía
y por eso ella está en los espacios interestelares,
y en los viajes del astronauta
y en el laboratorio del científico,
en la utilidad de la hermosura,
en el servicio de la primavera,
en la boca del Juez,
en el clamor del mendigo,
en la fecundación de las flores,
en el vino,
en la olla de carne para el hogar humilde,
en la desesperanzada esperanza de los hombres
a codazos abriéndose camino.

La prosperidad es útil
porque permite a los hombres ratos de ocio
para adorarte en la contemplación y en los poemas.

No para ver televisión
ni malgastar el día en canalladas,
limpiando el automóvil (que vuelve a las personas
soberbias y superfluas),
ni explotándose unos a los otros
o jugando a las bochas y al póquer.

Fuego y azufre,
huracanado torbellino,
haz llover, Señor, carbones encendidos
para aplacar la lengua jactanciosa
y el labio fraudulento,
y no se ensoberbezcan los hijos de la tierra,
sino que aprendan a través del poema
el oficio tan duro de ser hombres.

XXXVI

Este es el país de más alta natalidad, Señor,
el que produce más tontos, más vagos,
más desempleados, más oportunistas.
Aquí tienes donde cebar tu cólera
o donde concretar tus beneficios.

Tú que haces saltar los cedros del Líbano
y a los volcanes vomitar ceniza.
Que haces saltar al mundo como un búfalo
y a mi pequeño país como a un becerro.

Haz que nuestras vidas no se vayan en dolor
y que mis años no se malgasten en gemidos,
ni viendo partidos de futbol,
ni escribiendo poemas,

ni comiendo en restoranes de lujo con los pillos.

Mi vigor enflaquece por la tribulación
y se consumen mis huesos
ante tanta insolencia del vecino,
ante tantos que nacen y que crecen
con trajes de soberbia y harapos de asesinos.

¿Para qué tanta población, tanto adulterio,
tanta mendicidad, tanta avaricia?

Simplifica el Registro Civil,
coleccionando con tu misericordia ciudadanos,
en los sepulcros que estarán blanqueados
con la cal calculada de tu gloria.

XLII

Para qué casa ventilada
habitación higiénica,
vivienda cómoda y barata,
llena de luz y de aire
y azul el servicio sanitario?

No es importante que el hombre
tenga techo amable,
si su mente es perversa,
en su conciencia asustan
y dentro de su corazón gruñen los cerdos.
Si la familia es mezquina y mal hablada,
la esposa muy celosa, pero adúltera,
el marido desleal y alcoholizado,
el hijo ingrato, irrespetuoso y vago
la hija candidata del prostíbulo,
¿para qué entonces la casa ventilada,
la vivienda higiénica y barata
y azul el servicio sanitario?

En esas habitaciones urbanísticas,
el aire termina oscurecido
y la luz apestosa de habitantes.

JORGE DEBRAVO

Santa Cruz de Turrialba (1938) - San José (1967)

Empezó a escribir poesía a los dieciseis años. Murió trágicamente en un accidente de tráfico a los veinte y nueve años de edad dejando algunos libros de poesía e indudablemente una voz muy suya, a pesar de su juventud, de su prisa, de su deseo de acción. Como él mismo dijo, deseaba escribir una poesía que pudiera ser "comprendida por todos", y por esto sus palabras son sencillas, sin muchas imágenes, sin busca, casi sin misterio. En cambio, su poesía es un mensaje que según dijo Ricardo Blanco Segura, "muchos consideran de izquierda, pero que es simplemente universal y humano".
El joven que empezó en el grupo provinciano de los poetas de Turrialba (provincia dentro de una provincia) dejó detrás de sí un angustiado grito de fraternidad universal.

Milagro abierto 1959
Bestiecillas plásticas 1960
Consejos para Cristo al comenzar el año y otras especies de poemas 1962
Devocionario del amor sexual 1963
Poemas terrenales 1964
Digo 1965
Nosotros los hombres 1966
Canciones cotidianas 1967

RETRATO MOMENTÁNEO

Me corroe una espesa sed de carne.
Me siento como echado de mi alma,
exiliado en la patria del cemento,
desterrado en el pueblo de la máquina.

Encuentro brazos muertos y sonrisas
colgando de las perchas niqueladas,
corazones perdidos en los elevadores,
almas mecanográficas...

Y mi piel dice a todo, buenos días,
y nadie le contesta: las miradas
cuelgan de los semáforos
y un autobús sin rumbo arrastra el alma.

Llamo a mi corazón y está abstraído
imaginando novias planetarias.
Busco mis ojos y los hallo muertos
al pie de la esperanza.

HOMBRE

Apartando a codazos cuajarones de noche,
abriendo con navaja los silencios,
viene un hombre corriendo, reclamando
su sitio en el vagón de los despiertos.

Y es el antiguo lamedor de botas
que soportaba látigo y milenios,
cuchillos de ignominia en los nervios del alma,
callando, consintiendo...

¡Hoy se ha puesto de pie y es como un árbol!
¡Se ha echado a caminar y es un río suelto!

Canciomes cotidianas

DIGO

El hombre no ha nacido para tener las manos
amarradas al poste de los rezos.
Dios no quiere rodillas humilladas
en los templos,
sino piernas de fuego galopando,
manos acariciando las entrañas del hierro,
mentes pariendo brasas,
labios haciendo besos.
Digo que yo trabajo,
vivo, pienso,
y que esto que hago es un buen rezo,
que a Dios le gusta mucho
y respondo por ello.
Y digo que el amor es el mejor
sacramento,
que os amo, que amo,
y que no tengo sitio en el infierno.

SILENCIOS

Muere un amor en mitad de la esperanza
y un silencio sepulta su cadáver de pájaro.

Sangra una niña herida sobre un lecho lúbrico
y un silencio se esconde entre los trapos.

Deguellan un muchacho en una patria
y un silencio se oculta en sus zapatos.

Cogen la libertad, la escupen, la desangran,
y un silencio terrible cierra los campanarios.

Alguien pone candados en los libros
y un silencio se aprieta en los armarios.

Fusilan un patriota en un rincón oscuro
y un silencio se fuga sobre los techos blancos.

Un millón de niñitos se nos mueren de hambre
y un silencio se duerme contemplándolos.

Nosotros los hombres

CUBA

NICOLÁS GUILLÉN

Camagüey (1902)

La voz que se hizo oír en 1930 con el libro *Motivos del son* colocó al autor en la delantera del grupo de poetas caribeños junto con Luís Palés Matos, Manuel del Cabral, Emilio Ballagas, Regino Pedroso, quienes con una nueva voz y una sensibilidad moderna recomenzaron la melodía que ya se había hecho oír en la poesía de Góngora y Sor Juana Inés de la Cruz. Guillén aprovechó todos los tonos, todos los matices, todas las recetas y los instrumentos, para hacer su poesía que es, al mismo tiempo, rica y musical, encantadora y conmovedora. Con una constancia igualada únicamente por la sensibilidad poética, no hizo otra cosa, sino tocar el mismo tambor, a veces en latitudes geográficas diferentes, hasta tal punto que la poesía afrocubana se identificó con su nombre y apellido. Dentro y fuera de Cuba, sus libros se hicieron populares, y su voz se transformó en la más conocida entre todos sus compañeros de coro. Un tono melancólico que se oye en sus últimos libros profundiza los materiales elaborados anteriormente, dándoles más brillo y más música.

La paloma de vuelo popular y Elegías 1959
El gran zoo 1967

UN LARGO LAGARTO VERDE

Por el Mar de las Antillas
(que también Caribe llaman)
batida por olas duras
y ornada de espumas blandas,
bajo el sol que la persigue
y el viento que la rechaza,
cantando a lágrima viva
navega Cuba en su mapa:
un largo lagarto verde,
con ojos de piedra y agua.

Alta corona de azúcar
le tejen agudas cañas;
no por coronada libre,
sí de su corona esclava:
reina del manto hacia fuera,
del manto adentro, vasalla,
triste como la más triste
navega Cuba en su mapa:
un largo lagarto verde,
con ojos de piedra y agua.

Junto a la orilla del mar,
tú que estás en fija guardia,
fíjate, guardián marino,
en las puntas de las lanzas
y en el trueno de las olas
y en el grito de las llamas
y en el lagarto despierto
sacar las uñas del mapa:
un largo lagarto verde,
con ojos de piedra y agua.

CHILE

CHILE: una rosa de hierro,
fija y ardiente en el pecho
de una mujer de ojos negros.
—Tu rosa quiero.

(De Antofagasta vengo,
voy para Iquique;
tan sólo una mirada
me ha puesto triste.)

Chile: el salitral violento.
La pampa de puño seco.
Una bandera de fuego.
—Tu pampa quiero.

(Anduve caminando
sobre el salitre;
la Muerte me miraba,
yo estaba triste.)

Chile: tu verde silencio.
Tu pie sur en un estrecho
zapato de espuma y viento.
—Tu viento quiero.

(El ovejero ladra,
la tropa sigue;
la oveja mira al perro
con ojos tristes.)

Chile: tu blanco lucero.
Tu largo grito de hielo.
Tu cueca de polvo pueblo.
—Tu pueblo quiero.

(En la cresta de un monte
la luna gime;
agua y nieve le lavan
la frente triste.)

EL APELLIDO

Elegía familiar.

I

Desde la escuela
y aun antes...Desde el alba, cuando apenas
era una brizna yo de sueño y llanto,
desde entonces,
me dijeron mi nombre. Un santo y seña
para poder hablar con las estrellas.
Tú te llamas, te llamarás...
Y luego me entregaron
esto que veis escrito en mi tarjeta,
esto que pongo al pie de mis poemas:
catorce letras
que llevo a cuestas por la calle,
que siempre van conmigo a todas partes.
¿Es mi nombre, estáis ciertos?
¿Tenéis todas mis señas?
¿Ya conocéis mi sangre navegable,
mi geografía llena de oscuros montes,
de hondos y amargos valles
que no están en los mapas?
¿Acaso visitasteis mis abismos,
mis galerías subterráneas
con grandes piedras húmedas,
islas sobresaliendo en negras charcas
y donde un puro chorro
siento de antiguas aguas
caer desde mi alto corazón
con fresco y hondo estrépito
en un lugar lleno de ardientes árboles,
monos equilibristas,
loros legisladores y culebras?
¿Toda mi piel (debí decir)
toda mi piel viene de aquella estatua

de mármol español? ¿También mi voz de espanto,
el duro grito de mi garganta? ¿Vienen de allá
todos mis huesos? ¿Mis raíces y las raíces
de mis raíces y además
estas ramas oscuras movidas por los sueños
y estas flores abiertas en mi frente
y esta savia que amarga mi corteza?
¿Estáis seguros?
¿No hay nada más que eso que habéis escrito,
que eso que habéis sellado
con un sello de cólera?
(¡Oh, debí haber preguntado!)
Y bien, ahora os pregunto:
¿no veis estos tambores en mis ojos?
¿No veis estos tambores tensos y golpeados
con dos lágrimas secas?
¿No tengo acaso
un abuelo nocturno
con una gran marca negra
(más negra todavía que la piel)
una gran marca hecha de un latigazo?
¿No tengo pues
un abuelo mandinga, congo, dahomeyano?
¿Cómo se llama? ¡Oh, sí, decídmelo !
¿Andrés? ¿Francisco? ¿Amable?
¿Cómo decís Andrés en congo?
¿Cómo habéis dicho siempre
Francisco en dahomeyano?
En mandinga ¿cómo se dice Amable?
¿O no? ¿Eran, pues, otros nombres?
¡El apellido, entonces!
¿Sabéis mi otro apellido, el que me viene
de aquella tierra enorme, el apellido
sangriento y capturado, que pasó sobre el mar
entre cadenas, que pasó entre cadenas sobre el mar?
¡Ah, no podéis recordarlo!
Lo habéis disuelto en tinta inmemorial.
Lo habéis robado a un pobre negro indefenso.

Lo escondísteis, creyendo
que iba a bajar los ojos yo de la vergüenza.
¡Gracias!
¡Os lo agradezco!
Gentiles gentes, thank you!
Merci!
Merci bien!
Merci beaucoup!
Pero no...¿Podéis creerlo? No.
Yo estoy limpio.
Brilla mi voz como un metal recién pulido.
Mirad mi escudo: tiene un baobab,
tiene un rinoceronte y una lanza.

Yo soy también el nieto,
biznieto,
tataranieto de un esclavo.
(Que se avergüence el amo.)
¿Seré Yelofe?
¿Nicolás Yelofe, acaso?
¿O Nicolás Bakongo?
¿Tal vez Guillén Banguila?
¿O Kumbá?
¿Quizá Guillén Kumbá?
¿O Kongué?
¿Pudiera ser Guillén Kongué?
¡Oh, quién lo sabe!
¡Qué enigma entre las aguas!

II

Siento la noche inmensa gravitar
sobre profundas bestias,
sobre inocentes almas castigadas;
pero también sobre voces en punta,
que despojan al cielo de sus soles,
los más duros,
para condecorar la sangre combatiente.

De algún país ardiente, perforado
por la gran flecha ecuatorial,
sé que vendrán lejanos primos,
remota angustia mía disparada en el viento;
sé que vendrán pedazos de mis venas,
sangre remota mía,
con duro pie aplastando las hierbas asustadas;
sé que vendrán hombres de vidas verdes,
remota selva mía,
con su dolor abierto en cruz y el pecho rojo en llamas.
Sin conocernos nos reconoceremos en el hambre,
en la tuberculosis y en la sífilis,
en el sudor comprado en bolsa negra,
en los fragmentos de cadenas
adheridos todavía a la piel;
sin conocernos nos reconoceremos
en los ojos cargados de sueños
y hasta en los insultos como piedras
que nos escupen cada día
los cuadrumanos de la tinta y el papel.

¿Qué ha de importar entonces
(¡qué ha de importar ahora!)
¡ay! mi pequeño nombre
con sus catorce letras blancas?
¿Ni el mandinga, bantú,
yoruba, dahomeyano
nombre del triste abuelo ahogado
en tinta de notario?
¿Qué importa, amigos puros?
¡Oh, sí, puros amigos,
venid a ver mi nombre!
Mi nombre interminable,
hecho de interminables nombres;
el nombre mío, ajeno,
libre y mío, ajeno y vuestro,
ajeno y libre como el aire.

(La Paloma de Vuelo Popular)

EUGENIO FLORIT

Madrid (1903)

Nace en España, de madre cubana, termina sus estudios secundarios y universitarios en La Habana. Desde 1945 se dedica a la docencia, continuando en este trabajo como profesor en la Universidad de Columbia, Nueva York. Además de su obra poética, también ha publicado antologías de poesía hispana y norteamericana. Su libro *Doble acento* fue una de las etapas importantes en la renovación de la poesía cubana, en un momento cuando esta poesía estaba amenazada por un negrismo más superficial que natural.

Juan Ramón Jiménez (uno de los mejores conocedores de la poesía del Caribe) lo llamó "poeta aparte en la estirpe perpetua de la inmanente aristocracia poética", pero esto no significa que el poeta se haya mantenido en el mundo artificial de la torre de marfil. Hay en la poesía de Florit, especialmente en aquella nacida durante los últimos años, un tono humano, una preocupación permanente por la vida y la muerte, que hacen de su melancolía una de las expresiones poéticas singulares en la poesía cubana sin fronteras.

Asonante final 1950
Asonante final y otros poemas 1955
Antología poética 1956
Siete poemas 1960
Hábito de esperanza 1965

LOS POETAS SOLOS DE MANHATTAN

El poeta cubano Alcides Iznaga vino a Nueva York, de paseo,en agosto de 1959. A su regreso a Cienfuegos me envió un poema , *Estamos solos en Manhattan,* al que contesté con estos versos:

Mi muy querido Alcides Iznaga:
es cierto que ni Langston Hughes ni yo estábamos en casa.
Porque Langston, que vive con sus negros,
también baja hasta el centro.
Y yo, cuando llamaste por teléfono,
o mejor dicho, pasaste por mi casa,
estaba lejos, en el campo,
yo que vivo con mis blancos.
Pero es que aquí, por aquí arriba,
lo mismo da que vivas
en la calle 127
o en el número 7
de la Avenida del Parque.

Aquí todos andamos solos y perdidos,
todos desconocidos
entre el ruido
de trenes subterráneos, y de bombas de incendio,
y de sirenas de ambulancias
que tratan de salvar a los suicidas
que se tiran al río desde un puente,
o a la calle desde su ventana,
o que abren las llaves del gas,
o se toman cien pastillas para dormir–
porque, como no se han encontrado todavía,
lo que desean es dormir y olvidarse de todo–
olvidarse de que nadie se acuerda de ellos,
de que están solos, terriblemente solos entre la multitud.

Ya ves, a Langston Hughes me lo encontré a fines de agosto
en un cóctel del *Pen Club,*
muy cortés y muy ceremonioso
y muy vestido de azul.
Y luego pasan los años, y lo más, si acaso,
nos cambiamos un libro: "Inscribed for my dear friend..."

"Recuerdo muy afectuoso...", etc.
Y así nos vamos haciendo viejos
el poeta negro
y el poeta blanco,
y el mulato y el chino y todo bicho viviente.
Como se irán haciendo viejos
ustedes, los amigos de Cienfuegos;
los que aquel día inolvidable de febrero
(1955) me llevaron al Castillo de Jagua
donde me hizo temblar de emoción una vicaria (*)
que me salió al encuentro entre las piedras.
Lo que pasa,
mi muy querido Alcides Iznaga,
es que aquí no hay vicarias,
ni Castillo de Jagua,
ni están conmigo mis poetas
ni mis palmas ("Las palmas, ay...")
ni las aguas azules de la bahía de Cienfuegos
ni las de la bahía de La Habana.
Aquí sólo las aguas perezosas y tristes
de los dos ríos que ciñen a Manhattan...

Tú, mi querido Alcides,
viniste
en busca de nosotros a Nueva York, a esta ciudad en donde
nadie a nadie conoce...
Donde
todos nosotros, cada uno,
no somos otra cosa que una gota de agua,
una mota de polvo, de esas
que salen tristes de las chimeneas.
Tristes, es un decir. Que yo, a Dios gracias,
aún conservo serenas las palabras
con las que doy los buenos días al sol
que sale—cuando sale—enfrente de mi ventana.
Y si no sale, da lo mismo, al viento, al aire, a niebla y nube;

(*) Una planta de Cuba, de flores blancas o violáceas, muy corriente.

saludar a este mundo en que vivimos
con estas las palabras que escribimos.
Y dar gracias a Dios por el día y la noche
y por tener una palabra nuestra, aquí, en donde nadie nos
conoce.

23 de octubre de 1959.

EL HOMBRE SOLO

«Yo soy un hombre desvalido y solo...»
FRANCISCO DE ALDANA.

Cuando me vaya, ¿qué? Los pocos versos
que fui escribiendo al paso de la vida.
Y nada más. Libros. Un árbol. Y sin hijos
ni mujer. Será poco lo que deje.
¿O tal vez lo bastante? ¿Y la vergüenza
de no haber hecho nada más que eso:
palabras en hileras, como chopos
al lado del camino? Alguna vez,
un álamo temblón, lloroso sauce,
rosa de amor, espinos de dolores.
¿Es lo bastante? Acaso sí lo sea
por lo que fui—pobre hombre solo,
triste de soledad cuando anochece—.
Mas a pesar de todo agradecido
por lo que Dios me da de pan y lecho,
de amistad y familia. No me quejo...

Sólo que hubiera sido tan alegre
eso de ver el mundo de la mano
del buen amor que no ha querido ser...
Y no será jamás. Ya *nevermore.*
Que el aire del invierno me rodea
para purificarme de mis sueños
y así dejarme a lo que soy: un hombre
solo y, por desvalido, un alma seca
al amor de la lumbre que se apaga,
siempre esperando lo que nunca llega.

Octubre 1964.

LA PUERTA

Había que llamar. Pero la puerta
en lo oscuro callaba
como una muerte en pie.
Detrás, ni luz ni ruido.
Y los pasos, clavados en la sombra,
no eran más que silencio.

¿Cómo, alzando la mano,
despertar lo dormido,
y con un ¡aquí estoy!
matar la sombra?

¿Y cómo, cómo por el hombre solo
desvanecer el hueco del misterio?

Mejor así. Para llamar hay tiempo.

1962.

EN LA LIBRERÍA

A José Olivio Jiménez

Lazos de tinta que acercan y unen
por estos nombres que así nos rodean.
Montes de libros, resaca en colores,
ondas de mar de palabras y letras.

El mundo gris de las gentes de prisa
bajo paraguas discurre por fuera
y hace más cálido este refugio
donde los libros cerrados esperan
ese momento de amor de las manos
que sin dañarles la piel los hojean.

Hoja por hoja, con fino regalo,
versos y nombres al aire se entregan
para los hombres que buscan su amigo
dentro del mar en que nadan las letras.

1 de junio de 1964.

JOSÉ LEZAMA LIMA

La Habana (1910)

Un Góngora del trópico, y más específicamente, del Caribe. El propio poeta dibujó su autorretrato en el ensayo que dedicó al español: "Cejijunto rey de los venablos, cubre con un escudo tan transparente la mudable incitación, que como en un asirio relieve de cacería, desaparece más que detiene, entonando más la consagración de los metales que el ejercicio sobre la presa. Todo parte de esta desaparición, por el resguardo de la luz y el escudo de su chisporroteo, que invenciona que reaparezca en la otra linde poética."
Un hechizero y un hechizado, un viajero y un habanero por vocación, Lezama Lima escribe *como en un asirio relieve de cacería,* sobre una Habana de ayer y de pasado mañana, filtrada a través de la luz atemporal, corriendo como una fuente de la poesía neo-gongorina. A su lado, sólo un poeta ha tenido tan notable impacto sobre el desarrollo de la literatura cubana del último medio-siglo, pero éste abandonó la poesía para hacerse presente con su prosa poética y "gaseosa": Enrique Labrador Ruiz.
A Lezama Lima no se le puede buscar sólo en sus libros y en las revistas que fundó o ayudó a fundar: *Verbum, Espuela de Plata, Nadie Parecía y Orígenes* (esta última, una de las más importantes publicaciones de Latinoamérica entre 1944 y 1957), sino en las calles de la Habana Vieja, en un trombón de carnavales apagados, en el aire y en el agua: omnipresente por su poesía y por su silencio, el poeta es una respuesta de muchas preguntas que todavía no se han hecho.

Dador 1960
Órbita de Lezama Lima 1966

EL COCHE MUSICAL

En recuerdo de Raimundo Valenzuela y sus orquestas de carnaval.

No es el coche con el fuego cubierto, aquí el sonido.
Valenzuela ha regado doce orquestas en el Parque
Central. Empacho de faroles frigios, quioscos cariciosos
de azul franela, mudables lágrimas compostelanas.

Saltan de la siesta y alistan la cintura,
para volar con las impulsiones habaneras de la flauta.
La flauta es el cordel que sigue la cintura en el sueño.
La cintura es la flauta destapada por las avispas.

Como un general entierna el vozarrón y regala cigarros
en las garitas, Valenzuela recorría las marcas zodiacales.
Cada astro enseñaba su orquesta en una mesa
de casino, Valenzuela las poblaba de azúcar.

Azúcar con sangre minuciosa, toronja con canela combada,
azúcar lapislázuli. En alevosa sopera la profecía.
Con su costillar juvenil, su levita no necesitaba del tafetán,
no avisaba saltando desde su coche, haraganeaba en comandos de música.

Se detenía con los gaiteros, con los planchadores de ceniza.
Al desgaire rendía la clave secreta, las ofertas.

Le enseñaban la muestra de un pantalón centifolio,
con la tela en el oído, reconocía la mano inconclusa.

Carita de rana, el Gobernador, Segismundo el vaquero.
entraban al bailete con las nalgas de cabra,
con retorcidos llaveros mascados por los perros.
Una candela, un balazo, y el tapabocas, daban luna en las redes.

Por los alrededores del Parque Central, las doce orquestas
de Valenzuela. Cuatro debajo de cuatro árboles.

Otras cuatro en el salón de lágrimas compostelanas.
Tres en esquinas resopladas. Una, en el uno de San Rafael.

Ya decía el sofoco, la brasa que alumbra los juncales,
el mamoncillo en piel de un río mal entrado,
el costillar juvenil con las bandas fúnebres del tafetán.
Despertaba, saltaba a otra orquesta, como en un trapecio.

Entre su amanecer y el sueño, la orquesta como un majá.
Lo que él dice está escrito en una columna que suena.
La columna que cada hombre lleva para pescar en el río.
Ay, la médula con un relámpago aljofarado, también aljamiado.

Cuando se apaga una orquesta, ya llega el costillar de refuer-
zo
El da la clave para la otra pirámide de sonidos.
En lo alto un guineo, un faisán. Una estrella
en la esquina de un pañuelo regalado por la querida de White.

El dragón, el bombín, gritan las baldosas ahogadas,
que como un mortero restriega la cera pinareña.

El cornetín pone a galopar las abejitas piruleras,
se derriten cuando el oboe las toca con su punta de pella.

El fiestero, quinceabrileño de terror, descorrió las sábanas,
lo sudaba la trinchante corchea, loba de espuma.
Como cuando en el terraplén de la playa seguía una gaviota.
Salía del sueño y el pitazo de hulla lo balanceaba sobre el
mar.

El trompo que lo azucara, es el que lo remoja,
todavía está incongruente para llevar su columna al río.
Mira el anca y se confunde con el anca del caballo.
El anca de las ranas lo interroga como al rey vegetal.

Lo cogen de la mano para llevarlo a la tromba orquestal,
pero llora. La tromba es un témpano donde el niño tira del
rabo
de la salamandra plutónica, después le tapa
los ojos con piedras de río, con piedra agujereada.

Mira, mira, y lo barrena un traspiés;
toca, toca y un andruejo lo embucha de agua.
Gruñe como un pescozón recibido en la sangría del espejo,
cuando va a pegar, una carcajada la maniata con su tirabu–
zón.

Como una candela que se lleva en un coche,
Valenzuela restablece los números mojados.
Un antifaz alado ahora lo transporta a las lágrimas compostelanas,
y con el ritmo, que le imponen oscuro, le quita piedras a la
sangre.

Va descubriendo los ojos que se adormecen para él,
la piel que suda para romper lo áspero del lagarto,
que mira desde las piedras un siglo caído del planeta.
El lagarto que separa las piedras pisadas por un caballo con
tétano.

El coche con la candela avivó el almohadón marmóreo,
después la mano que lo llevó del remolino a la nube,
Salió del sueño al remolino, del remolino al río,
donde la nutria del rey lavó los pañales egipcios.

Los números mojados no es alusión al impar pitagórico,
sino que corrieron a un portal al llegar la mojadita.
Cuando pisoteó el antifaz, era el final del río.
Sangraba desnuda en un caballo de circo.

Le prestó al caballo un cayado de maíz y erizo,
el caballo lo empujaba con sus patas, como una bandurria

rota es el comienzo del domingo del payaso,
verde y negro, cerámica china, historiada por el equilibrista.

Aquí el hombre antes de morir no tenía que ejercitarse en la música,
ni las sombras aconsejar el ritmo al bajar al infierno.
El germen traía ya las medidas de la brisa,
y las sombras huían, el número era relatado por la luz.

La madrugada abrillantaba el tafetán de la levita de Valenzuela.
La pareja estaba ahora dentro del coche que regalaba los avisos pitagóricos,
la candela también dentro del coche nadaba las ondulaciones del sueño,
regidas por el tricornio cortés de la flauta habanera.

La pareja reinaba en lo sobrenatural naturalizante,
habían surgido del sueño y permanecían en la Orplid del reconocimiento.
Colillas, hojas muertas, salivazos, plumones, son el caudal.
Si en el caudal ponían un dedo, inflado el vientre de la mojadita.

Después de cuatro estaciones, ya no iban a la prueba del remolino.
El salón de baile formaba parte de lo sobrenatural que se deriva.
Bailar es encontrar la unidad que forman los vivientes y los muertos.
El que más danza, juega al ajedrez con el rubio Radamento.

En la espalda del oso estelar la constelación de los gaiteros,
pero la flauta habanera abreviaba los lazos de tafetán.

Es el mismo coche, dentro un mulato noble.
Saluda largamente, en el incendio, a la cornisa que se
deshiela.

(Dador)

ODA A JULIÁN DEL CASAL

Déjenlo, verdeante, que se vuelva;
permitidle que salga de la fiesta
a la terraza donde están dormidos.
A los dormidos los cuidará quejoso,
fijándose como se agrupa la mañana helada.
La errante chispa de su verde errante,
trazará círculos frente a los dormidos
de la terraza, la seda de su solapa
escurre el agua repasada del tritón
y otro tritón sobre su espalda en polvo.
Dejadlo que se vuelva, mitad ciruelo
y mitad piña laqueada por la frente.

Déjenlo que acompañe sin hablar,
permitidle, blandamente, que se vuelva
hacia el frutero donde están los osos
con el plato de nieve, o el reno
de la escribanía, con su manilla de ámbar
por la espalda. Su tos alegre
espolvorea la máscara de combatientes japoneses.

Dentro de un dragón de hilos de oro,
camina ligero con los pedidos de la lluvia,
hasta la Concha de oro del Teatro Tacón,
donde rígida la corista colocará
sus flores en el pico del cisne,
como la mulata de los tres gritos en el vodevil
y los neoclásicos senos martillados por la pedantería
de Clesinger. Todo pasó
cuando ya fue pasado, pero también pasó
la aurora con su punto de nieve.

Si lo tocan, chirrían sus arenas;
si lo mueven, el arco iris rompe sus cenizas.
Inmóvil en la brisa, sujetado

por el brillo de las arañas verdes.
Es un vaho que se dobla en las ventanas.
Trae la carta funeral del ópalo.
Trae el pañuelo de opopónax
y agua quejumbrosa a la visita
sin sentarse apenas, con muchos
quédese, quédese,
que se acercan para llorar en su sonido
como los sillones de mimbre de las ruinas del ingenio,
en cuyas ruinas se quedó para siempre el ancla
de su infantil chaqueta marinera.

Pregunta y no espera la respuesta,
lo tiran de la manga con trifolias de ceniza.
Están frías las ornadas florecillas.
Frías están sus manos que no acaban,
aprieta las manos con sus manos frías.
Sus manos no están frías, frío es el sudor
que lo detiene en su visita a la corista.

Le entrega las flores y el maniquí
se rompe en las baldosas rotas del acantilado.
Sus manos frías avivan las arañas ebrias,
que van a deglutir el maniquí playero.
Cuidado, sus manos pueden avivar
la araña fría y el maniquí de las coristas.
Cuidado, él sigue oyendo como evapora
la propia tierra maternal,
compás para el espacio coralino.
Su tos alegre sigue ordenando el ritmo
de nuestra crecida vegetal,
al extenderse dormido.

Las formas en que utilizaste tus disfraces,
hubieran logrado influenciar a Baudelaire.
El espejo que unió a la condesa de Fernandina
con Napoleón Tercero, no te arrancó
las mismas flores que le llevaste a la corista,

pues allí viste el aleph negro en lo alto del surtidor.
Cronista de la boda de Luna de Copas
con la Sota de Bastos, tuviste que brindar
con *champagne gelée* por los sudores fríos
de tu medianoche de agonizante.
Los dormidos en la terraza,
que tú tan sólo los tocabas quejumbrosamente,
escupían sobre el tazón que tú le llevabas a los cisnes.

No respetaban que tú le habías encristalado la terraza
y llevado el menguante de la liebre al espejo.

Tus disfraces, como el almirante samurai,
que tapó la escuadra enemiga con un abanico,
o el monje que no sabe qué espera en El Escorial,
hubieran producido otro escalofrío en Baudelaire.
Sus sombríos rasguños, exagramas chinos en tu sangre,
se igualaban con la influencia que tu vida
hubiera dejado en Baudelaire,
como lograste alucinar al Sileno
con ojos de sapo y diamante frontal.
Los fantasmas resinosos, los gatos
que dormían en el bolsillo de tu chaleco estrellado,
se embriagaban con tus ojos verdes.
Desde entonces, el mayor gato, el peligroso genuflexo,
no ha vuelto a ser acariciado.
Cuando el gato termine la madeja,
le gustará jugar con tu cerquillo,
como las estrías de la tortuga
nos dan la hoja precisa de nuestro fin.
Tu calidad cariciosa,
que colocaba un sofá de mimbre en una estampa japonesa,
el sofá volante, como los paños de fondo
de los relatos hagiográficos,
que vino para ayudarte a morir.
El *mail coach* con trompetas,
acudido para despertar a los dormidos de la terraza,
rompía tu escaso sueño en la madrugada,

pues entre la medianoche y el despertar
hacías tus injertos de azalea con araña fría,
que engendraban los sollozos de la Venus Anadyomena
y el brazalete robado por el pico del alción.

Sea maldito el que se equivoque y te quiera
ofender, riéndose de tus disfraces
o de lo que escribiste en *La Caricatura,*
con tan buena suerte que nadie ha podido
encontrar lo que escribiste para burlarte
y poder comprar la máscara japonesa.
Cómo se deben haber reído los ángeles,
cuando saludabas estupefacto
a la marquesa Polavieja, que avanzaba
hacia ti para palmearte frente al espejo.
Qué horror, debes haber soltado un lagarto
sobre la trifolia de una taza de té.

Haces después de muerto
las mismas iniciales, ahora
en el mojado escudo de cobre de la noche,
que comprobaban al tacto
la trigueñita de los doce años
y el padre enloquecido colgado de un árbol.
Sigues trazando círculos
en torno a los que se pasean por la terraza,
la chispa errante de tu errante verde.
Todos sabemos ya que no era tuyo
el falso terciopelo de la magia verde,
los pasos contados sobre alfombras,
la daga que divide las barajas,
para unirlas de nuevo con tizne de cisnes.
No era tampoco tuya la separación,
que la tribu de malvados te atribuye,
entre el espejo y el lago.
Eres el huevo de cristal,
donde el amarillo está reemplazado
por el verde errante de tus ojos verdes.

Invencionaste un color solemne,
guardamos ese verde entre dos hojas.
El verde de la muerte.

Ninguna estrofa de Baudelaire,
puede igualar el sonido de tu tos alegre.
Podemos retocar,
pero en definitiva lo que queda,
es la forma en que hemos sido retocados.
¿Por quién?
Respondan la chispa errante de tus ojos verdes
y el sonido de tu tos alegre.
Los frascos de perfume que entreabriste,
ahora te hacen salir de ellos como un homúnculo,
ente de imagen creado por la evaporación,
corteza del árbol donde Adonai
huyó del jabalí para alcanzar
la resurrección de las estaciones.
El frío de tus manos,
es nuestra franja de la muerte,
tiene la misma hilacha de la manga
verde oro del disfraz para morir,
es el frío de todas nuestras manos.
A pesar del frío de nuestra inicial timidez
y del sorprendido en nuestro miedo final,
llevaste nuestra luciérnaga verde al valle de Proserpina.

La misión que te fue encomendada,
descender a las profundidades con nuestra chispa verde,
la quisiste cumplir de inmediato y por eso escribiste:
ansias de aniquilarme sólo siento,
pues todo poeta se apresura sin saberlo
para cumplir las órdenes indescifrables de Adonai.
Ahora ya sabemos el esplendor de esa sentencia tuya,
quisiste llevar el verde de tus ojos verdes
a la terraza de los dormidos invisibles.
Por eso aquí y allí, con los excavadores de la identidad,
entre los reseñadores y los sombrosos,

abres el quitasol de un inmenso Eros.
Nuestro escandaloso cariño te persigue
y por eso sonríes entre los muertos.

La muerte de Baudelaire, balbuceando
incesantemente: Sagrado nombre, Sagrado nombre,
tiene la misma calidad de tu muerte,
pues habiendo vivido como un delfín muerto de sueño,
alcanzaste a morir muerto de risa.
Tu muerte podía haber influenciado a Baudelaire.
Aquel que entre nosotros dijo:
ansias de aniquilarme sólo siento,
fue tapado por la risa como una lava.
En esas ruinas, cubierto por la muerte,
ahora reaparece el cigarillo que entre tus dedos se quemaba
la chispa con la que descendiste
al lento oscuro de la terraza helada.
Permitid que se vuelva, ya nos mira,
qué compañía la chispa errante de su errante verde,
mitad ciruelo y mitad piña por la frente.

ROMPE EMPERO

Rompe empero la llave de ceniza;
donde abrió, donde abrió, la hoja cierra.
El viento que se extiende en la repisa,
pisa el rabo del fuego que se encierra.

Ventura la salamandra, en el bolsillo triza
el cristal hinchado al soplo de la perra.
Perra, la perra sin collera va a la guerra,
el cometa en el hilo del niño se esclaviza.

Se apuntaló en el centro inexistente,
cuando vuelve a la sierpe la corriente.
Dentro del fuego al rehusar, rehizo.

Viene la noche y se monta por la tabla
y el humo es el que escarba y el que habla.
Como necio el sol temprano quiso.

(Órbita de Lezama Lima)

ROBERTO FERNÁNDEZ RETAMAR

La Habana (1930)

Empezó a escribir y a publicar desde muy temprano: su primer libro sale cuando tenía 20 años y a los 22 gana el *Premio Nacional de Poesía.* Ha sido profesor en los Estados Unidos y después de 1959 regresó a Cuba. Enseguida desempeñó puestos diplomáticos en Europa. De regreso a La Habana, fue nombrado director de la revista *Casa de Américas.*

Su poesía, desde el comienzo se notabiliza por una inquietud humana que el crítico y poeta Cintio Vitier caracteriza de la siguiento manera: "es la suya una poesía tierna, ardiente, dibujada, hecha de imágenes que sólo rozan la faz de lo real con delicado y tímido tacto. Lirismo erguido, en cuyo fondo hay siempre un fervor por los misterios virginales de la Isla". Más tarde este lirismo se carga de acento militante pero detrás de la nueva actitud su humanismo y su pesimismo, algo más oculto, no dejan de acentuarse.

Elegía como un himno 1950
Patrias 1952
Alabanzas, conversaciones 1955
En su lugar, la poesía 1959
Vuelta de la antigua esperanza 1959
Con las mismas manos 1962
Poesía reunida 1966
Buena suerte viviendo 1967

EL OTRO

(Enero 1, 1959)

Nosotros, los sobrevivientes,
¿A quiénes debemos la sobrevida?
¿Quién se murió por mí en la ergástula,
Quién recibió la bala mía,
La para mí, en su corazón?
¿Sobre qué muerto estoy yo vivo,
Sus huesos quedando en los míos,
Los ojos que le arrancaron, viendo
Por la mirada de mi cara,
Y la mano que no es su mano,
Que no es ya tampoco la mía,
Escribiendo palabras rotas
Donde él no está, en la sobrevida?

UN HOMBRE Y UNA MUJER

«Quién ha de ser?
Un hombre y una mujer»
—TIRSO

Si un hombre y una mujer atraviesan calles que nadie ve
sino ellos,
Calles populares que van a dar al atardecer, al aire,
Con un fondo de paisaje nuevo y antiguo más parecido a
una música que a un paisaje;
Si un hombre y una mujer hacen salir árboles a su paso,
Y dejan encendidas las paredes,
Y hacen volver las caras como atraídas por un toque de
trompeta
O por un desfile multicolor de saltimbanquis;
Si cuando un hombre y una mujer atraviesan se detiene la
conversación del barrio,
Se refrenan los sillones sobre la acera, caen los llaveros de
las esquinas,
Las respiraciones fatigadas se hacen suspiros:
¿Es que el amor cruza tan pocas veces que verlo es motivo
De extrañeza, de sobresalto, de asombro, de nostalgia,
Como oír hablar un idioma que acaso alguna vez se ha
sabido,
Y del que apenas quedan en las bocas
Murmullos y ruinas de murmullos?

ARTE POÉTICA

(A Agustín Pi)

En vano cortejo los lápices, miro la máquina
De escribir con voluntariosa ternura de oficinista recién casado.
En vano leo o me digo cosas que debieran amontonarse en esto de la poesía.
Sin embargo, basta que se muera alguien
Que vea lo que no debiera haber visto,
Que sienta lo que no debiera sentir,
Para que, sin encomendarme a lápiz ni a máquina,
Aparezca de repente, y haya que estar molestando a la gente
Pidiendo papelitos y lapiceros,
O garabateando en las transferencias
Cosas que a lo mejor no voy a poder descifrar después.
(¿Qué dice aquí?)
Mejor hubiera sido haber nacido médico—o no haber nacido.

FELICES LOS NORMALES

(A Antonia Eiriz)

Felices los normales, esos seres extraños.
Los que no tuvieron una madre loca, un padre borracho,
un hijo delincuente,
Una casa en ninguna parte, una enfermedad desconocida,
Los que vivieron los diecisiete rostros de la sonrisa y
un poco más.
Los llenos de zapatos, los arcángeles con sombreros,
Los satisfechos, los gordos, los indios,
Los rintintín y sus secuaces, los que cómo no, por aquí,
Los que ganan, los que son queridos hasta la empuñadura,
Los flautistas acompañados por ratones,
Los vendedores y sus compradores,
Los caballeros ligeramente sobrehumanos,
Los hombres vestidos de truenos y las mujeres de relámpagos,
Los delicados, los sensatos, los finos,
Los amables, los dulces, los comestibles y los bebestibles.
Felices las aves, el estiércol, las piedras.

Pero que den paso a los que hacen los mundos y los sueños,
Las ilusiones, las sinfonías, las palabras que nos desbaratan
Y nos construyen, los más locos que sus madres, los más
borrachos
Que sus padres y más delincuentes que sus hijos
Y más devorados por amores calcinantes.
Que les dejen su sitio en el infierno, y basta.

FAYAD JAMIS

Zacatecas, México (1930)

De origen árabe por línea paterna, según informa en *Cincuenta años de poesía cubana* CintioVitier, reside en La Habana desde muy joven, comenzando a escribir poesía en Cuba. Ha estudiado dibujo y pintura en la Academia de San Alejandro.

Después de publicar su primer libro de poemas en Cuba, sigue para Europa, donde vive por cinco años. Con la llegada al poder de Fidel Castro, Jamis cambia su poesía que antes se caracterizaba por su tono sencillo, a veces introspectivo, transformándose en poeta oficial del régimen. Certificando de cierta manera el cambio, dice Juan Marinello: "Y como todo creador genuino, nuestro amigo es cada día distinto y nuevo".

Ha ganado algunos premios y su poesía ha sido traducida al francés, al chino, al rumano y al ruso.

Los párpados y el polvo 1954
Alumbran, seco sábado 1954
La pedrada 1955
Vagabundo del alba 1959
Cuatro poemas en China 1961
Por esa libertad 1962
Los puentes 1962
La victoria de Playa Girón 1962
Cuerpos 1966

VERDE

Crecen los yerbajos y la casa revienta. El aroma de su corazón parte mis labios. Respetaremos los treintidós huevos de la guinea; nos diremos cada mañana al despertar: no pesques, no asesines, la casa no está mal con tanta yerba. Comenzaremos a crecer; comenzaremos a verdear.

EL ATRACÓN

Vamos al timbiriche a buscar los manjares de nuestro almuerzo frío. Subiremos la loma corriendo, para que las rodillas entren en ese ribazo cálido y espeso donde la alegría salta como el totí sobre el lomo de los caimanes que dormitan al sol. Traeremos latas inmensas, pan, azúcar, sal; nos comeremos medio mundo. El gallego nos fía; le pagaremos con cuentos.

Pero, hermano, dónde está el timbiriche; a dónde fué el camino alto. Hemos de ir sin rumbo fijo, lentos, por los zarzales y trillos del carajo.

LAS BODAS DEL HORMIGUERO

Fiesta del pino, del panadero y la cigarra reciennacida! Son los gusanos quienes preparan los toneles de aguardiente. Mi novia canta y baila envuelta en lo rojizo de la candela. Celebramos las grandes bodas del hormiguero de mi horcón. Fiesta en la noche interminable, sobre el ardiente pasto del mundo. ¡Animo al cordero que se asusta frente a las llamas sólidas y feroces que lamen más el cielo cuando las ranitas y los limpiabotas echan entre sus brasas los cuerpos bien lavados del banquerito, el soldadito y el doctorcito! ¡Salud, oh dichoso, rojo, puro, alegre hormiguero de mi horcón!

VIENTO

El viento de las ruinas recién construídas, el viento de las carreteras atravesadas por animalitos frágiles, el viento que le tumba la peluca a los bufones, el que empuja, como a una barca, toda una primavera de golondrinas y de hojas; el viento que derribó esa hormiga que caminaba por mi frente, el viento de su rostro de bruja, señor bodeguero, el viento triste, el viento azul, el viento niño.

LA PEDRADA

No me confundas con el que cambia las botellas: no traigo caramelos sino piedras. Te busco a ti, busco a tu madre, mentador silencioso de la mía y de todas. Correrás por el batey en busca del soldadito enano y su revólver de chocolate. Correrás por la cañada, por el majá y la nube oscura...solo: estarás amarrado al aire podrido de tus blasfemias; te alcanzaré en la nuca como a un puerco jíbaro.

CANDELA

En la noche del ron, ¡viva, compadre! El flamboyán asiste a nuestra mesa. Todas las criaturas de la primavera se mojan la garganta. ¡Viva! Construiremos otra y otra vida sobre el cascajo y la ceniza de las cañas quemadas. Construiremos otra vida sobre el gallero asesinado, sobre tu corazón picado por los bichos de la desconfianza. En esta noche de candela, vengan el punto, el tres, el güiro. Mi tonada de ron va creciendo como un bosque de relámpagos sobre la cara cretina y los zapatos de los muertos.

UN ENTIERRO

He asistido, señor, a su entierro. Le he visto por última vez (¡oh primavera chaca-chaca y relumbrona!) con los dientes de oro acechando al más tonto dormido de la tarde. En medio de los relinchos de la cuadra, su cuerpo era un cofrecito de basura, una frutica podrida, sin defensa. El potro bayo se le acercaba (era el único triste, con su matadura vinosa en el lomo) y le olía ceremoniosamente su muerte muy antigua. De pronto los relinchos de sus hijos le ocultaron y no pude ver más que un ligero resplandor de oro (¿de su alma? ¿de su dentadura?). Al fin lo metieron en un cajón y lo mandaron al diablo. Todos regresaron al trote por los potreros cubiertos de siemprevivas y campánulas. El moro y el gacho se adelantaron solos para decirse misteriosamente: "Nos repartiremos el mundo". Todos tropezaban a cada paso; apenas veían bajo la luz clara, chorreante; hasta los ojos, iban cubiertos de porquería.

La Pedrada

JOSÉ A. BARAGAÑO

Pinar del Río (1932) - La Habana (1962)

Estudió en su ciudad natal y en la Habana. Participó en las luchas políticas contra la dictadura y después de 1951 vivió en Francia, donde se vinculó a los grupos surrealistas participando del círculo *Soleil Noir.* De regreso a Cuba en 1959, fue miliciano tomando parte activa en batallas y trabajos políticos hasta su muerte.
Su poesía está marcada por el surrealismo, pero trae un hondo acento cubano, tropical, como en una estrecha vinculación con la pintura de Wifredo Lam, al cual dedicó un estudio. Baragaño fue también poeta político, pero lo mejor y lo más personal de su actividad poética se encuentra en sus poemas escritos en Francia, cuando estaba vinculado a Max Ernst, Jean Arp y Man Ray, artistas cuya personalidad dejó su marca en la poesía atormentado de este poeta perseguido por la muerte y los sufrimientos del espíritu y de la carne.

Cambiar la vida 1952
El amor original 1955
Poesía, revolución del ser 1960

ILUMINACIÓN

Cuando la golondrina se le escapa al cerezo,
te me vas, vida mía, a incluirte en todos los viajes,
en las velas retóricas de los puestos alumbrados,
soplando el polvo enamorado de los atardeceres
y tendida como un cristal en olvido.

Ya tú sabes la fragancia y corcel de primavera,
tú has vivido el color de oro viejo de las antiguas
lenguas y las declinaciones recientes de la rosa,
ya no te queda nada que tocar ni ver
y sólo te hacen falta unos ojos teológicos
que levanten sobre la cáscara de tu piel
las antiguas creencias, como uno de esos ácidos
que reviven las letras
y las cifras en los cristales antiguos.

LOS DISTRITOS SONOROS

Un mar de gracia constante está en la rosa,
su bahía absoluta detiene mis rumores,
no me cambia la vida ni esa música anciana.

Mi viaje al infinito tiene palabra de honor,
para que se gasten los espejos, no oiga mi voz,
Laura otoñal, llegaré intacto, pleno de trayectos,
aún reside esta floja mar en mis entrañas.

Aunque me vista de distancia yo estaré muy cerca,
los barrios pobres de la luz arderán en sueños,
no habrá tierra en mi carne que haya sido tocada,
cada cosa en su sitio, mi palabra en tu boca.

Amada, mi ser no es mental, doy frescura a mi piel
con agua de existencia, la calle es como un río de fragancia,
como un metro humano, océano de vida, sinfonía de cuerpos;
déjame vagabundear por tu palabra arcana,
y ser vago en tu mundo ya romero árbol
y rosa cartesiana,
cuando el misterio te ponga en mis brazos,
qué hará mi persona, piel impertinente, lumbre gozadora,
en tu figura como un mar de gracia.

HIMNO A LA MUERTE

¡Nunca más dispuesta mi cabeza para la guillotina!
Para esa nave no soy el último elegido
que corten las mariposas de mis ojos
el lenguaje cifrado en sus cristales
adentrándome

No hay adjetivo
todo es un nombre glorioso como la nada
queda ahora
mi único compromiso eterno con la muerte
como es ella y nada más
ni alegrías ni auroras triunfales
sólo el agua es su máximo atributo

Hablaríale con mi lenguaje todo suyo
a su oído levantado
donde es dulce perder nuestras palabras

Si le buscase un color sería el de los collares de la cobra
si le buscase un elemento entregaríale el agua
si le buscase un hombre sería el puro innominado

Oh muerte tú el único misterio efectivo
el único corte pesado
lástima que no palpita en tu abismo

Mi ser un hueso más en tu blanco esqueleto
porque no volveré nunca más
a sentir la vida como frescura
te siento en todas mis resoluciones
en todos mis oficios tenebrosos
porque eres la muralla civil de la libertad
el privilegio central de todo hombre

Nunca podría morir por mí tú y yo lo sabemos

y eres la garantía férrea de mi ser
no temo ni adulo tus dones
te veo esplendente en tu situación de elegida
morir no significa nada
porque muerte no significa
más que la pura y sonora anulación

Morir es caminar por tus abismos
es consolar la palidez de nuestro rostro
es el único cambio verdadero

Educados para la parda muerte
en tiempos oscuros de miedo y de locura
en que no crecen los árboles ni las llamas
arrendaremos este campo sembrado de vituperios

Qué somos
a una única potencia su vacío visceral
no sé que rectitud ideal me la recuerda
qué reposo innombrable
qué peso que no pesa
pero en el fondo de ese espejo
mientras la libertad y el amor se me dispersan
tengo una cita informal y constante con la muerte
¡Bello aún el tiempo nada ordena!

El Amor Original

JORGE PRATS

Holguín (1945)

Ha sido maestro de alfabetización en la Sierra Maestra. Trabaja como traductor. Es "un enamorado de la palabra, de la musicalidad, de la palabrería", según su espresión, y siguiendo esta temática escribió una serie de *poemas largos* que han sido premiados en el concurso *David 1968* en La Habana.
Su libro de estreno es uno de los más insólitos fenómenos en las poesía latinoamericana y constituye una isla en medio de sus compañeros de generación. El escritor Alvaro Menen Desleal considera a este poeta como "deslumbrante y magnífico". El mismo dice que "la comunicación es la máxima preocupación" en su obra.

Lenguaje de mudos 1968

PREPARATIVOS DESLUMBRANTES

Un día te da por acaparar las cosas más disímiles:
Comienzas a reunir botellas hebillas
con herraduras y águilas bicéfalas
corbatas diseñadas con motivos egipcios
plumas de avestruz cencerros candelabros brújulas relojes
haces tu primera incursión a las casas filatélicas
adquieres colecciones completas de estampillas
sobres de primer día representando las piezas teatrales
de los autores más cotizados de la actualidad
mariposas locomotoras humeantes
la toma de la habana por los ingleses
consultas el horóscopo prevés la posibilidad
de una peregrinación a la meca un viaje a las pirámides
compras o consigues que te faciliten manuales de latín
de griego de sánscrito aprendes de memoria trozos de
homero
de ovidio varias gacelas de hafiz el monólogo de hamlet
devoras los recuerdos de la infancia
pasas horas integras en el cuarto de baño
contemplando tus gestos adecuándolos al viraje de la realidad
a una comunicación que te has empeñado en sostener con·
los mudos
al parecer todo está listo: no has olvidado por supuesto
mostrarte la lengua ante el espejo
y lo que es mucho más importante: las señas
las señas que debes repetir hasta que aprendas
ese lenguaje tan confuso de los dedos
en el que debes reciber y devolver el saludo de tus cómplices
trazar aún muchas palabras sin sonido muchos deseos feroces
de gritar, de oir tu propio grito por dentro
la risa de los amigos que te llaman, intercambiar todavía
muchos cigarros una cantidad incalculable de sonrisas
guiños de ojo pitillos de sorber cola
para que llegue al fin tu noche y sepas de repente
que lo que has estado aguardando durante tanto tiempo

que eso para lo que has malogrado lo mejor de tu vida
eso que durante años te obsedió
hasta hacerte suponer que encontrarlo sería como recuperarte
aparecerá a la salida del trabajo
entre el bullicio de los que pasan enfrascados en sus pro-
    blemas diarios
entre el vocerío de los que disciernen sobre los temas más
    cotidianos
para cruzar tan sólo unas cuantas palabras harto conocidas
y echar a andar protegidas por algo al parecer perfecto
que no retendrán tus abundantes confesiones de este ins-
    tante
ese olor inaudito que surge de alguna parte
desde algún ángulo increíble de la noche
que anulará todas tus perspectivas
tus preparativos como fiesta de pobre
ante la inminencia brutal de lo imprevisto.

Lenguaje de mudos

ECUADOR

JORGE CARRERA ANDRADE

Quito (1903)

Diplomático de carrera, ha vivido en muchos países del mundo, llegando hasta a organizar una editorial de libros en español en el Japón. También trabajó para la UNESCO y fue director de la *Casa de Cultura* de Quito.
Su poesía está presente en todas las antologías de los últimos 40 años, pero la renovación permanente de su mundo poético, así como también la de su contenido humano, obliga al antologista a seleccionar nuevos poemas del poeta que siempre anda hacia horizontes desconocidos.
Empezó con una poesía definida en el título del libro *estanque inefable,* caracterizada por el aire provinciano.
En seguida cambió su horizonte por las ventanas de todos los países del universo, pasando a través del *micrograma,* cuyo inventor ha sido, y caminó con *Juan sin cielo,* acompañando al hombre del siglo XX hasta la soledad sin fronteras y sin soluciones.
Regresó de nuevo a los aires quiteños, dándoles brillo universal; de la misma manera que, cuando la provincia era su mundo, hoy día el mundo es su gran provincia: la de su poesía que, sin conocer fronteras, canta en todas partes al hombre de América como ciudadano universal.
Ha sido traducido y publicado en libros y antologías en muchos países.

Aquí yace la espuma 1950
Lugar de origen 1951
Familia de la noche 1954
Edades poéticas 1958
Mi vida en poemas 1962
Sus primeros poemas 1962
Antología poética 1963
Hombre planetario 1963
Floresta de los guacamayos 1964
Poesía última 1968

HOMBRE PLANETARIO

(1959)

IX

Hombres, mujeres jóvenes
dentro de una vitrina
con adornos de plantas
se sientan y sonríen,
se miran, examinan sus vestidos,
cambian palabras de humo,
saborean el tiempo en rebanadas
o por cucharaditas deleitosas.
Deshojan un bostezo entre los dedos.
Un arbusto de caucho aspira el humo
y se cree en el trópico.
Inadvertido, entra en la vitrina
el poniente vestido de amarillo.
Salid, hombres, mujeres, a la calle:
Sobre el asfalto expira una paloma
atropellada por un automóvil.

XI

Loor a Míster Húntington–filántropo
nacido en el país de las manzanas,
las antiguas Misiones coloniales
y las rojas ardillas–
que legó su fortuna
para que los granjeros de su pueblo
pudieran admirar los manuscritos
de Cabeza de Vaca, navegante,
descubridor de Texas,
señor del cacto y de la arena cálida.
Contra las pobres flechas de los indios
luchó con su arcabuz y su armadura
y lanzó su caballo de batalla

contra los pies desnudos.
Conquistador de polvo: yo bendigo
al pueblo de las flechas.

XII

Gloria a los fabricantes de automóviles
que han poblado el planeta
de rodantes alcobas,
salones, catafalcos
a plazos, camarines de amuletos
y flores, donde viaja
la vanidad inflada de sus dueños,
¡oh, amos de la prisa, los que arrancan
de su sueño a los árboles!
Gloria a los inventores
de la Gran Vitamina Universal
para aliviar los males de la tierra.
(¿Qué haré yo sin mi angustia metafísica,
sin mi dolencia azul? ¿Qué harán los hombres
cuando ya nada sientan, mecanismos
perfectos, uniformes?)

XIII

¿Los artefactos, las perfectas máquinas,
el autómata de ojo de luz verde
igualan por lo menos a una abeja
dotada de reflejos naturales
que conoce el secreto
del mundo de las plantas
y se dirige sola en el espacio
a buscar material entre las flores
para su azucarada, sutil fábrica?
Todo puede crear la humana ciencia
menos ese resorte del instinto
o de la voluntad, menos la vida.
Inventor de las máquinas volantes

quiere el hombre viajar hacia los astros,
crear nuevos satélites celestes
y disparar cohetes a la luna
sin haber descifrado el gran enigma
del oscuro planeta en que vivimos.
Yo intento comprender los movimientos
de plantas y animales y me digo:
Por ahora me basta con la tierra.

XVIII

Yo soy el habitante de las piedras
sin memoria, con sed de sombra verde,
yo soy el ciudadano de cien pueblos
y de las prodigiosas Capitales,
el Hombre Planetario,
tripulante de todas las ventanas
de la Tierra aturdida de motores.
Soy el hombre de Tokio que se nutre
de bambú y pececillos,
el minero de Europa
hermano de la noche,
el labrador del Congo y de la arena,
el pescador de ostiones polinesios,
soy el indio de América, el mestizo,
el amarillo, el negro
y soy los demás hombres del planeta.
Sobre mi corazón firman los pueblos
un tratado de paz hasta la muerte.

EPÍLOGO

Hombre de cualquier tierra o meridiano,
yo te ofrezco la mano.
Te doy en ella el sol americano.

Te doy la brava pluma
del cóndor, la candela ágil del puma:
selva y montaña en suma.

Te doy la geografía
vasta y azul, el día
concentrado en el fruto de ambrosía.

Te doy nuevo tesoro:
el pimiento y el toro
y la cúpula de oro.

Te doy volcán y rosa,
la clave de esa gente misteriosa
que en vasijas reposa.

Mi mano es de alfarero
solar, de navegante, misionero
y libre guerrillero.

Mano de constructor de un Continente,
mano de techo y puente
y alfabeto de amor para la gente.

El sol americano
te lo entrego en mi mano,
hombre mundial, mi hermano.

ALABANZA DEL ECUADOR

Ecuador, mi país, esmeralda del mundo
incrustada en el aro equinoccial,
tú consagras la alíanza del hombre con la tierra,
las telúricas bodas con la novia profunda
de volcánicos senos y cuerpo de cereales,
novia vestida siempre de domingo
por el sol labrador, padre de las semillas.
Quiero besar todo tu cuerpo verde,
tus cabellos de selva,
tu vientre de maíz y de caña de azúcar
y reposar mi sien en tu pecho de flores.

Me enseñaste las ciencias naturales
del árbol dadivoso y el árbol curandero,
de las aves que parlan, más pintadas que frutos,
la nueva zoología de un mundo fabuloso
y la historia de un pueblo
que gime hasta en la danza
disparando su anhelo hacia las nubes
en cohetes de fiesta,
fuego que se deshace en lágrimas azules.

Tú me enseñaste a amar el universo
y aceptar mi destino de habitante
planetario, pastor de vicuñas fantasmas
por ciudades extrañas donde nadie
corre en auxilio de una estrella herida
que se ahoga en un charco.

Ecuador, tú me hiciste vegetal y telúrico,
solidario de todo lo que vive,
humilde cual vasija llena de sombra fértil.
Soy desolado, abrupto como la cordillera,
profundo como cueva de tesoros incaicos.

En mi interior dormita un lago sobre un cráter,
Mi frente es un paisaje de páramo con lluvia,
mi corazón un cacto situbundo
que pide una limosna de rocío.

Ecuador, vuelvo a ti con vestido de prioste
para danzar sobre tu suelo verde,
danzar hasta morir
oyendo como late
tu corazón antiguo de pimiento y adobe.
Golpeo con la mano en el arpa de siglos
despertando a la música en su ataúd de polvo
y al viejo dios del trueno.

Dame tu bienvenida de rocío,
tu gran abrazo verde
¡oh madre coronada de hielo y colibríes!
Señálame el camino dela mina perdida
que guarda los profundos metales del origen.
Dame tus plantas mágicas, tus prodigiosos bálsamos

y el talismán de piedra memorable
donde el sol ha marcado
sus signos protectores.

MUJERES ESCAPADAS DE LOS CUADROS

Hay la mujer prisión, la mujer templo,
la mujer selva y la mujer molino,
la mujer alquimista que transforma
en oro hasta el suspiro.

La mujer galería de mujeres,
mujer obra maestra de un museo,
mujer circo de fieras
y hasta mujer cordero.

Témpano con dos piernas y dos brazos,
el Gran Hielo Polar forrado en tela,
o el Trópico vestido
con galas de doncella.

La mujer tribu ardiente y emplumada
o gran fiesta caníbal
alrededor del poste
donde sangra la víctima.

Hay la mujer de sombra a mediodía,
la mujer continente inexplorado,
mujer isla de flores,
mujer bosque de pájaros.

La mujer muro y la mujer espejo,
la mujer horizonte
o camino desnudo entre la niebla.
Hay la mujer orquesta a medianoche.

Autómata del cielo,
domadora de tigres y relámpagos,
mujer de nidos y mujer colmena
o cueva de tesoros ignorados.

Arrecife de rosas, faro oculto,
mujer de luz casera,
mujer jardín de estatuas,
mujer troje sin puertas.

Mujeres escapadas de los cuadros,
  los parques y las fuentes,
hermanas de Raquel, luz en camisa,
  música más secreta que la muerte.

SE PROHIBE ANDAR SOBRE EL CESPED

I

Castaño europeo: tiéndeme tu mano amarillenta
que se desprende y vuela para morir.
Yo conozco tu mundo de parques encarcelados,
de pajareros que venden
toda la música del bosque en una jaula,
de árboles en hilera,
de niños en hilera,
tu mundo que enrojece hasta en la flor
siempre dispuesta a caer en los brazos del viento
maestro del oficio
vagabundo fanfarrón civilizado
saludador
de lenguaje culto para uso de los jardines.

II

Es prohibido andar sobre el césped.
Es prohibido almorzar en compañía de las pájaros.
Es prohibido permanecer toda la noche
contando las estrellas
hasta perder la cuenta
y volver a empezar hasta la madrugada.

Hombre Planetario

CADA OBJETO ES UN MUNDO

ARTE POÉTICO

Comprende, comprende, comprende:
en cada cosa guiña un duende
o una ala invisible se tiende.

Apresa en tus dedos la brisa
que pasa fugaz, indecisa.
No veas el mundo de prisa.

No aprendas efímera ciencia,
que es flor de la humana demencia.
La vida no es sólo apariencia.

Las aves—lección del instante—
nos dan en su escuela volante
la clave de un mundo cambiante.

La rosa es crisol de alegría.
Te ofrece tesoros el día.
Gotea el reloj ambrosía.

Comprende y venera al objeto:
Penetra en ese orbe secreto
y sea la flor tu amuleto.

INVOCACIÓN FINAL A LA PALABRA

Palabra:
que seas
almendra
sin cáscara.

O pomo
de esencia,
moneda
de oro.

Celdilla
de abeja:
encierra
la vida.

Abeja:
fabrica
delicias
eternas.

Sé alondra
del alba,
no momia
ni lápida.

No seas
fantasma
o jaula
de niebla.

Sé espejo:
refleja
la tierra
y el cielo.

O cuerno
de caza:
levanta
los ciervos
del alma,

las cosas
del mundo
más puro
sin sombras.

Sé aljaba
de flechas
certeras,
palabra,

pintura
con fondo,
no adorno
de espuma.

Sé forma
ceñida,
sortija
de boda.

Exacta
medida
del mundo:
Palabra.

YO SOY EL BOSQUE

Me interrogo en la noche americana
bajo constelaciones que me miran
con sus ojos de puma:
¿Quién soy, en fin de cuentas? ¿Yo soy el navegante
que descubrió las tierras y los ríos,
trazó el surco, sembró la primera semilla,
fundó pueblos, ciudades y naciones?
¿Soy el hombre que ardió sobre la leña
antes que revelar los tesoros ocultos?
¿Yo levanté la cúpula de piedra,
labré, esculpí, doré la madera sagrada,
hice surgir del seno de la arcilla
todo un mundo animado?

¿Soy el hombre del gremio
que se lanzó a la fiesta de la pólvora
frente al adusto coro de fusiles
para mirar la imagen más limpia de su pueblo?
Yo cambio de vestido según las estaciones,
los climas, las edades, los países;
pero soy siempre el mismo:
lo delata mi frente repleta de universo.

Descifré entre los astros
las noticias del cosmos,
recorrí el laberinto de los libros
hasta encontrar la toga
y tu luz inmortal, sabiduría;
mas todo lo perdí un domingo en el bosque
cuando el rocío me explicó llorando
que la tierra es el reino de lo efímero.

¿Soy hombre de navíos y toneles,
orfebre, campesino, ebanista de sombras,
peregrino del mundo,

novicio que pasea sus sueños en el claustro?
Soy todos a la vez en invisible suma:
un filósofo griego, un joven de Bizancio
se dan la mano en la plaza de mi alma,
con un rebelde, un monje,
un árabe sensual, un castellano recio
y un astrónomo indio de mi América.
Yo soy un hombre-pueblo, un hombre sucesivo
que viene desde el ser original
hasta formar la suma: un hombre solo.

Épocas ataviadas con sus cambiantes trajes,
el diverso color de los países,
todas las religiones y los mitos
forman mi patrimonio,
y mi mano sostiene al mismo tiempo el libro
y la flecha que vuela.
Soy el reo y el juez, el verdugo y el mártir,
el hombre de cien máscaras.
Plural y a la vez único,
soy el hombre del bosque y soy el bosque mismo.

FORMAS DE LA NIEVE

(A Manuel Bandeira, en la cima resplandeciente
de sus ochenta años.)

Amanece el mundo transformado
por un complot de albura
fraguado a medianoche
para cambiar la Tierra en Luna.

Izan bandera blanca
los árboles, los techos.
La invasión de los ángeles
ha abolido lo negro.

La huella de los pasos
pone un collar de ausencia
sobre el seno nevado
de la tierra.

Abandona en el suelo
la nieve escultora
sus relieves de yeso,
sus estatuas rotas.

Las monjas de las nubes
despluman altos cisnes
y amortajan con plumas
los difuntos jardines.

Bajo esponjosos mármoles,
la fontana nevada
es tumba del sonido,
mausoleo del agua.

NO HAY

En las librerías no hay libros,
en los libros no hay palabras,
en las palabras no hay esencia:
hay sólo cáscaras.

Lienzos pintados y fetiches
hay en los museos y salas.
En la Academia hay sólo discos
para las más furiosas danzas.

En las bocas hay sólo humo,
en los ojos sólo distancias.
Hay un tambor en cada oído.
En la mente bosteza el Sáhara.

Nada nos libra del desierto.
Del tambor nada nos salva.
Libros pintados se deshojan,
leves cáscaras de la Nada.

LES HALLES

Mercado Central de París.

Camiones repletos de violetas,
mojados de lluvia y cantos de gallos,
entran por las puertas de París todas las madrugadas
sembrando lunas y relámpagos en los charcos,
y salen por las mismas puertas en pleno día
colmados de sombra,
después de abandonar sobre las aceras
su cargamento de campo amasado con sol.
Llevadme, camiones enmohecidos,
al paraíso de la cebolla y las trenzas rubias
donde yo pueda lavar mis ojos
para ver un mundo enjoyado de rocío.

Pesad, pesad el pescado y las lechugas;
pesad la luna entera,
pesad los corazones azucarados por libras,
las lágrimas por litros;
pesad una ensalada de sueños,
sacad de los camiones todo el amor del mundo,
toda la carga pura
preparada por meses de trabajo
y por la paciencia fecundante del agua.

La cigüeña del aceite picotea la luna,
cuando las sombras devoran los últimos caballos blancos.
Digo cigüeña: mi mente responde estaño,
mientras un río relumbra en la ventana
sin poder entrar.
Todas las plumas
de la luna y la cigüeña
caben en la funda de la nube
durante varios días.
Después, las plumas caen y es el invierno.

Listo para el asador
se vende el invierno ya desplumado.
El vino del crepúsculo en las remolachas
alarma la inocencia de la lechuga,
hermana mayor de la rosa.
¡Oh repollo!, linaje del suelo
bendecido por la lluvia:
las cabezas de la familia real conducida en la carreta
al último suplicio
caerán en el saco.

Camiones, grandes cofres de lona
repletos de viento:
llevadme a la comarca escondida
donde nunca mueren las hojas,
junto al agua que refleja un rostro inocente
entre legumbres redondas como la luna;
¡oh comarca del rocío,
fuera de las rutas que conducen
a la frontera final guardada por los cuervos!

HUMBOLDT

Las alturas de América recorriste en tu mula,
¡oh Capitán, más grande que los conquistadores! ;
hollaste los volcanes hasta encontrar el fuego
de la verdad telúrica.
Nuevo descubridor del mundo americano
en pájaros y plantas, animales y piedras,
descifraste el lenguaje del hombre natural
aliado del relámpago y del alba,
del salto del jaguar y del lago dormido.

Encontraste las huellas de las viejas culturas
olvidadas en medio de la selva
o cerca de las nubes en los riscos andinos.
Subiste a dialogar entre las fumarolas
con el dios escondido en el cáliz volcánico
de pistilos de fuego,
y encontraste la roca y la hoja de banano
cubiertas de escritura misteriosa.
Enseñaste a leer los raros signos
pintados con el zumo de las frutas
y sangre de los pájaros.

Comprendiste la forma de las ruinas
de palacios y tumbas de monarcas
que observaban el curso de los astros,
governaban su pueblo con un amor de padres
y hablaban la verdad sin temor a la muerte.

Humboldt, amigo de los hombres libres,
inspirador de mártires y de héroes,
libertador de pueblos,
precursor de Bolívar,
el cazador de águilas.
Al paso de tu mula
despertaste países,

forjaste un mundo nuevo
y alzaste el estandarte de la luz
en la noche de siglos.

LA COLEGIALA DE CALIFORNIA

A tu paso, los más esbeltos árboles palidecen;
la savia cesa de circular en los corazones de las hojas.
Todos los árboles desean morir
ante tu belleza desterrada de los jardines.
Tu color es de nube;
tu cuerpo no es terrestre:
es de alta luz que invita a la adoración humana.
Gran flor que camina con la gracia de un ave,
fluye una embriaguez desconocida
de las dos esmeraldas que fulguran
al poseer el mundo con sólo su mirada.

Por tus manos se vierte la música a raudales
sobre el acantilado de la noche.
Eres el sol que sale sobre una roca obscura.
Tu cabellera rubia se desata como un cántico.

Te esperaré para siempre al borde del estanque,
donde las ranas se hinchan de amor inmenso
y croan imitando el mugido del toro mitológico.
Te esperaré en silencio
entre los árboles que depositan a tus pies
sus ofrendas de oro.

Te esperaré al borde del estanque, como de una tumba,
escuchando tus pasos en mi corazón,
deslumbrado por tu figura soberana
y por tu boca, que me enseñó el cántico bilingüe
del amor de un instante, vencedor del olvido.

SOMBRA EN EL MURO

Yo sé que cuando muera
dirán de mí: ardió como una brasa;
fue ala, raíz, trigo,
mas no encontró el camino de lo eterno.
No se habrán dado cuenta
de mi descubrimiento:
Insecto prodigioso nunca visto,
gracias a tus antenas
recibí los mensajes de todo el universo.
Me estremecí de amor
cuántas veces, ¡oh amada de diferentes rostros!
Creí encerrar el mundo
dentro de mi cabeza;
mas ciudades, países, animales y flores
ardieron consumidos en cenizas
por la llama del tiempo.
Fui una sombra en el muro,
pero una sombra de árbol
constelado de frutos.

EL PASAJERO DEL AVIÓN

El mundo es resonancia
en mi cabeza;
Roma, París, ciudades
prospectos de colores.
Sólo he visto las nubes
desde mi aula volante.

Atravesé dormido
las distancias,
pero aprendí en mi viaje
Europa,
América,
estadísticas,
dibujos en el mapa
del planeta.

En los tiempos remotos,
el viajero veía
el camino,
los árboles,
los hombres en los campos
y la sombra de Dios
cobijando el albergue.

Hoy todo eso es inútil.
Basta con una guía
o un informe de expertos
sobre industria hotelera,
la producción
y el costo de la vida.

Salto de nube en nube.
Tomaré un refrigerio
en Nueva York mañana.

Cenaré en Tahití
o en Hongkong, es igual,
algún plato típico
que nutra mi saber
de técnico,
hombre culto,
Doctor *honoris causa*
de la Universidad de Palos Verdes.

(Poesía Última)

CÉSAR DÁVILA ANDRADE

Cuenca (1918) - Venezuela (1967)

Formó parte del grupo *Madrugada* cuya actividad se impone en la renovación de la vida poética de su país. Fue colaborador de la *Casa de Cultura Ecuatoriana* y ganó un premio literario como cuentista.En 1951 se radica en Venezuela, donde colabora en las más notables revistas, convertiéndose en una de la figuras importantes del movimiento intelectual de aquel país–gasta su suicidio ocurrido el 2 de mayo de 1967.

Su poesía, especialmente aquella de los últimos años, está llena de inquietud metafísica y hay en ella – además de su vos–elementos de *yoga* y *zen,* que el poeta supo incorporar de manera original al idioma atormentado que fue el suyo. Ha sido un poeta profundo y original, y de él escribió Juan Liscano en la revista caraqueña *Zona Franca,* de la cual fue colaborador permanente: "Al precio de su propia vida, César Dávila Andrade, inspirado por las visiones de transcendencia que poblaban su alma y su mente, logró crear un ámbito de poesía y de ficción literaria tan singulares como sugestivos, tan reales como mágicos".

Consagración de los instantes 1950
Catedral salvaje 1952
Boletín y elegía de las mitas 1954
En un lugar no identificado 1960
Conexiones de tierra 1964
El gran todo en polvo
Materia real

ROPAS AL VIENTO

Han estado la mañana entera tirando boquerones
Púlpitos de aire al sacudón llameante
jala y baila mordidas a la cuerda
sobre las azoteas.
– ¡Zape, zute, hipa, hipa, jala, daca!
Se revolvían idas
vueltas
revueltas
zarandajas
Preñadas a catapulta.
Putas de nada
zás en el aire como en un larguísimo albayalde.
Gallas infladas, desinfladas, flácidas.
Solares.
Las venturas vacuas
de estas ventrudas vanas.
Viento feroz de las Enajenaciones.

EL NUDO

A veces Uno quisiera hacerse un nudo
a lo largo del esqueleto único
en la parte más muda, más blanca,
aquella que se enredó trágicamente
en los cuernos de las Obras!
Y, no puede. ¡No alcanza!
Hacerse un nudo. Uno solo.
Mientras Ellos disparan, rugen, mienten, afanan, sudan,
luchan, matan.

Negocios, Guerras, Sombras, Negocios, Guerras, Bombas.
Bombas, Bombas, Bombas.
Un solo negocio, grande.
Una sola guerra.
Una sola bomba.
Uno quisiera hacerse el último nudo.
¡Y no alcanza !

El gran todo en polvo

PROFESIÓN DE FE

No hay angustia mayor que la de luchar envuelto
en la tela que rodea
la pequeña casa del poeta durante la tormenta.
Además
están ahí las moscas
veloces en su ociosidad
buscando la sabor adulterina
y dale y dale vueltas
frente a las aberturas del rostro más entregado
a su verdadera cualidad.

   El forcejeo con la tela obstructiva
   se repliega en las cuevas comunicantes del corazón
   o
   dentro de la glándula de veneno del entrecejo
   cuyos tabiques son
   verticales al Fuego
   y horizontales al Éter.

Y la Poesía, el dolor más antiguo de la Tierra,
bebe de los huecos del costado de San Sebastián
el sol vasomotor
   abierto por las flechas.

         Pero la voluntad del poema
embiste
   aquí
      y
         allá

la Tela y elige a oscuras aún los objetos sonoros
las riñas de alas
los abalorios que pululan en la boca del cántaro.

   Pero la Tela se encoge y ninguna práctica

es capaz de renovar
la agonía creadora del delfín
El pez sólo puede salvarse en el relámpago.

BREVE HISTORIA DE BASHO

La puerta se abre por una necesidad de terror
descubierta en nuestra alma por el duende
y
vemos el baile diagonal del polvillo
y al sol con un dedo fuera de la órbita,
demostrándonos el paso de las nómadas a la gran ilusión.
Pero éstas son sustituciones
suertes
lapsus.
El santo ansía extender la vena central de su cuerpo
hasta el extremo mismo de la sagrada palanca
y, al desquiciar el mundo
sentir el tic-tac
de la piedra preciosa.

La bienaventuranza supone sus propias conscupicencias
sin bien ni mal.
Empleo sin empleo.

Cuando Basho el Poeta-Zen llegó a la edad del cordero
–siglo X d. de C. y escribía "Las Sendas del Oku",
supo
que debía experimentar la entrada de las cosas
una a una
a través de la Puerta sin Abertura,
manteniéndose despierto bajo los párpados
de la segunda visión.

El Plexo Solar del Tao, tanteando con el dedo gordo del
pie
el barro sedoso del Camino
a través de los caminos,
hilo de seda del tránsito respiratorio
que corta la grasa del aire
y alimenta imperceptiblemente como la nutrición

de una pluma.
Así, cuarenta años
maduró la atención de Sí Mismo
sobre todos los nones cambiantes.
Y llegó cierto día a orillas de un bosque
y
tomó asiento en la hierba.
Mil años esperándole a él solo
una rana cargada
de huevos color de perla de lodo,
estaba allí
detrás
a orillas de una charca
esperando
que el soplo del macho empujara la carga encantada.
Y
saltó
y hubo ruido de agua y fue suficiente
y él oyó la armadura toda del Oído del Agua
la forma sucesiva y la abrupta
y la entrada pura del charco de agujas
en el agua de vida
que ya estaba en Él.

Materia real

EULER GRANDA

Riobamba (1935)

Estudió medicina, formó parte del grupo *Tzantzicos,* los más rebeldes de los poetas del Ecuador, dispuestos no sólo a romper cabezas, sino a reducirlas a *nada.* El movimiento fue, bajo ciertos aspectos, una respuesta local a la llamada de los *nadaístas* de Colombia y de los *balleneros* de Venezuela, los dos grupos rebeldes que han tratado de hacer algo con la *nada* en un plano que puede ubicarse entre el dadaísmo, el surrealismo y la voz de los *beats* americanos.
La poesía de Euler Granda tiene el valor de ser una visión directa y sincera de las injusticias sufridas por el hombre de su tierra. Pero su poesía no es una poesía de tipo *popular.* Tiene la sencillez del canto colectivo, pero también la emoción del poeta verdadero.
De su personalidad dijo Miguel Ángel Zambrano: "este hombre-poeta se da cuenta de que pertenece a un pueblo roído por la explotación, la miseria y la ignorancia más extremas y conoce muy bien que su deber de hombre y de poeta—en dualidad indisoluble—es denunciarlo y combatirlo."

El rostro de los días 1962
La voz desbordada 1963
Etcétera, etcétera 1965
Poesía 1967
El lado flaco 1968

LA DISCULPA

Hoy no pude venir,
estuve con la sonrisa desteñida;
manchones de fastidio
enturbiaban el día
y un río de aguas negras
empujaba mis huesos.

Involuntariamente amanecemos tristes
como amanecemos con gripe;
a veces al doblar una esquina
de súbito nos sentimos doloridos
y como un trozo de hierro
nos molesta la ilusión en el bolsillo.

No podía venir,
no fue posible liberarme
del animal que agazapado me roía;
estuve deprimido,
con la garganta traspasada
por la astilla de un grito.
Me quedé conmigo;
no con el que se muda
de rostro y de vestido
y te aguarda en el parque los Domingos,
ni con el que apedrea con bromas a la risa
y se frota las manos
y habla malas palabras
para ahuyentar el frío.
Me quedé con el otro,
con el desconocido
que araña

las paredes de acero de la noche
buscando un orificio.

1958

EL MERCADO

Hoy, Sábado de Septiembre,
el día está de venta en el mercado,
es para algunos
almibarada pulpa de durazno
y para tantos otros
tiene un amargo gusto a rábano.

Viene la gente por todos los costados
trayendo en los canastos el hambre amontonada.
Viene la esposa del obrero
con la pobreza en brazos
y no se atreve a mirar a las patatas
porque el jornal no alcanza.
Vienen los campesinos
con cara de rastrojo desolado,
en los atados traen sus pulmones
para feriarlos a modo de espinacas
y exhiben remolachas regadas con su llanto.
También llega el vecino,
tiene una billetera colmada con harapos
y como de costumbre se traga la saliva
cuando ve la fritada;
no ha podido comprarse
ni siquiera una aguja
para coser el alma.

Vienen y asimismo se van,
se quedan los semáforos apacentando el tráfico.
El día es una nave escurridiza
con las amarras sueltas;
y las calles,
un muelle en cuyo cutis quedan
las innúmeras sarnas de las cáscaras.

ACLARACIÓN

Ante todo,
yo no vine,
me trajeron—sin más—,
que es diferente.
Aquel día,
como si comprendieran,
los buhos se rieron
entre dientes
y sollozó la lluvia
acodada en el techo.
Después, mis pies
en torno de mí mismo
dando vueltas;
mi corazón quería suicidarse
dándose de cabeza
contra el pecho.
Luego la escuela
donde aprendí
con qué letras
se escriben las mentiras,
y las cosas que no dicen
los cuadernos.
Un día descubrí
que me crecía el alma
y que el cuerpo me quedaba pequeño,
que hasta el aire
me resultaba estrecho.
Después
un pulpo negro,
obeso
de tanto devorar mis sueños.
Pero nadie
puede decir que me quejé,
que dije:
dadme un bocado de agua

reverberan mis labios;
yo no pedí esta furia
ni estas muelas;
no dije:
por favor empujadme
que no avanzo,
estoy sin fe
prestadme un poco de esperanza.
Más que la soledad estuve solo.
Todos vieron que al levantarme
las mañanas
me secaba la muerte con la toalla,
que recorría las calles
hacia las mismas calles.
Pero no dije:
me asfixio,
el aire me hace falta
y al irme—estad seguros—
no diré:
¡os dejo mis gusanos,
ponedle flores!

SOLILOQUIO

Uñas contemporáneas,
uñas madrastras,
primas, vecinas o extranjeras,
uñas sin parentesco,
hambreadas uñas,
uñas en general
atended un momento:
el mar y yo
éramos uña y carne,
pero suceden cosas
como si nada sucediese.

Orejas
sin orejas,
sin ojos
sin cabeza
—Paulina te detesto
porque me vienes
cuando voy a decir algo importante—,
orejas de la calle,
del club, de los chiqueros...
hay en mi piel el ojo de una cerradura,
podéis mirar por él.

Muelas omnipotentes,
vulgares muelas,
colmillos sin problemas,
os invito a mirar,
porque—así como el arroz—
os gusta comer intimidades.

Al unísono todos acercáos,
acercáos más,
más,

más,
tremendamente más,
hasta que entre vosotros y yo
no quepa ni una uña;
oídme:
Yo maté al mar.

Porque todos los días
era un ojo de mar en las paredes,
era un brazo de mar siempre agarrándome,
el mar pescaba pescadores,
en cada puerta el mar;
cara de gato el mar,
cara de hueco;
hecha de mar estaba
la suela en mis zapatos.
No me dejaba en paz,
no pude con el mar,
hasta que un día
—a punto de reventar—
bajé desaforado al mar
y en la boca del mar
al mar lo sumergí
hasta ahogarlo.

Os aseguro,
yo vi boquear al mar
y sin embargo
en el cuarto de al lado
está bramando el mar.

Por eso..
Sin pensarlo dos veces
abro de nuevo el mar,
busco,
rebusco,

escarbo en sus cajones;
me sumerjo en la sal,
viro las olas.
Necesito saber
dónde diablos estás,
asida a qué madrépora;
dónde la concha perla
y las Nereidas;
pero es inútil,
ayer tiraron bombas,
está quemado el mar,
y entre huesos de peces
y corales exangües,
siniestramente,
flota el agua muerta.

Ineludiblemente
aburren las palabras,
llega un momento
que no cabe media palabra más.

Debo callarme ya,
darme la espalda,
cerrar los boquerones
por donde se me escurren las palabras;
quizá,
mejor sería
tirarme un arponazo;
pero me anega el mar,
sobre mi sangre vuelan los albatros
y cuando estoy buceando en el silencio
agua salada me raspa la garganta.
El mar y yo,
aunque no quiera el mar,
el mar, mi casa,
mi esqueleto,
la verde sobrecama que me falta;
el mar hecho corbata,

el mar bajo mi terno,
el mar puesto mi nombre,
yo soy el mar.
Pero otra vez
de nuevo el sin embargo;
no quedaría dónde poner un pie,
dónde una concha,
si de pronto
no hubiera un sin embargo...

A bordo de Noviembre,
mientras descámanse las horas,
sin que averigüe nadie,
sin que interese a nadie,
tranquilamente digo:
no estoy triste,
tampoco estoy alegre,
no más
estoy como un lagarto.
Y otra vez
sin embargo,
sin saber por qué lo hago:
tal vez porque tal vez,
tal vez
por convencerme que estoy vivo
me muerdo la cabeza y me remuerdo,
desato un tiburón contra mi cuello;
porque nunca tal vez,
tal vez
por dar explicaciones,
por última y primera vez
escúchame:
me queda solamente un camalote,
no hay puesto para ti,
es mejor que te marches a otra parte;
aquí
la muerte está con hambre.

A propósito de mar,
más valiera decir:
a propósito de nada.
Hoy diré la verdad
aunque me cueste sangre.

Mentira que fue amiga
la rosa de los vientos,
no es cierto que fui barco,
ni nenúfares hubo
cuando encallé esa tarde;
nunca jamás un muelle,
un ave,
un nada.
Es muy fácil decir:
tengo algas en el alma;
otra es la realidad.
Quise cruzar el mar
a pie,
eso fue todo.
No conozco más mar
que el vaso de agua.

Voz Desbordada

RUBÉN ASTUDILLO

El Valle (1938)

Periodista, estudiante de derecho, ex-marinero, pertenece a la *Generación del 60* y su poesía se caracteriza por una fuerza verbal de las más originales, teniendo al mismo tiempo una capacidad de construcción de lo que se puede llamar el mundo poético. Sin hacer parte de ninguno de los grupos *airados,* Astudillo es un poeta de la renovación siguiendo el camino de la vanguardia por su propia cuenta e inspiración. No tanto solitario, como francotirador, Gonzalo Arango ha caracterizado su obra de la siguiente manera: 'Poesía con sangre y sol y violencia para vengar la vida, para salvar la vida, para elegir la vida que merecemos."

Poco conocido debido al aislamiento de los poetas ecuatorianos que sólo una u otra vez consiguen romper la barrera del silencio, es la voz más representativa de los jóvenes poetas de su país.

Desterrados 1961
Canción para lobos 1963
Las elegías de la carne 1968

HASTA EL 999

Cuando
desde la tierra el agua
de unos senos, el vaivén de la carne o el
sabor
de unas
piernas
hasta el sexo nos suben, Amamos.

—ellas igual, nos aman cuando el

nombre de un hijo les
cosquillea el vientre—

después, sigue la náusea.

amando a nuestro modo —furiosa, agotado-
ramente—volvemos a ser
libres

Es nuestra Rebelión.

así nos
liberamos rato
a rato con los
cuerpos deslados
cayendo; en la
carne que tiembla, olvidándonos: sobre
ella que tiembla y se agita
sintiendo que nos dejan en
paz el hogar, los
despachos, los padres, las iglesias, los
hijos,
el miedo, la enfermedad, el
mundo; estos dioses amargos que
tanto

nos muerden.

—sin odiarnos nos muerden, carajo—

un día no
nos
queda
ni
siquiera el recuerdo.

números de teléfonos,
fotos,
pañuelos,
puertas,
ventanas,
lechos,
calles...

solo ésto y nada más, espina que no
alcanzas más allá de
dos lunes.

a-y llama en que quemamos
nuestras
banderas
negras.

a-y nube por quien es
tan
amable el olvido.

ORACIÓN PARA SER DICHA AULLANDO O TERCER INTENTO DE SALVACIÓN

Arrastrados por el miedo le crearon los
unos; por la pasión los
otros; alguien tal vez por cobardía, por la
soledad, muchos.

pero si yo pudiera; si este poder

nos dieran, lo haríamos tan solo por la
pena

cuánto debes sufrir en tu abandono,
pordiosero, limosnero
de nombres y de preces
cuánto deben dolerte los
mundos que no hiciste; los trapos de color
en donde
te han podrido; y, el aire consagrado
en donde tanta peste te sobreapesta el
agua.

no te odiara ni amara si existieras, (me han
dado la evidencia de que tu nunca fuiste,)
—entre paréntesis—
pero si es que existieras en verdad, te invitara
a que caigas y
nos llegues; te diera mi camisa y mis
zapatos; mi chompa; mi blue-jean; y mis
pañuelos; mi modo de beber y mi
costumbre
de abrazar hasta olvidarme las esquinas, los
bares y las pistas.

hecho hombre y en ahora, te llamara a que
vivas

y
goces con nosotros, si alguien puede gozar
en estos
días.

así te proclamara. así
yo te creara.

con otro nombre te dibujara al mundo:
el que te han puesto
debe dolerte mucho. Pesarte a cuchillazos. Y a
terrores.

yo te llamara amigo. es la única palabra
con que
puedo zurcirte los pedazos que
restas: es la única lámpara con las manos
salvadas en esta gran resaca.

Amigo, en nuestras jorgas fueras; asistieras
al cine; rodaras las aceras; con nosotros
conocieras el
nombre de todas las palabras.

pienso que te estoy viendo y estallan las
mañanas del sueño
en media luna: sentado a nuestras mesas;

con nuestros
mismos tragos amasando tus mundos;
gimiendo el
rock. oyendo los ladridos de amor del jazz;
con nuestros mismos gritos
dulcificando
el aire; con nuestros mismos pasos de
veleros cansados
señalando la ruta que el sol debe
seguir, después de cada fiesta.

vieras que nuestra música es mejor que los
coros
de tanta virgen loca; de tanto anciano turbio;
de tanto
ángel sin sexo. que nuestro paraíso está aquí
y hundidos
vamos a sorbos largos en él y a trote
rojo como caballos ebrios, mientras la
vida tiene sentido, únicamente, por estas
pequeñeces que te cuento y te
invito:
una canción, un árbol, una mujer, un bar,
una luz en la
selva, una vela en el
agua.

si existieras, por la pena

que causas. cuánta falta nos haces.

si hubieras, qué bien nos llevaríamos
contigo por
hombres, por solitarios, por abandonados.

lo malo es que no existes; yo tengo
esta evidencia y me ahogo gritándote
por la falta
que me haces.

lo malo es que no existes y que ya ni nosotros
te podemos crear
para que no estés solo.

y lo peor de todo árbol que no
veremos. agua que no tendremos; nube
que no vendrás, es que así te creáramos
no fueras
sino otro de los tantos despojos

enfogatado en el
alma; cada vez que te han creado
te han
muerto; nunca te han dejado niño;
han hecho que te
muerdan y te olviden;
te matarán de nuevo si es
que vienes. quédate donde estás amigo,
hermano, nadie.

a lo mejor tu eres ese sabor que busco desde
antes; desde
siempre, quédate donde estés;
deja que nos hundamos; sálvate
tu siquiera; a lo mejor te amo; sin creer
en tí te amo a lo
mejor, y grito
no quiero que te maten no existente.

más vale que no mueras otra vez,
ni que vengas.

a-y olvidado en la primera luna.
a-y hijo nuestro que no llegarás nunca.
a-y imposible porque así vinieras solo
nosotros somos animales que
sobreviven, quédate donde
estés, yo no quiero perderte, no quiero que te
maten, aun cuando te odie a veces, en otras
te amo tanto, carajo.

TREINTA Y SIETE DE JUNIO, LA LLAVE O ALGO ASÍ

Un día nos
borramos
un poco más
la sombra y quedamos dormidos.

de la piel se nos quita
ese sabor

a piedra dulce
que tiene el agua.

dejamos las camisas
"nos sacamos el tiempo
como un par de zapatos"
y encontramos la llave para
salvar el Muro.

es la muerte, natural y sencilla.

como tomarse un trago, no está ni bien ni mal.

con nosotros se acaba
una parte
del mundo que no volverá nunca.

parte un rebaño de oro; parte
un puente de esperas; un paisaje; una
voz que ya no importa a nadie.

alguien se pone ojeras
de ceniza en el alma; alguien
se llora
viendo
el traje horizontal con el que

nos
vestimos; y, nada más.

nos vamos como se han ido tantos.
nos cortemos amarras o
se
nos
zafe
el ancla.

hay que aceptarle así, como se llega
ella.

mienten los que le ponen
jardines en las manos.

los que siembran de
dalias
negras
sus cementeras.

no está ni bien. ni mal. la muerte
es la muerte, como un pájaro rojo es un
pájaro rojo.

como beber o amar.

como ponerse un traje de estrellas en los
huesos.

como marcar un número de
teléfono; como salir del
cine; cortar un sueño
o irse playa adentro hacia el vino.

la muerte
es una consecuencia

a la que hay que abrazar sin reir ni
llorar.

como tomarse un trago. así.

LAS ELEGÍAS DE LA CARNE

1

téndida te recuerdo, como un charco de ron
sobre la yerba, y todo el aire
como una bocanada
de chesterfield besándote. Dónde
estarás, ahora. Maligna
entre
qué
muros, guardas tus
tragos lilas. Entre
tanto
camino, cual el que todavía
conduce hasta la muerte
morada
de
tus piernas.

4

su cuerpo era una playa de navíos hermosos
cuando llegué a la orilla
de sus faldas
hambrientas. Aires de
yodo y sal; manos de
ron y jarcias corrían en
sus muslos. Cuando subí
hasta el puente
dorado de sus
ingles, conmigo
le tomaron las cosas de
mi pueblo; todas; integramente; ahora
a donde
vayas, ya no viajarás sola. Vas cargada
de bosques; de arena negra;
potros; lluvias de abril;

gomeros; lunas enormes y
álamos.

11

así
eran nuestras ceremonias
cuotidianas. Su ser
venía hasta mi ser; y el alma
corría en los
sentidos
como una ascua. Forma de
ombligo y
manos, tomaba la
conciencia entre los
dos, al fondo. Entonces
todo era nuevo
hasta caer de
nuevo
en la paz de su gruta
y del cansancio.

313453